滄海叢刊

懷聖集

鄭彥棻 著

1989

東大圖書公司印行

懷聖集／鄭彥棻著 -- 初版 --
臺北市：東大出版：三民總經銷，民78
〔3〕，256面：圖；21公分
ISBN 957-19-0046-X（精裝）
ISBN 957-19-0047-8（平裝）

1.孫文-傳記　2.孫文主義-論文，講詞等
005.31/8458

懷聖集

著者　鄭彥棻
發行人　劉仲文
出版者　東大圖書股份有限公司
總經銷　三民書局股份有限公司
印刷所　東大圖書股份有限公司
地址／臺北市重慶南路一段六十一號二樓
郵撥／〇一〇七一七五一〇號
初版　中華民國七十八年十一月
編號　E 71073①
基本定價　陸元
行政院新聞局登記證局版臺業字第〇一九七號

ISBN 957-19-0046-7

前言

本局前曾蒐羅鄭先生追慕前賢，懷念師友的文章，歷年來刊行了《景光集》、《師友風義》、《思齊集》、《見賢集》等，出版以來，佳評如湧，蓋經鄭先生信筆傳述，諸位元老賢達之懿言風範，遂朗若列眉，典型粲然，於人心大有啓瞶之功，其效固不止於補苴國史而已。

緣此，本局再度商請鄭先生將近年來所發表有關 國父孫中山先生之文章十四篇，輯爲《懷聖集》。文中詳述恭聆 國父訓誨的經過，追懷 國父奔走革命的偉大貢獻，闡揚 國父思想的覃思洞見，並述及其境彌艱而志彌厲的風骨。淸季以來，國事蜩螗，天不佑我中華，災亂迭降。中山先生立此濁世，以一身肝膽血性，從事拯民濟世之業，可謂聖矣。鄭先生秉肫肫至誠，歷歷道來，情深而理至，堪稱對一代偉人最深的仰止與追思。集名「懷聖」，誠乃抒自肺腑之言也。

鄭先生爲文，向由樸質中見眞摯，含蓄中顯性情，識者自能賞鑑，不待贅言。惟見月忘筌，直契 中山先生本心，更爲是書述意所在，讀者細繹，諒能有所感發也。

民國七十八年十一月東大圖書公司編輯部謹識

目次

國父於民國十三年應段祺瑞之邀北上，攝於天津

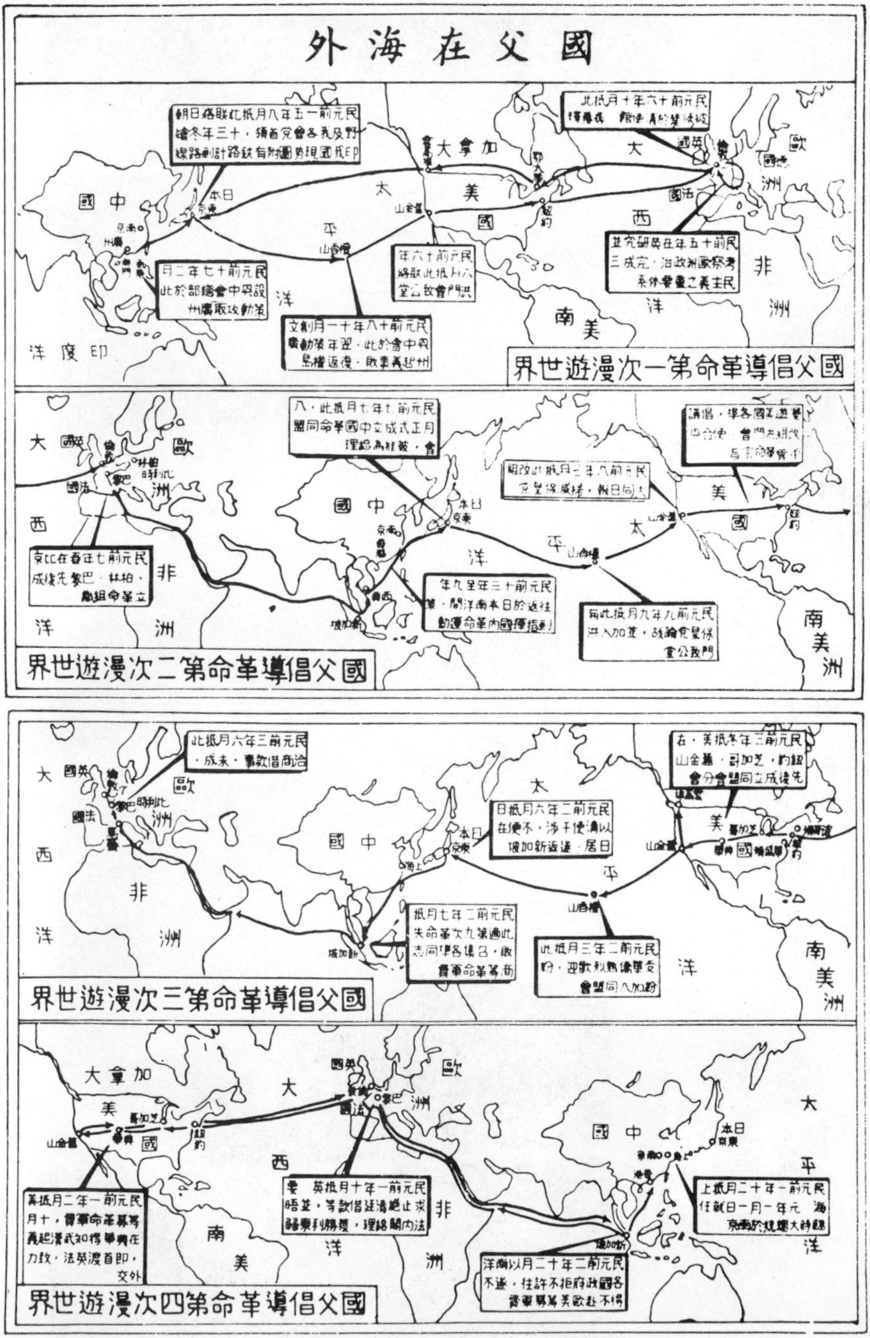

國父的四次國外革命旅程圖

上／國父在黃埔軍校對學生訓話

下／國父於民國十三年應段祺瑞之邀北上共商國事，取道日本時在船上與李烈鈞（右）、戴傳賢（中）合影

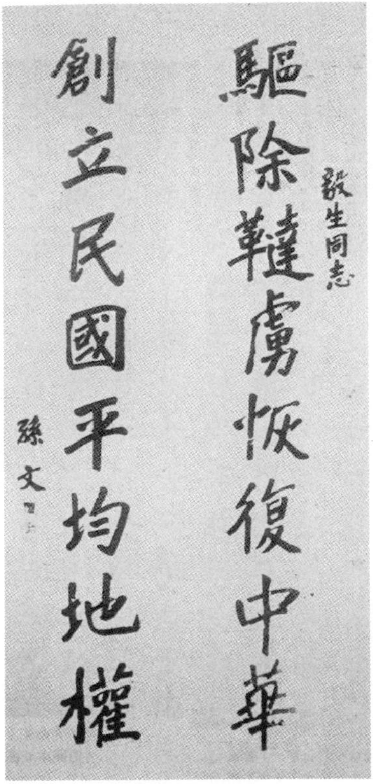
驅除韃虜恢復中華
創立民國平均地權
毅生同志
孫文

知難行易
孫文

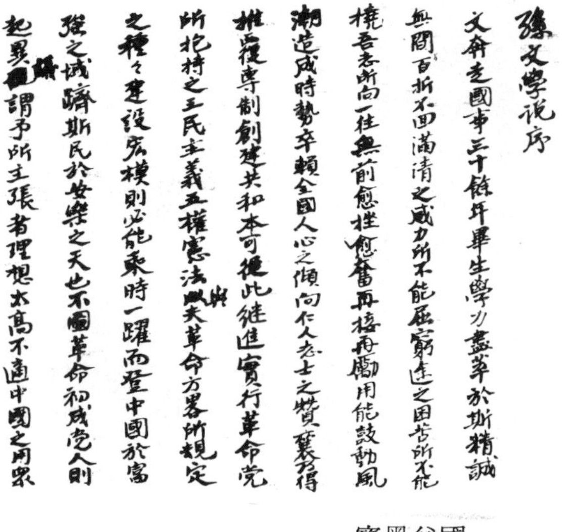
孫文學說序
文奔走國事三十餘年畢生學力盡萃於斯精誠無間百折不回滿清之威力所不能屈窮途之困苦所不能撓吾志所向一往無前愈挫愈奮再接再厲用能鼓動風潮造成時勢卒賴全國人心之傾向仁人志士之贊襄乃得推覆專制創建共和本可從此繼進實行革命黨所抱持之三民主義五權憲法與夫革命方略所規定之種種建設宏模則必能乘時一躍而登中國於富強之域躋斯民於安樂之天也不圖革命初成黨人即起異議謂予所主張者理想太高不適中國之用衆

國父墨寶

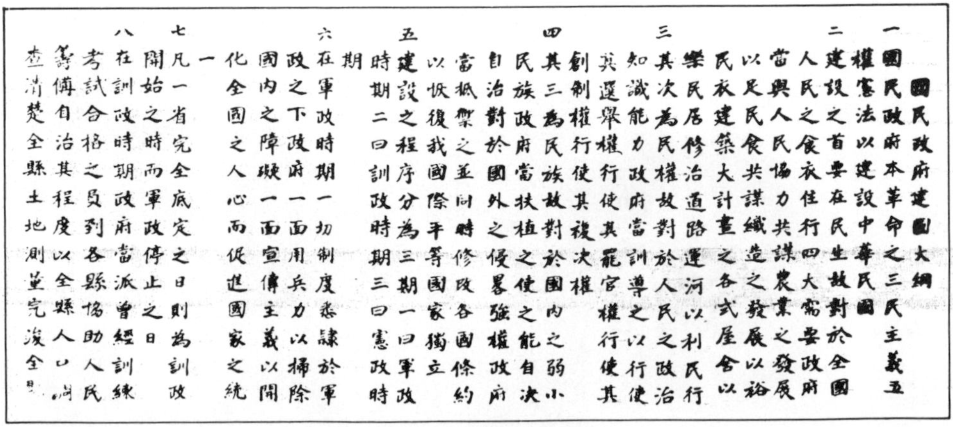
國民政府建國大綱

一 國民政府本革命之三民主義五權憲法以建設中華民國

二 建設之首要在民生故對於全國人民之食衣住行四大需要政府當與人民協力共謀農業之發展以足民食共謀織造之發展以裕民衣建築大計畫之各式屋舍以樂民居修治道路運河以利民行

三 其次為民權故對於人民之政治知識能力政府當訓導之以行使其選舉權行使其罷官權行使其創制權行使其複決權

四 其三為民族故對於國內之弱小民族政府當扶植之使之能自決自治對於國外之侵略強權政府當抵禦之並同時修改各國條約以恢復我國際平等國家獨立

五 建設之程序分為三期一曰軍政時期二曰訓政時期三曰憲政時期

六 在軍政時期一切制度悉隸於軍政之下政府一面用兵力以掃除國內之障礙一面宣傳主義以開化全國之人心而促進國家之統一

七 凡一省完全底定之日則為訓政開始之時而軍政停止之日

八 在訓政時期政府當派曾經訓練考試合格之員到各縣協助人民籌備自治其程度以全縣人口調查清楚全縣土地測量完竣全

國父手書建國大綱之一部

我對 國父遺教的認知與篤信

一、國父半生在海外的革命旅程

國父領導革命歷四十年，半生在海外，艱苦奮鬪；組黨、宣傳、領導起義，百折不撓，終於推翻滿清，創立民國。隨後討袁、護法，打倒軍閥，致力於國家的統一與建設，並力謀中外不平等條約的取消，豐功偉績，史不勝書，舉世景仰。

國父在十四歲時便首次隨楊太夫人到檀香山，在當地外文學校就讀，十八歲才返國，赴香港拔萃書院肄業，其間應其兄德彰先生之召，再度赴檀香山。

返國後先後在廣州香港專攻醫學，畢業後卽懸壺濟世，並鼓吹革命，到了二十九歲，他爲着組織革命團體，推進革命工作，開始他的四次國外革命旅程：

第一次：是他在民前十八年，到檀香山創立興中會。民前十七年，又在香港設立興中會總部，就近策動廣州起義，失敗後赴日。民前十六年轉赴美國舊金山、紐約等地致力聯絡洪門會和致公堂，策動他們參加革命工作。同年行抵倫敦，不幸蒙難，一度被清使館誘禁。獲救後，他繼續在英國研究，並考察歐洲政治。同時，完成他的三民主義思想體系。民前十五年，由英經加拿大再返日本，聯絡該國朝野人士及各會黨首領，以爭取對革命的同情和支持。此後，他便往返於日本及南洋間，在各地創辦報刊，鼓吹革命，聯絡會黨，擴大革命力量，並策劃國內革命起義。

第二次：是在民前九年，國父由日本再到檀香山，對保皇黨作思想上的論戰，並加入洪門致公堂，從事改組該堂工作，使之合乎革命需要。民前八年抵舊金山，改組大同日報，爲消除保皇黨謬論而奮鬪。同時分赴美國各埠，倡導洪門會的改組，以增厚革命實力。是年十一月由美赴歐，在布魯塞爾、柏林、巴黎等地，先後成立革命組織，歐洲各地留學生紛紛加盟。民前七年六月，抵日本東京，正式成立中國革命同盟會，被選爲總理。自此時到民前四年，國父又奔走於日本、越南、星、馬、香港各地，先後策動黃岡、惠州、欽州、鎭南關、河口多次起義，雖均不幸失敗，但革命勢力已日益壯大。

第三次：民前三年夏，由南洋抵歐至比京、倫敦各地聯絡同志；同年冬赴美國，在紐約、芝加哥、舊金山等地，先後成立同盟會分會。民前二年再抵檀香山，當他抵達時，僑胞除表示熱烈歡迎外，還紛紛加入同盟會，革命勢力因此更形強大。是年五月抵日本，因清政府干涉，使他不能居留，乃轉赴南洋，在檳榔嶼召集同志，籌商募集經費，準備在廣州大舉起義。

第四次：民前二年，因南洋各地當局都拒絕　國父前往，乃轉赴歐美各地籌款。民前一年，雖黃花岡之役不幸失敗，但革命聲威，已驚震全國，　國父乃續在美聯絡各方，抵丹佛時，獲悉武昌起義成功，便立卽轉赴英國及法國，從事國民外交工作，要求英國政府止絕清廷借款，獲得成功。並獲晤法國內閣總理等，達成任務。這些對於後來英、法等國承認我們革命政府，都是很有助力的。民前一年底返上海，於民國元年一月一日在南京就任臨時大總統。

我所以首先把　國父四次環遊全球的革命旅程，扼要的概述，目的在說明　國父半生在海外，四度周遊各國，並不是爲着享受旅行觀光的樂趣，而是實實在在爲着創立革命組織，宣傳革命主義，他歷盡險阻，艱苦備嘗。像　國父一生這樣豐富的偉大事蹟和歷程，以及他做人處事治學的精神，實在不是一篇短文所能述說。

二、闡述　國父行誼的三篇重要文獻

許多革命前輩，對　國父的生平已有精闢的講述，我覺得其中三篇是最值得我們去恭讀的。現在先就其發表次序，略爲紹介：

第一篇，是吳稚暉先生所講的〈總理行誼〉。這是民國二十八年在重慶復興關中央訓練團講的。當時我是該團教育委員會的主任秘書，爲了陪侍吳先生也就列席聽講。吳先生對　國父有深切的認識，　國父對他也甚爲敬重。　國父在美國獲悉武昌起義成功後，立卽赴倫敦從事外交工作，他抵倫敦後第一個要探訪的便是吳先生。吳先生在他所講的〈總理行誼〉中指出：「總理品格自然偉大，度量自然寬宏，精神自然專一和研究自然精博。」他對每一方面都引用許多他親知的事例，以證明 國父的爲人處事，絕無矯揉造作，而純出於自然。他認爲：「總理是天生的一個偉人——一個天生創造主義的黨魁。」這實在是萬分恰當的。

其次，是戴季陶先生所著的《孫文主義之哲學基礎》。這本書刊行於民國十四年，闡揚國父思想至爲精闢。他把 國父的幾本重要著作，如《民權初步》、《孫文學說》、《軍人精神教育》、《三民主義與實業計劃》等，逐一作扼要的說明。認爲：「先生（指 國父，下同）基本思想，完全淵源於中國正統思想的中庸之道，是孔子以後中國道德文化繼往開來的大聖。」「先生的智識，包括近代最新的科學，而其解決一切問題，必用近代的科學方法。」「先生一生努力，全在以革命爲手段，救國救民，打破一切個人主義的迷夢，實現三民主義。」「先生的全人格以仁愛爲基本，一切表現無不爲仁愛。有過人之智，而其智唯用於知仁；有過人之勇，而其勇唯用於行仁；可知離卻仁愛，絕無革命可言。」因此，他總括的指出：「先生是眞實的革命家，注重實行，不騖空想，所以是眞正的博愛主義、大同主義，而同時是一個眞正的愛國者。」我覺得戴先生對 國父革命理論的瞭解，是非常深刻而正確的。

再次就是先總統 蔣公在民國五十四年十一月十二日所發表的〈國父百年誕辰紀念文〉。其中有兩點非常重要的昭示：「國父以三民主義肇啓我中華民國，爲亞洲各民族開創民主自由之先河，實不止求我一族一國之利益，而乃以繼絕世，舉廢國，扶顛持危之精神，以發揚我國民革命『天下為公』之大道也。」二是：「 國父不獨為締造我中華民國之聖哲，實為復興亞洲民族之導師，而又為救人救世指引人類同趨於三民主義『大同世界』之先驅。」這充分說明了國父的偉大與一生奮鬥的目標。

三、三次恭聆 國父訓誨和演講

上述三篇重要的文獻，把 國父生平不朽的言行，足供我們效法的，都已包括無遺。這樣我們實在沒有什麼需要補充的了，況且我生也晚， 國父建立中華民國的時候，我還是一個九歲的小孩子，沒有機會直接追隨 國父參加革命工作。好在我在國立廣東高等師範就學的時候，國父已到了廣州領導救國建國大業，我幸而先後有三次機會（連同以後奉召在黃埔軍校聽講，實共為四次）親聆 國父的訓誨。現在，我簡單的略為恭述：

我第一次謁見 國父，是民國十二年在廣州大元帥府。當時因為廣東駐軍截留稅收，政府財源短絀，教育經費不能按時發放，積欠各校教職員薪金，各校教職員遂聯合罷教。學生為了支援教職員的行動，便推派代表向大元帥府請願。我是廣東高師的學生代表，和其他學校代表，一起到大元帥府去求見大元帥。執事人員領我們進入一個會議廳，大家圍坐在一個橢圓形的會議桌上。很快， 國父便出來接見我們了。他穿着長袍，神采奕奕，態度非常慈祥，大家見了，都為他的氣度所感召，很自然的站起來鞠躬致敬。後來聽吳稚暉先生講〈總理行誼〉，說到他和國父首次見面經過：在未見面之前，以為國父不外是個「草澤英雄」，後來聽鈕惕生先生說：「他是一位溫文儒雅，氣宇偉大的紳士」，直到在倫敦見面時，才使他「祇覺是偉大，不能形容的偉大，稱為自然偉大，最為適當。」于右任先生記述他初謁國父的情形也說道：「孔子稱老子『猶龍』，虯髯公稱唐太宗為『天人之資』，皆無以狀其偉大也。」我回憶當年印象也深具同感。

我還記得國父入坐後，便招呼我們坐下，當時我就坐在他的右邊，他很和藹親切的要大家按序陳述意見，大家都慷慨激動地要求政府立卽發放敎育經費，好讓敎員復敎。國父耐心的聽完後，才懇切的答覆。大意是：「大家的意願，我很明白。你們重視學業的精神，值得嘉許。但是政府發不出敎職員薪金，是由於一些不識大體的軍人，截留政府稅收。我們革命的目的，是要使國家富強康樂，為達到此目的，必須剷除革命障礙。如果敎職員一時仍不能復課，你們應該忍受一時的小損失，求取長久的利益。希望你們利用這一時機，到社會去參加革命宣傳工作，使軍人服從命令，將稅收交還政府，以解決大家的問題；同時號召民衆，幫助革命。大家千萬不可浪費時間，希望好好向各校敎職員和同學說明這個道理。」國父這一段話，說得非常懇切，使大家聽了都心悅誠服，乃回校公開廣為宣佈，結果大家一致表示支持政府，老師們也瞭解政府的困難，立卽復課。

康德黎先生記述國父文中曾說：「他是一位天生富有感召力的人，不論在手術臺或沙場上，能令人心甘情願地隨時準備替他效勞。他有一種不可解釋的潛勢力，一種不可抗拒的感召力，吸引人們與他同道。」我回憶第一次敬聆國父言論的情景，確有相同的感受。而國父的氣度和他的感召力和吸引力，實來自他偉大崇高的人格，正如菲律賓獨立志士彭西記述國父文中所說：「他偉大人格的本質，是謙遜、平易、質樸……他不偏激，用和藹親切的態度，闡揚他的思想；同時以最善意的心情，和顏悅色地答覆反對者的質詢。」吳稚暉先生也說：「總理一生，苦口婆心，見人卽滔滔不絕地指示他的主義，然而祇樸實的抒其意見，絕不肯用手段，見一人說一樣話。」所以，他對學生們也一樣的耐心聽取意見和坦誠的闡明革命的理想和當前的困難，無時無刻不以實現主義，完成革命爲念，也隨時隨地爭取羣衆對主義的信仰，態度又是那樣誠懇自然，難怪凡和他晤談的人，都爲他所感召，而對他偉大崇高的人格有無限的景仰。

第二次恭聆國父訓話是民國十二年十月，全國學生聯合會評議部，在廣州舉行全國學生評議會的時候。我當時是廣東高師學生會的評議部長，爲當然的評議員，便以全國學聯會評議員一分子的資格參加會議。當時全國學聯會的立場，並不完全同情廣州的革命政府，因而會場還是掛「五色旗」和唱「卿雲歌」，來自全國各省的代表，思想更不一致，會中言論還很紛歧。但國父到會場致詞時，他慈祥仁藹的風采，便受到全場的尊敬。他的訓話完全是站在教育家的立場，向學生多方面譬解和開導，充分表現了循循善誘、誨人不倦的風範。他首先鼓勉學生要以國事爲己任。他說：「學生是讀書明理的人，是指導社會的，若不能以先知覺後知，以先覺覺後覺，而苟且從俗，隨波逐流，那就無貴乎有學生了。」接着他坦白指出以「五色旗」爲國旗，以「卿雲歌」爲國歌都是錯誤的，大會言論和宣言也不完全正確。（他的講詞記錄，後來以〈學生要努力宣傳，擔當革命的重任〉爲題，列入《國父全集》。）當時大家聽了都深切感受到一份師長的關愛，而一再報以熱烈掌聲，大會立場也因此便趨堅定，支持革命，成了主導的力量。

國父對青年學生有這樣大的感召力，全由於他對青年的自然關切和愛護。他認爲青年是革命先鋒和主力，也把青年視爲他的子弟，而表現很自然的慈愛，先總統　蔣公曾說：「總理一生的人格和精神，完全以仁愛爲基本，無論待人接物，莫不充分表現仁慈博愛的精神。因此　總理有過人的智勇、唯用之於救國救民的。」這一份仁愛的光輝，便是他感人的、不竭的能源，而對他那慈祥博愛的胸懷和熱烈的教化力，有無限的景仰。

第三次恭聆　國父演講三民主義，則開始於民國十三年一月。　國父自撰著《孫文學說》（心理建設）、《實業計畫》（物質建設）、《民權初步》（社會建設）各書以後，便從事於三民主義的著作，但未完成就不幸毀於陳炯明叛變之役。因此，他在進行中國國民黨改組時，便在我的母校——國立廣東高師禮堂演講三民主義，以爲救國建國的「宣傳課本」。我在前一年（民國十二年）剛由鄒校長海濱先生介紹加入中國國民黨，聽說　國父來校演講三民主義，自然不願放棄這大好時機，而成爲基本聽衆之一。

國父是由一月二十七日起，每星期一次，在星期日來校演講，計講了民族主義六講，民權主義六講，便停了三個多月，到八月三日才開始講民生主義，但祇講了四講，便因北上中止，原來準備到北京後再續講。據黃昌穀先生記述，還未講的，尚有四講，一講是居，一講是行，一講是民生主義總論，另一講是三民主義總論。不幸 國父北上後，便一病不起，使這一不朽的講演未能完成，現在我們所讀的三民主義，祇是一本經 國父核定而未全部完成的講詞。幸而有 總裁續撰〈民生主義育樂兩篇補述〉，才稍補其缺憾。

國父每次到校講演，禮堂的樓上樓下，都坐滿聽衆，甚至四周都站滿了人。他演講時態度從容，聲調鏗鏘，運詞顯豁，條理明晰，而且採用古今中外的學說和各種具體事物與科學技術，來印證自己的理論。自始至終侃侃而談，使聽衆都聽得入神，沒有人中途退席；尤其是我們做學生的，有時 國父講演過了我們飯堂開飯時間，大家仍然繼續聽講，寧願聽完後才去吃冷飯剩菜，也不願中途離席，可見 國父演講的吸引力了。

國父演講時，所用名詞都很簡單明瞭，但卻很適切的表達了其中的奧義，好像他說：「三民主義就是救國主義」、「民生主義就是發財主義」、「政治就是管理衆人的事」都很淺白易明，而其中道理卻很深奧。他對演講後筆記的校閱、訂定和印行都非常認眞。如「三民主義就是救國主義」這一句話，鄒海濱先生讀校時，覺得太簡單，便補充一段話來說明。 國父看了後，認爲意思雖然不錯，祇是文字不夠簡明，便親筆改爲「何以說三民主義就是救國主義呢？因爲三民主義係促進中國之國際地位平等，政治地位平等，經濟地位平等。」又海濱先生覺得民族主義原稿中有一段話，不太明白，便去問　國父，國父問明是那一段後，便毫無考慮的將全段删去。他說：「三民主義的學理雖然深奧，卻要使凡識字的人，個個都能看得懂。如果大學校長都看不懂，便要全部删去。」他隨時注意對方能否瞭解和接受，他的文字和講演自然富說服力了，所以大家都稱他為天生的教育家。

國父學問淵博，好學不倦，即使奔走革命，無論到那裏都帶着許多書本，有些革命同志資助他川資，都拿來買書。先總統　蔣公曾說：「國父一生只要一日不看書，即皇皇如有所失。」而各種科學，他都涉獵研究，在香港讀醫科時，便熟讀二十四史，有同學曾對他有所懷疑，加以抽問，他都能一一對答如流。邵元冲先生曾問研究的是那一種學問？他答：「我所研究的是革命的學術，凡一切學術，祇要可以有助於我革命的知識和能力的，我都拿來做研究原料，而組成我的革命學。」馬林曾問他革命的基礎是什麼？他答：「中國有一個道統，堯、舜、禹、湯、文、武、周公、孔子相繼不絕，我的思想基礎，就是承此道統，而加以發揚光大。」由此可見，國父的革命思想是以他博大精深的學問為基礎而自成體系的。

國父的革命思想，固以三民主義為中心，但他的著述體系卻分為「心理」、「物質」、「社會」、「國家」四項建設。三民主義為國家建設之一部分，此外，尚有五權憲法、地方政府、中央政府、外交政策及國防計畫等等，可見　國父不但有他的革命理想和目標，更有實現理想的具體規劃和方案。而三民主義的目的，不僅在「以建民國」，且在「以進大同」。今天，三民主義已成爲世界思想的主流，正如先總統 蔣公所說：「三民主義不獨是今天二十世紀的主流，而更加是這個黑暗混亂世界的指南針，是一切被奴役的國家和人民自拔於共產邪惡的聖火明燈。」更說明 國父不但是我們思想的導師，也是世界人類思想的先知。恭聆 國父宣講三民主義之後，使人深切認識一位思想先知的風範，而對他博大精深的學問，有無限的景仰。

四、建立革命組織的奮鬪歷程

以上憶述我三次親聆 國父訓誨的經過和感受，雖然只是個人的經歷，但也可見 國父人格的崇高偉大和他慈祥仁愛的胸懷，博大精深的學問。 國父的一生事業，可以拿四個字來說明，就是「國民革命」，他的一生可說是「爲國民革命而生，也爲國民革命而死」，而在他致力國民革命的歷程中，最重要的就是創造革命理論，建立革命組織和推進革命行動。在此短文中，自然不能詳爲縷述，僅能分別略述其梗概，並舉一、二事例，使大家對我們的 國父——國民革命之父領導國民革命的艱苦歷程，有更深切的認識。

首先，讓我們談談 國父如何建立革命組織？因爲 國父領導革命，雖然先有革命理想，再建立革命組織，但革命理論則是在革命過程中不斷創立和發展，而革命組織也在革命過程中不斷成長和壯大。大家都知道 國父曾五次組黨，其過程眞是艱苦萬分。民前十八年，他二十九歲時開始在檀香山創立興中會，當時參加者祇有十幾人；翌年在香港設立興中會總部，加盟的知識份子仍然不太踴躍；後來，他親赴歐洲英、比、法、德各國，和美、日、南洋等地，宣導革命，鼓動知識份子積極參加，到民前七年他四十歲，在東京成立了中國革命同盟會的時候，加盟的也祇有三百餘人，隨後續在美國各地成立分會，黨務才能逐漸開展。民國元年他四十七歲，由於滿清既倒，民國成立，同盟會遂與統一共和黨、國民共進會、共和策進會及國民公黨等四個團體，在北京合併組成國民黨。因此，份子較為複雜，意見漸趨紛歧。民國三年他四十九歲時，鑒於國民黨組織散漫，紀律廢弛，實不足以領導革命，開展工作，遂在東京完成中華革命黨的組織，重振革命精神，黨員必須宣誓：「附從　孫先生」「服從命令」。至民國八年他五十四歲時，認為要謀國家之統一與建設之推進，勢須集結國民之力，方克有濟，乃在上海將中華革命黨改名為中國國民黨，但名稱雖已更易，黨務仍未革新，乃於民國十三年在廣州召開本黨第一次全國代表大會，進行黨的改組。

在歷次組黨的歷程中，國父備嘗艱苦，他所遭遇的困難，最重要的是：敵人的掙扎，同志的動搖和民衆的冷漠。所謂敵人，就是滿清與助紂為虐的保皇黨和殘餘的北洋軍閥與幕後操縱的帝國主義各國政府。國父幸能以不屈服、不妥協、不動搖和不氣餒的精神，堅守原則，百折不回，愈挫愈勇的奮鬭，盡力爭取一切力量和同情，使敵人孤立，而終於戰勝敵人。如民前十二年致書香港總督，力數清廷罪狀，及爭取臺灣總督兒玉和法國越南總督韜美之助力。一面接納國內其他會黨，以擴大自已陣營，如令史堅如、畢永年分別聯絡長江及湘鄂會黨。對同志之有所懷疑或意志動搖者，國父則動之以誠，導之以正，予以感化教育。尤其在民國成立後，革命黨人便有「革命軍興，革命黨消」之說，更迷於「知之非艱，行之惟艱」的謬論，認為國父的建設計畫陳義過高，不易成功，國父為此乃著《孫文學說》列舉十證，來闡明知難行易的道理，實行心理建設，掃除心理大敵。他迭次致力黨的改組，主要便是要鞏固自己，重整革命陣營。至於對民衆來說，國父本「人生以服務為目的」的宗旨，不放棄任何機會來為民衆服務，教育羣衆，使羣衆樂為同志，厚植革命力量。許多同志的參加革命，如四大寇的尤列、陳少白及馮自由與香港富商李紀堂等，都是在很偶然的機會中為國父所感召而參加的。馮自由先生曾自述他加入與中會的經過：當時在橫濱，他年僅十四，橫濱與中會成立，其父馮鏡如為會長，一日國父與陳少白、鄭士良在其家午膳，馮自由先生敬侍末座，國父問他好讀何書？答：「好讀小說。」問：「好讀那一部小說？」曰：「《三國演義》。」問：「《三國演義》中，你最喜歡何人？」曰：「孔明。」國父說：「你既喜歡孔明，卽明白古人順逆之理，余等之與中會便是漢朝的劉備、諸葛亮；今之滿清皇帝，便是曹操、司馬懿，我等起兵驅逐滿清，卽孔明之六出祁山。」國父並對馮老先生說：「令郎能熟讀《三國演義》，何不令其入會？」鏡如老先生便命自由先生塡表登記。可見國父組黨，雖幾經艱難困苦，但都能堅苦奮鬪，始終不懈，故能不斷戰勝敵人，團結同志，爭取民衆，使革命組織不斷的發展和壯大。

五、創造體大思精的革命理論

其次談到　國父如何創立革命理論？前面說過，國父一生好學不倦，所研究的都是革命之學，平時手不釋卷，專志研究革命理論。他曾對鄒海濱先生說：「一般人讀書不認眞，還不要緊，我們革命黨人讀書，卻千萬不可不認眞，因爲一般人讀書，或是爲個人的前途，或是爲一家生活，他讀書不認眞，成敗得失，只關係他個人或其一家。革命黨人則不然，一身負國家社會的重任，如果自己讀書不認眞，事情做錯了一點，就不但害了我們的黨，連整個國家社會也被害了。」他甚至在倫敦時，旅費缺乏，有同志曹亞伯湊了三、四十英鎊資助他，他卻拿去買書。所以，國父的革命理論，均非空談，深具學理與實踐方法，也可以說是綜合古今，融貫中外，捨短取長的救國救世的最高理想。

國父的革命理論，究竟包容些什麼呢？國父在他的《三民主義・自序》中說：「自建國方略之《心理建設》、《物質建設》、《社會建設》三書出版之後，余乃從事於草作國家建設，以完成此帙。《國家建設》一書，較前三書爲獨大，內涵有民族主義、民權主義、民生主義、五權憲法、地方政府、中央政府、外交政策、國防計畫八册。」可見國父的革命理論，實包括他對「心理」、「物質」、「社會」與「國家」四大部門的建設。

心理建設就是「革命須先革心」的「革心」工作，而革心首須堅定對革命的信心，上面說過的《孫文學說》就是　國父針對一般誤信「知之非艱，行之惟艱」的謬論而創立的「知難行易」學說。他開始立意撰寫是在民二年討袁失敗之後，但到了民八年才決定刊行，目的是在打破國人的錯誤心理。這是　國父一個很偉大的創見，《孫文學說》的書名，是他親自想了許久才確定的，其中經過，胡漢民先生知之最詳，他說：「『知難行易說』是　國父在學說上一個很大的發明，　國父寫完這本學說的稿子後，好久沒有把書的名稱寫出來，甚而至於連『知難行易說』的書名都不肯用。有一天，他忽然想到了，就提筆寫《孫文學說》四個字，可見他對於《孫文學說》這部著作的自信力了。」我們也可以想見　國父對此一學說是如何的重視了。

《物質建設》，就是《實業計畫》。這一計畫的原稿，　國父當時是用英文寫成的，目的是讓外國人看得明白。後來由朱執信、廖仲愷諸先生譯為中文。全書共分六大計畫，包括了全國交通系統的建立，港埠的開闢，電力的發達，礦業、農業和工業的發展，如何積極造林、與辦水利，如何殖民邊區、解決人口問題，藉以鞏固國防等等問題，都作了切實具體的規畫。這是　國父針對中國的國情、人口、地理自然環境以及迫切的需要，精心研究而完成的一個最為具體的實業發展方案。

社會建設的基本工作，就是《民權初步》的刊行。這是　國父的第一部著作，寫於民國五年，出版於民國七年，是專門講述開會方法的一本專書。　國父認為民國之建立，目的在實行民主政治，民主國家的國民，首先要懂得行使民權；行使民權，必須從結合羣力的集會開始，所以他說：「集會者，實爲民權發達之第一步。」這就是說，國父認爲我們要把國家建設爲一個民主憲政的法治國家，便先要把社會建設爲一個安定祥和的自治社會。

其餘就是《國家建設》，這一書包含甚廣，除三民主義爲大家所知，我在上面也說及國父當年講演的經過。此外，尚有五權憲法、地方政府、中央政府、外交政策和國防計畫等共八册。國父對於這些問題，雖未分別寫成專書問世，但在其他的遺教中，可以探求出一些輪廓或綱目。

關於五權憲法，這是國父創立的一個政治制度。他說：「五權憲法的根據，老實說起來，就是我研究各國憲法，獨自思想出來的。」大家要知道，國父認爲各國的三權憲法不很完備，才創出這個五權憲法，想用來作爲我們「國家建設的大機器」，也是實現三民主義的具體方案，故中國國民黨以三民主義爲立國之本原，五權憲法爲制度之綱領。使「人民有權」、「政府有能」，是五權憲法對人民權利和政府組織規定的基本原則。民權主義和五權憲法是一個思想的兩面，名爲「民權」是重在人民有權，名爲「五權」是重在政府有能，三民主義和五權憲法是密切不可分的。國父說：「我們所主張的革命，就是三民主義和五權憲法的革命。」所以他手訂的建國大綱第一條便說：「國民政府本革命之三民主義、五權憲法以建設中華民國。」一般人忽略對五權憲法的研究，是大大不應該的。

對於地方政府和中央政府，國父雖未及寫成專書，但可在《建國大綱》和《地方自治開始實行法》的遺教中，獲得一些原則、方法及實施步驟的提示。國父理想的地方自治團體，不祇爲一個政治組織，同時也是一個經濟組織；非但在保民理民，並且要敎養兼施，以同時實現民權主義和民生主義爲目的。理想的制度，是以縣爲自治單位來全面推動。所以在我們現行憲法中，對於地方制度的規定，確是以　國父地方自治理想爲基礎的，祇要切實推行，　國父地方自治的理想，就不難實現。

關於外交政策：　國父對這一專書，雖也未能如願寫成，但實際上他已擬好目錄，這在　國父民國十年覆廖仲愷和胡漢民兩先生的一封信中，便曾列舉，共有二十四項，大致分別研究各國的外交政策，進而研究我國過去外交失敗的原因，和我國當前之危機，再而主張實行中國國民黨對外政策，以挽救我國外交之失敗，然後提出圖謀國家獨立之方法及將來之對外政策。　國父還在原信中說明：「此書之思想及路線，一言以蔽之，求恢復我國家以前一切喪失土地主權和恢復人民自由平等而已！」先總統　蔣公對　國父此一外交政策，曾特加闡揚，並特別指出　國父所口述經朱執信先生執筆，在民國六年所發表的《中國存亡問題》一書，是　國父外交政策精神之所在，認爲這書無異是　國父外交政策的藍本。可見　國父當時苦心策劃的國家建設的外交政策，是如何的精密和周詳，而值得大家去作深入的研究。

關於國防計畫：國防計畫一書也和外交政策一樣，書未寫成，但也先擬有目錄，也是　國父在民國十年給廖仲愷的信中所提出的，計共有六十二項。大致是研究國防的方針與政策，發展國防工、農、礦、交通等計畫，發展海陸空軍建設計畫，軍制的改革與軍器的改良，抵禦各國侵略計畫的方略，實施全國精兵政策等等，可說都是爲着鞏固國防、保障國家的獨立和安全。

由上所述，可見國父革命理論之體大思精，它的目的，不僅在求中國的自由平等，同時也要喚醒國際人士，共謀世界大同。

六、推進革命行動的工作方法

至於國父的革命行動：民國建立前的十次起義和民國建立後的討袁護法等事蹟，都爲衆所共知，用不着多說。我覺得國父的革命行動，最值得我們注意的，一是他的革命行動不僅在破壞以摧毀敵人，更重在建設以實現主義。而且他認爲革命的目的在建設而不在破壞。二是他的革命行動注重方略和方法，他每一時期都訂定革命方略，講求方法來推進他的革命行動，而不徒尚空談。以下我們試各舉一例來說明國父對革命建設和革命方法的重視。

關於革命建設，最明顯的事例便是國父在民國元年就任臨時大總統後，當時全國尚未統一，清廷還未退位，袁世凱更挾北方各省以自重，大局固未安定，而民國創立伊始，正是百廢待舉。國父在這複雜困難的環境下，就任只不過短短的三個月，卻積極推進各項政治建設，完成了不少政治革新。

第一、確立「公僕」的服務觀念：這爲國父致力國民革命工作上的一貫基本要求，他嘗說：「人人應該以服務爲目的，不當以奪取爲目的。聰明才力愈大的人，應盡其能力，以服千萬人之務，造千萬人之福；聰明才力略小的人，當盡其能力，以服十百人之務，造十百人之福；無聰明才力的人，也應該盡一己之能力，服一人之務，造一人之福。」他就任臨時大總統時，更有「以忠於國、爲民服務」的誓詞，在就職宣言中也說明：「自推功讓能之觀念以言，文所不敢任也；自服務盡責之觀念以言，則文所不敢辭也。」可見　國父是以爲民服務作爲他的責任。

第二、推進各項愛民措施：　國父在臨時政府成立以後，便先後下令保障人權，禁止階級歧視，嚴申法紀，禁止官吏非法擾民，禁止販賣人口，禁絕販賣「猪仔」，禁止刑訊，禁止體罰，勸禁纏足。積極方面，則通令愛護僑胞，重視農事，切實辦賑等。可見得他對民間疾苦的關切和重視。例如他在禁止刑訊的令文中所昭示：「本總統提倡人道，注重民生，奔走國難，二十餘載，對於亡清虐政，曾申其罪狀，布告中外人士，而於刑訊一端，尤深惡痛絕，中夜以思，情逾剝膚。」又在通飭各省辦賑的令文中說：「民國新造，首重保民；顧以用兵之故，致滋失所之憂；本總統每一念及我同胞流離顚沛之慘象，未嘗不爲之疾首痛心，寢食俱廢也。」愛民深情，溢於言表。尤有進者，他在民國五年對駐滬粤籍參議員講「中華民國之意義」時，更強調：「顧僕向有一重大的意志欲白於今日者，諸君知中華民國之意乎？何以不曰中華共和國，而必曰中華民國，此民字之意義，爲僕研究十餘年之結果而得之者。」更表示其對「民」是如何的重視。

第三、推動非常建設，力行澈底革新：　國父認爲革命的建設是非常的建設，必須全面和澈底推進，使人民耳目一新。例如他堅持廢舊曆行陽曆，否則不允就任大總統職。故他就任後對官制、軍制的建立，財政的整理，司法的建制等，都進行全面革新。不特此也， 國父對個人的身心和日常生活也要求革新。他在「革命軍的基礎在高深的學問」的講詞中說：「要做革命事業，是從什麼地方做起呢？就是要從自己方寸之地做起，要把自己從前不好的思想、習慣和性質，像獸性、罪惡性，和一切不仁不義的性質，都一概革除。」可見 國父對各項革新工作，都務求澈底的。

第四、以身作則，堅定信念和堅持原則： 國父當年領導革命，有無比堅定的信念，對革命工作的推動，也都堅持原則。如對袁世凱之出任總統，便堅持可由民國推選，而絕不能出自清廷的遜讓，袁氏必須宣誓遵守憲法。又如當時關於政府組織問題，有主張採用總統制的，也有主張採用內閣制的。爲此問題，爭議頗爲激烈。 國父乃說：「內閣制乃平時不使元首當政治之衝，故以總理對國會負責，斷非非常時代所宜。吾人不能對於惟一置信推舉之人，而復設防制之法度……以誤革命之大計。」此種大公無私，堅守原則的精神，眞是令人肅然起敬。 國父又說：「吾心信其可行，則移山塡海之難，終有成功之日；吾心信其不可行，則反掌折枝之易，亦無收效之期也。」這說明堅定信念之重要，眞値得我們自策自勉。

第五、注重效率和講求方法： 國父在臨時政府的短短的三個月中，於動亂震撼之餘，盡力建立各項典章制度，無論官制、軍制、財政、司法、教育和地方行政，都粗具規模，充分的表現了一個新政府的氣象，這是 國父注重工作效率和講求治事方法的成效。

七、國父救國四大綱領的要義

關於革命方略和方法：大家都知道國父從同盟會開始，便訂定革命方略，對如何建軍、略地、足糧、安民都訂有詳細步驟。中華革命黨時期的革命方略更爲詳盡。其後手訂建國方略、建國大綱、地方自治開始實行法等，都是革命的具體方略。這都爲衆所共知，不必多說，現在我只想舉一個國父最初提出的救國綱領，這可說是他最初的政治理想，來說明他早在組黨以前便已注重具體的方法，而不徒尚空論。

這便是民前十八年，國父還是二十八歲的時候，上書李鴻章，提出的建國理想和方法。這一文獻雖在國父生前便曾刊布，但沒有引起大家的注意，它的發現是在國父逝世後，史學家顧頡剛得陳援庵先生的指示，才在上海基督教廣學會的《愛國公報》上找到。最初的原文是刊登在一八九四年九月和十月，愛國公報第六九及七〇兩號上，當時的標題是〈上李傅相書〉，並註明是廣東香山來稿。後來才陸續的在各種雜誌轉載，但標題則並不一致，《國父全書》則用〈上李鴻章痛陳救國大計書〉。我簡稱它爲〈國父的救國四大綱領〉。這就是書中所強調的「人能盡其才」、「地能盡其利」、「物能盡其用」、「貨能暢其流」。

通常講這四句話，都忽略了一個「能」字，祇說「人盡其才、地盡其利、物盡其用、貨暢其流」，其實原文都還有一個「能」字的，這個「能」字非常重要，而且是深具意義。因爲「人盡其才」「地盡其利」「物盡其用」「貨暢其流」是建國的四項目標，而救國的綱領，則在使「人能盡其才」「地能盡其利」「物能盡其用」「貨能暢其流」。這就是說：我們不但要知道建國的目標，更要重視實行的方法。所以 國父上書給李鴻章，不但告訴他：人要盡其才，地要盡其利，物要盡其用，貨要暢其流，而且還告訴他怎樣做才可以使「人能盡其才」，怎樣做才可以使「地能盡其利」，怎樣做才可以使「物能盡其用」，怎樣做才可以使「貨能暢其流」。可見國父是如何的重視方法了。 國父所提出的方法是什麼？現在扼要的摘述：

首先就「人能盡其才」而言。 國父說：「所謂人能盡其才者，在教養有道，鼓勵以方，任使得法也。」關於教養有道方面，他提出七點指示：一、多設學校，使人人都能接受良好的學校教育，以啓迪知識、學習技能。二、學校教育要重視教育方法，採啓發式代替塡鴨式，並善用科學儀器，輔助教學。三、實施量智施教，按人的才智能力，分科施教。四、學校培養人才，要因應時代需要，與社會需要相配合。五、學校培養人才，要因應地域需要，如臨海地區，多設海事學校；礦產地區，多培養冶礦人才。六、學校教育須通才與專才兼顧，以免偏枯。七、學校教育應講求實用，俾能學以致用。

關於鼓勵以方來說，就是要善用獎勵的方法，因爲人類天生才智不一，有上中下三等，上等才智的人，不待獎勵便會自動奮發，但中下等的人，必需要藉獎勵來激發他，所以不特政府要有獎勵辦法，民間的各種學會等團體，也應該盡力去獎勵學術研究和培植人才。至於任使得法，國父主張要用考試的方法來選才，要用其所長，使各盡其職、各盡其能。這樣，便可做到「天無枉生之才，野無抑鬱之士，朝無倖進之徒」了。先總統　蔣公說過：「中興以人才爲本。」也就是這個意思。可見人是否能盡其才，關係國家政治的成敗，國運的興衰。

其次，就「地能盡其利」而言。國父說：「所謂地能盡其利者，在農政有官，農務有學，耕耨有器也。」國以民爲本，民以食爲天，故農業與人民的生活，關係最爲密切。所謂農政有官，就是要政府設置專管農事的機構，以從事水利的修治、荒地的開墾和教導農民耕作，以發展農業，改善農民生活。在農務有學來說，就是要政府設立農業專門學校和研究機構，以培養農業專才，並從事地質學、化學、植物學、動物學和農業醫學的研究，以改進生產。至於耕耨有器，簡單的說，就是要耕種機械化，這不但可以節省人力，增加生產，而且可增加效率，減低成本。這三點都做到，便能使「百姓勤」、「樹畜精」、「人力省」。也就可做到地盡其利。

再次就「物能盡其用」而言。國父說：「所謂物能盡其用者，在窮理日精，機器日巧，不作無益以害有益也。」所謂窮理日精，就是窮理致用，萬物都是可用的，問題是怎樣去利用，這就要靠科學研究了。先總統　蔣公曾說：「窮理以致其知，能知必能用。」便是這個道理。機器日巧，很明顯的就是推廣運用機器以開發資源，我國地大物博，礦產儲藏豐富，如不運用機器開採，便使貨藏於地，不爲我用了。至於不作無益以害有益，換句話說，就是節惜物力，對有用之物，應善取善用，不要浪費，否則便不能使物盡其用。

最後就「貨能暢其流」而言。國父說：「所謂貨能暢其流者，在關卡無阻難，保商有善法，多輪船鐵道之載運也。」這就是要振興商務，要振興商務，便要改善關卡制度，消除阻難，以免影響商運。對從事國際貿易的商人，必需謀求加強與世界各國的外交關係，採取有效保護措施，使外銷通暢，商務日興。至於多輪船鐵路之載運，很明顯的就是發展交通和運輸工具。國父對國父對交通甚爲重視，認爲「交通爲實業之母」。因爲交通不振，便貨難暢其流了。國父對此，更有明確的指示，他說：「商不見保，則貨物不能流；貨物不流，則財源不聚；是則地大物博無益也！以其天生之材爲廢材，人成之物爲廢物，則何貴其多也？」他更舉一例說：「數百年前，美洲之地，猶今之地，何以今貴而昔貧？是貴有商焉爲之經營，爲之轉運也，商之能轉運者，有國家爲之維持保護也。」

上面所述的四大綱領，國父都指示了我們如何去達成的方法，也就是如何才「能」人盡其才，地盡其利，物盡其用，貨暢其流。在八十九年前，國父便提出這樣正確的思想和具體方法，眞可說是高瞻遠矚了！直到現在他所指示的仍然是非常適切，也是我們當前努力的目標。如果我們本着這些方法切實去做，自然會成功的。由此可知國父是革命的理論家也是革命的實行者。所以在他的領導下，革命組織不斷成長和壯大，革命理論日益健全和精湛，革命行動也就一天天的蓬勃和發展了。

八、國父遺囑的最後啓迪

但不幸， 國父在領導國民革命的過程中，革命尚未成功，便離我們而去。因此最後，讓我敬謹恭述 國父的遺囑，來和大家共相策勉。關於 國父遺囑，許多人都耳熟能詳，大家也知道， 國父彌留時還不斷的發出「和平！奮鬪！救中國！」的呼聲。我們體會 國父這幾句最後遺言：所謂「和平」並不是指和平方法，而是和平目的——革命的最高目的，也就是世界和平。可是要救世界，使它能夠達到永久和平、世界大同的境界，愛好自由和平的民族，必須共同奮鬪；奮鬪的途徑和程序，必須從「救中國」做起，這就是「以建民國、以進大同」、「救中國、救世界」的道理。 國父的遺囑和救國救世的最後呼聲，何等深遠而偉大啊！先總統 蔣公是對國父遺教研究最爲透澈，闡揚最力，奉行最澈底的人，他在民國二十三年曾有過關於 國父遺囑的訓示。他說：「大家要知道，遺囑是 總理指示我們救國的藥方。是扼要的指示我們革命黨員和革命軍人責任之所在與革命之基本途徑，我們每次紀念週之所以要隨聲朗讀，除紀念 總理的意義外，就是要提醒我們大家的革命精神，反省過去，策勵將來……各位回去以後，在舉行紀念週時，再不要將遺囑當爲口頭禪，隨便敷衍讀過，而要切實研究明白，而且向一般部下解釋清楚，使他們都能很透澈的知道遺囑中所包含的許多最重要的道理……。」我們恭聆 蔣公這一重要訓示之後，應該反躬自問，有沒有把 國父遺囑當口頭禪而敷衍讀過就了事呢？有沒有對遺囑的內容切實研究予以闡揚呢？有沒有把遺囑中摘要解釋淸楚使能澈底明白奉行呢？誠心誠意，坦白檢討之後，我們會不會愧對先總統 蔣公的訓示呢？我相信，甚至有些同志對建國方略究竟包括了些什麼？第一次全國代表大會宣言爲什麼也要列入遺囑之內？也不一定瞭解的，因此，我們對於國父遺囑也要深入的去研究體會才是。大家都知道 國父也有遺囑留給他的家屬，內容是「余因盡瘁國事，不治家產，所遺之書籍衣物、住宅等，一切均付吾妻宋慶齡，以爲紀念。余之兒女已長成，能自立，望各自愛，以繼余志。此囑！」如此簡明親切，更見得 國父畢生公忠爲國，誠心救世，不及於私的至高無上情操，實堪爲國人典範。

以上所言，僅將個人對 國父的認識和體驗，就思考所及，略爲逑說，內容很瑣碎，也不能形容 國父的偉大於萬一。總之， 國父畢生奮鬪的目的，在「以建民國，以進大同」，誠如先總統 蔣公所說：「 總理不獨是締造我中華民國之聖哲，實亦爲復興亞洲民族之導師，指引全人類同歸於三民主義『大同世界』之先驅者。」 國父確實是一位博愛主義，大同主義，注重實行，不尙空想的偉大愛國革命家。現在革命尙未全部成功，我們要遵循 國父指示的途徑，效法他艱苦奮鬪的革命精神，力行 先總統 蔣公實踐 國父遺教的訓示，在蔣主席經國先生領導下，爲反共復國而共同努力不懈。

民國七十一年十二月作於臺北

國父演講三民主義的國立廣東大學禮堂

國父在廣州就任非常大總統典禮後攝影

國父與全國學生聯合會總代表合影

民國十三年一月，中國國民黨於廣東高等師範（卽國立中山大學前身）舉行第一次全國代表大會，出席代表一六五人

恭聆　國父訓誨的回憶

國父九十年前領導革命，創立興中會時，彥棻還未出生。在東京創立同盟會時，彥棻只有五歲。直到武昌起義革命成功時，彥棻也只有十歲。因此都沒有機會追隨　國父參加革命，所知的國父生平事蹟很少，故只能講講後來在廣東高等師範就讀時，恭聆　國父訓誨的回憶。我是民國十三年畢業的，民國十二年，母校校長鄒海濱先生介紹我入黨，剛好這兩年　國父在廣州，我有四次恭聆　國父訓誨的機會。

第一次在大元帥府，與一批專上學生向大元帥請願。第二次是　國父召集全國學生聯合會評議部評議員，在我母校高等師範開會，我以學生代表參加。第三次是　國父在母校大禮堂宣講三民主義，我有幸從第一講至第十六講都能參加恭聆。最後一次也是第四次，是　國父北上前在黃埔軍校召集文武學生舉行告別式，我也應召聽訓。所以直接聽到　國父訓誨共有四次。茲將這四次聽訓的感受及大致經過情形，概述如次。

第一次是民國十二年在廣州大元帥府，我同廣州專科以上學校學生代表向大元帥請願，因爲當時政府的稅收非常短絀，發不出教職員的薪水，教職員因此罷教。當時一般的學生都很同情，便選派代表向大元帥請願。大元帥很快召見我們，因爲我是廣州最高學府高等師範的代表，所以很榮幸被安排坐在　國父右邊。他鼓勵學生輪流發表意見。同學們紛紛發言，請財政廳趕撥經費，且慷慨激昂，繪聲繪影的描述教職員生活的困境。國父耐心聽我們講完後，表示他已瞭解這種情況，他以雍容、和藹、慈祥的態度向我們解釋爲何政府沒錢，因爲不識大體的軍人將稅收截留，無論是鐵路、海關的稅款都爲其壟斷，所以政府才會沒錢發薪。國父又告訴我們，當前我們專上學生們不應該再浪費時間了，如果教職員罷教，同學們可利用這個機會向社會各方面來宣傳革命，勸告國人都不要同情軍閥，促使軍閥將稅收繳給政府，此時政府就自然有錢可以發放薪水了。大元帥對我們鼓勵甚多，也要我們回校勸教員復課，原來我們是向他請願發薪水給教職員的，但是到最後卻都很佩服　國父的論點，回校後發起通告，籲請教師不要罷教，結果非常成功，不久也都復課了。這是第一次與同學向大元帥請願之經過。

吳稚暉先生曾講述　國父行誼，說未見　國父面時，以爲他不過爲一草澤英雄，並非讀書人。對鈕惕生先生所說「　國父爲一溫文爾雅、氣象偉大的紳士」表示懷疑。直到倫敦見到　國父面後，祇覺得　國父是不能形容的偉大，稱爲自然偉大的領袖，最爲適當。于右任先生亦說

及與　國父見面的經過，他說：「孔子稱老子爲『猶龍乎』，虬髯公稱唐太宗爲『天人之資』，都不足以稱　國父的偉大。」我回憶當年的印象，非常同意兩位先生的看法及說法。與　國父見面談話，我們聽後都覺得很有道理，也很佩服，自然地覺其偉大，這是未見其面者所不能瞭解的。此爲第一次的感受。

第二次是參加　國父召集全國學生聯合會評議部評議員來廣州開會，時間是民國十二年八月十九日。此次全國學生評議會議是在高等師範舉行，我是高等師範學生評議部部長。是當然出席代表。學生聯合會的立場並非完全贊成革命的，會場中並沒有掛青天白日滿地紅的國旗，而是掛五色旗，唱的是卿雲歌，因爲評議員來自各省，多少受到軍閥的影響，革命氣氛並不濃厚，會中所發表的言論也非常分歧。上次請願，　國父是以老師對學生的態度，家長對子弟的口吻對我們說話；而此次被邀請來指導訓誨，卻是以教育家的精神，向學生解釋開導，表現出諄諄善誘、誨人不倦的風範，勉學生「以國事爲己任」，「學生是讀書明理的人，是指導社會的，若不能以先知覺後知，以先覺覺後覺，而苟且從俗，隨波逐流，那就無貴乎有學生了。」他先責備我們，其後又鼓勵我們多多研究學問、明白事理。並說明爲何民國以來，一直在變亂之中，那就是因爲革命沒有成功的緣故。　國父要求學生贊成革命，相信他所創立的三民主義、五權憲法；　國父更嚴正的指出掛五色旗，唱卿雲歌都是不對的。他是其所是，非其所非，絕不討好學生。國父又向我們說了辛亥革命的史實，當時因爲武昌革命黨的名册被清廷官吏搜去，黨員們被迫冒險提前舉事，在缺乏彈藥的情況下，仍能攻下總督府，將瑞澂嚇跑了，辛亥革命也因各省的風起雲湧，一舉成功。 國父一再強調只要有決心、有辦法、有勇氣，不論革命的環境多麼惡劣，革命一定會成功的。另外， 國父也要我們不要崇洋，並舉了廣東都督龍濟光誤將洋人裁縫當貴賓款待的趣事。對外國人盲目的崇拜，是非常可笑的，我們要革命成功，一定要自立自強。

國父的講話自始至終充滿了教育性及啓發性，大夥兒聽得津津有味、深受感動。尤其是他慈祥親切的態度、平實溫和的聲調、生動有趣的言辭，感動了每一個人的心坎。同學們受到這種關愛，一再報以熱烈掌聲；演講後大會的立場便趨於堅定，激起革命情操，形成了一股主導的力量。 國父對青年學生有這樣大的感召力，乃是由於他的偉大人格及對學生的關切與愛護，他認爲青年是革命的先鋒及生力軍，將青年視爲其子弟，故對青年自然地表現出感人的慈愛。

國父畢生致力於革命，便是由於他對國家社會人類的愛心。所以戴季陶先生曾經這樣說過：「國父的全人格以仁愛爲基本，一切表現無不爲仁愛。有過人之智，其智要以知仁；有過人之勇，而其勇惟用於行仁。可知離開了仁愛絕無革命可言。」先總統 蔣公也曾說：「總理一生的人格和精神，完全以仁愛爲基本，無論待人接物，充份表現出博愛的精神，因此 總理有過人的智勇，唯用之於救國救民的。」這份仁愛的光輝，便是他感人的能源。我覺得 國父對青年們該勉勵的勉勵，該指正的指正，的確使人感動。

第三次，對我來說是很重要的。這一次我恭聆 國父演講三民主義，時間自民國十三年元月開始。三民主義是　國父救國建國的最高理想，他在完成《孫文學說》（心理建設）、《實業計畫》（物質建設）、《民權初步》（社會建設）之後，便從事《三民主義》的著作。國父在序言中曾提到，此次演講三民主義，預備將來整理後出版，作爲三民主義宣傳的課本。由此可知他爲何在國事繁忙之時，尚抽空到廣東高等師範來演講，在他心中演講三民主義比弭平叛亂，改組政府，更爲重要。他認爲過去革命之所以不成功，就是大家不瞭解三民主義及五權憲法的緣故，故無論有多忙，也要抽出時間對三民主義作有系統的演講。

當時我的校長鄒海濱先生已介紹我入黨，聽說　國父來校演講三民主義，自然十分高興，所以從頭到尾都未曾缺席。國父來校演講每週一次，均爲週日，每回約兩小時，黨政軍幹部及專科以上學校的學生均可參加。自民國十三年一月二十七日開始，至四月二十七日截止，共發表了民族主義六講及民權主義六講。後來停了一些時日，據說因爲　國父眼疾要休養，且民生主義特別重要，需要較多的時間從事準備。停了三個月，將民生主義大綱完成後，於八月三日開始恢復每週一次的演講。但只講了四講，卽因段祺瑞邀請北上而告中止。國父原本預計到北京後繼續演講的，據黃昌穀先生記述：「國父無論沿途有多累，都從事準備演講的工作，閱讀參考書報。」邵元冲先生在筆記中也提及　國父在講完民生主義四講後，卽有平津之行，預備在北京大學講述民生主義未完之部份。國父攜帶了很多參考書籍，經過日本時也購買了許多新書；在北京臥病床上，仍然終日批覽不輟，閱讀有關居住問題的書來研究準備。但是因染病不起，三民主義的演講始終沒有完成，實爲中國國民黨的一大遺憾。但根據一般的說法，未完成的演講應該尚有四講，卽民生主義中的住、行二講和民生主義總論、三民主義總論。先總統　蔣公認爲　國父雖對住行沒有作有系統的說明，但是在《實業計畫》中可看出其大要。直到　蔣公補述民生主義育樂兩篇後，《三民主義》的理論架構才算全部完成。

國父每次來演講，母校大禮堂內都是坐無虛席，每次約有兩千多人，有時候連四周窗外都站滿了人。國父到場演講時，場內場外，鴉雀無聲，屏氣凝神的專注聽講。國父態度從容、聲音鏗鏘，自始至終，侃侃而談，聽衆非常熱烈，無人中途退席，甚至聽講的學生寧願犧牲用饍時間，可見　國父演講多麼感人。國父演講用詞顯豁，條理分明，且取材適切，深入淺出。更要緊的是　國父瞭解聽衆的心理，能夠用最簡明的話，說明最深奧的道理，所以具有極大的吸引力和說服力。當時本黨雖倡導三民主義多年，但是大家對其認識仍未能普遍，因此其中許多奧妙的理論，在聽完　國父演講後，才有豁然貫通，恍然大悟的感受。國父的學問淵博，並且能夠融會貫通，因此能夠採用古今中外的學說和各種具體事物及科學技能，來印證自己的理論，使人衷心感佩。國父演講時所用的表達方式，均十分簡單明瞭，比方「三民主義就是救國主義」及「民生主義就是發財主義」、「政治是管理衆人之事」等，都是淺顯易明而含蘊有深奧的道理的。國父對於遺詞用語非常審愼，演講後筆記必定校閱多次，每一講由筆記人黃昌穀先生校正，再交由鄒魯先生讀校，有異議再報請　國父核定。如此反覆多次，才送交印行，這樣認眞小心訂正，直到滿意爲止。有一次鄒海濱先生認爲「三民主義就是救國主義」一句太過簡單，一般人多不明白，想加一段話來說明，國父看了以後，認爲意思雖然不錯，文字卻不夠簡明，便提筆改爲「何以說三民主義是救國主義呢？因爲三民主義係促進中國之國際地位平等、政治地位平等、經濟地位平等的。」另有一次，海濱先生在民族主義中看見一段不甚瞭解，於是向國父請示其意，國父問明何段後，隨即將其全段刪掉。海濱先生覺得於心難安；國父語重心長的表示：「三民主義的學理雖然很深奧，卻要使凡識字的人，都能夠看得懂。你是大學校長，如果都看不懂，便要全部刪去。」由此可知國父能夠隨時注意對方是否能接受，故文字富有說服力。

許多留學生回來，不大相信三民主義、五權憲法，總是用三權憲法來批評五權憲法，其實是他們不懂得其中的深奧處，如果沒有深入研究，甚至沒看過，便隨便批評，這是不對的。國父曾在英國、比利時、德國、法國，向留學生們講話。彥棻民國七十三年曾經到法國巴黎，特別研究國父在海外的工作情形，曾到法國外交部及國防部的檔案室，請調閱與中山先生有關的資料。同時查知在一九〇五年，國父到柏林召開座談會，號召留學生參加革命，並倡導五權憲法，有一位參加者受德國政治制度的影響，對五權憲法感到懷疑。國父很有自信的對他詳加說明。當時參加者，還有薛仙舟先生，他是從美國到德國的，他根據美國有些州的制度，贊成國父五權憲法的思想。經過國父的闡釋，結果大家都同意了。可見在一九〇五年，國父已把五權憲法思想，向留德學生宣示了。

國父的學問淵博，並且好學不倦。先總統　蔣公曾說：「國父一生只要一天不看書，即皇皇然若有所失。」他奔走革命之時，無論到何地，甚至前線也帶着書；有一次在倫敦旅費都不夠了，還要拿別人送給他的旅費買書來看，可見他如何愛好讀書。除了政治、經濟等學科外，國父對科學亦有涉獵。他也看古書，如二十四史，將中國政制與外國的政制融會貫通，成爲自己創立的五權憲法學說，組成了革命的思想體系，邵元冲先生曾問國父：「您研究的是那種學問？」國父答：「我所研究的是革命的學術，凡是一切學術只要有助於我的革命知識及革命能力的，我都拿來做爲研究的材料，組成我的革命學。」馬林也曾問：「您革命的基礎爲何？」國父答：「中國有一個道統：上自堯、舜、禹、湯、文、武、周公、孔子相繼不絕，我的思想基礎就是承此道統而加以發揚光大。」由此可見　國父的革命思想是以其博大精深的學問爲基礎，而自成體系的，故號召力極大。　國父的革命思想固然以三民主義爲中心，但其著述體系分爲心理建設、物質建設、社會建設、國家建設等四項建設，三民主義是國家建設的一部分，但是許多人都不瞭解，爲何今日三民主義行不通呢？　國父曾說：「能知必能行」，今日我們要以三民主義統一中國，首先就要大家懂得三民主義、五權憲法，另外還有地方政府、中央政府、外交政策、國防計畫……等，這些都是國家建設的一部分。　國父不但有他的理想與建國目標，更有實現他理想的具體方案，所以三民主義的目的不僅是在「以建民國」，且在「以進大同」。

戴季陶先生曾說：「國父是眞實的革命家，所以是眞正的博愛主義者，也是大同主義者，同時也是一個眞正的愛國主義」者。國父倡導的三民主義，今天已成爲世界思想的主流。蔣公也說：「三民主義不獨是今天二十世紀的主流，而更是這個黑暗昏亂世界的指南車，是一切被奴役的國家與人民自拔於共產邪惡的聖火明燈。」故 國父不僅是我們思想的導師，也是世界人類的先知。

最後一次是 國父離開廣州北上時，對黃埔軍校學生與廣州專科以上學校學生演講，地點是在黃埔軍校。此次演講的題目是〈求革命成功，個人不能有自由，全體要有自由〉。這是 國父對文武學生北上前的臨別贈言，可在《國父全集》中看到。 國父先說明爲何要去北京，因爲要實踐成約，且爲展開宣傳工作，聯絡各省的同志，成立一個國民黨黨部來建立革命的基礎。他說過去革命的失敗，是由於誤解歐美的新思想，誤解平等、自由這兩種思想，所以才會失敗的。 國父特別強調，在普通社會中，人有平等自由；但是在政治團體中便不能有平等自由，革命團體中更不能有個人的平等自由。我們現在進行革命，大多數都是在爭個人的平等自由，不是爭全體的平等自由，所以過去革命總是失敗。今天黃埔的武學生都是由各省不遠千里而來，到此革命學校求學，對革命應是有大抱負及大希望的；廣東大專學校的文學生亦是研究革命的方法，對於革命前途都希望成功的。如此先要每個人都能犧牲個人的自由平等，將自己貢獻到革命黨中，遵守黨的紀律，服從黨的命令，全黨努力一致進行，只求全黨有自由，個人不能有自由，如此革命才可望其成功。

這是國父的臨別贈言，也是我最後一次恭聆他的訓示。他主要的目的就是希望大家拿出本錢，犧牲自己的平等自由，貢獻自己的聰明才智到黨中，爲全黨奮鬥，大家能夠不負他的希望，革命便可以指日成功。

以上所述，爲我四次恭聆國父訓誨的經過及感受，也說明了我對國父崇高偉大的體認及景仰。因限於篇幅，仍有未盡之處，但我相信大家對國父的偉大應已有深刻的瞭解，對國父的革命精神和勳業也有深刻的認識了。在國步艱難的今日，希望大家一起立志做國父的信徒，奉行他的遺敎，實踐他的革命精神及理想，在蔣總統經國先生的領導下，團結自強，共同爲實現三民主義，完成國民革命而奮鬥努力。

民國七十五年五月於臺北

上／興中會在檀香山成立時，舉行宣誓典禮的樓房（李昌住宅）

下／興中會香港總部乾亨行

革命的先導

爲革命而犧牲之第一人——陸皓東

負責惠州起義之鄭士良

山田良政爲中國革命犧牲的日本烈士

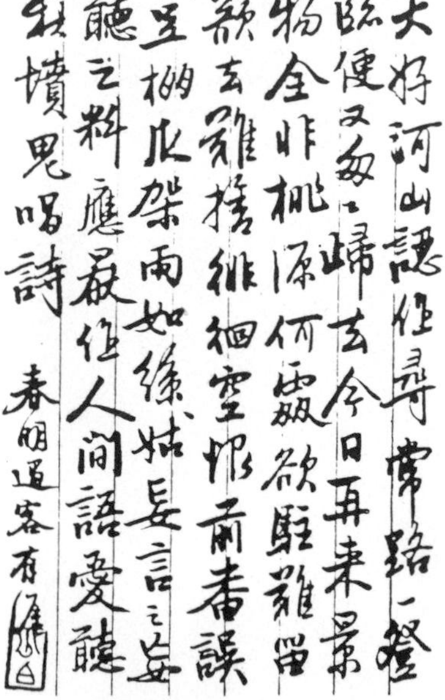

大好河山認作尋常路一登
臨便又匆匆歸去今日再來景
物全非桃源何處欲駐難留
歎去難捨徘徊空悵前番誤
豆棚瓜架雨如絲姑妄言之妄
聽之料應厭作人間語愛聽
秋墳鬼唱詩
春明逋客

陳少白遺墨及遺照

國父創立興中會前後的革命救國思想與作爲

一、「天生創造主義的黨魁」

國父於一八九四年十一月二十四日，在檀香山創立興中會，爲革命救國的第一個組織，故中國國民黨以此日爲建黨紀念日，迄今已九十年。一九八四年青年節，本黨爲崇敬檀香山的革命先驅，特與建興中會紀念堂於檀香山華埠文化廣場，並在河邊花園豎立國父銅像，手捧興中會成立宣言，以永垂紀念。我於本黨建黨九十週年紀念日，奉中央派往檀香山主持紀念大會，緬懷國父創黨的艱難，尤其他創立興中會前後的革命思想與作爲，思潮漣漪，縈繞不已，爰撰此文，以表追念與崇敬。

吳稚暉先生在〈國父行誼〉中曾說：「國父是天生創造主義的黨魁」，因他創立興中會時年僅二十九歲，自此他一直在思想上和行動上領導本黨致力國民革命，始終不懈，而由公元一八九四年十一月二十四日興中會成立，到公元一九〇五年八月三十日，改組爲革命同盟會這十年期間是奠立革命基礎的階段。所以從興中會創立前後的重要事績，我們可以看到國民革命艱苦歷程的由來與開展，這就是本文所要探討的重點。

二、建黨以前的救國綱領

公元一八九三年　國父在廣州行醫，時假東西藥局與雙門底聖教書樓後進禮拜堂與同志密談時政。當時尤列在廣州廣雅書局做事，書局後面的大花園佔地頗廣，南園的「抗風軒」環境尤爲幽雅。　國父更時以此爲與尤列、鄭士良、陳少白等人聚會之所❶。同年冬初　國父邀約鄭士良、陳少白、陸皓東、尤列、程耀宸、程奎光、魏友琴等在南園抗風軒聚會，　國父提議成立團體，以「驅除韃虜，恢復華夏」爲宗旨，羣表贊同，但未制定會名❷。當時陸皓東「方以外患之日迫，欲治其標」，而　國父「則主滿仇之必報，思治其本」，經過連日辯論，才確定宗旨❸。因爲　國父認爲「驅逐韃虜」是消極性的破壞，而「恢復華夏」才是積極性的建設。所以　國父

❶ 參考近代中國出版社印行王怡著：《鄭士良傳》。
❷ 見馮自由著：《革命逸史》第五集第九頁。
❸ 見鄒魯著：《中國國民黨史稿》第六五九頁。

於是年冬從廣州回到翠亨村家中，「關起門來」（陳少白語）將他多年的抱負，撰寫〈上李鴻章書〉❹，提出他的建國理想。

〈上李鴻章書〉首先指出「竊嘗深維歐洲富強之本，不盡在於船堅砲利，壘固兵強，而在於人能盡其才、地能盡其利、物能盡其用、貨能暢其流。此四事者，富強之大經，治國之大本也。我國家欲恢擴宏圖，勤求遠略，仍行西法，以籌自強，而不急於此四者，徒惟堅船利砲之是務，是舍本而圖末也。」然後分別說明：「所謂人能盡其才者，在教養有道，鼓勵以方，任使得法也。」「所謂地能盡其利者，在農政有官，農務有學，耕耨有器也。」「所謂物能盡其用者，在窮理日精，機器日巧，不作無益以害有益也。」「所謂貨能暢其流者，在關卡之無阻難，保商之有善法，多輪船鐵道之載運也。」又說「夫人能盡其才，則百事興；地能盡其利，則民食足；物能盡其用，則財力豐；貨能暢其流，則財源裕。故曰：此四者，富強之大經，治國之大本也。四

---

❹〈上李鴻章書〉這一文獻在 國父生前便曾刊布。它的發現是在 國父逝世後，史學家顧頡剛得陳援菴的指示，才在上海基督教廣學會的《萬國公報》上找到。最初的原文刊登在一八九四年九月和十月，《萬國公報》第六九及七〇兩號上，當時的標題是〈上李傅相書〉，並注明是廣東香山縣來稿。後來才陸續的在各種雜誌轉載，但標題則不一致：或稱〈甲午上李鴻章書〉，或稱〈上李鴻章書〉，或稱〈上李鴻章痛陳救國大計書〉，中央黨史會刊行的《國父全集》則用〈上李鴻章陳救國大計書〉（見《國父全集》第五集）

者既得，然後修我政理，宏我規模，治我軍實，保我藩邦，歐洲其能匹哉。」這富強治國的四大綱領，無疑是 國父第一次提出的建國理想和方案。雖然當時 國父的三民主義思想還未成熟，但在這萬言書裏，已看到他的民生主義思想的胚芽。而在九十二年前，國父還祇是二十八歲的青年，便對救國建國提出如此遠大的理想和具體方案，足見他眼光的遠大，他創立興中會致力革命也就是要實現這一救國建國的理想。

根據陳少白所撰的《興中會革命史要》及馮自由所撰的《中國革命運動二十六年組織史》都說〈上李鴻章書〉是 國父由廣州回家鄉時所親撰的，書稿先後經陳少白、王韜作文字上的略爲修正， 國父曾親攜這書稿到上海，設法投遞，後由王韜函介李鴻章的幕友，代爲轉致，而從國父一八九七年所著《倫敦被難記》、一八九五年所撰《創立農學會徵求同意書》及其後手撰的《孫文學說》與《實業計畫》以與上書的四大綱領相比照，都足證明這篇萬言書確出自國父的手筆。據陳少白的記述及吳相湘編撰《孫逸仙先生傳》所述的論點，這篇萬言書也確曾送到李鴻章那裏，但 國父卻未與李鴻章會晤。

國父〈上李鴻章書〉的思想，無疑受當時國內改革思潮的影響，其中較重要的有數人：第一位是何啓，他是 國父曾就讀的香港西醫書院所附屬的雅麗氏書院的創辦人，學貫中西，留英多年，曾獲醫學士及法律學士學位，在香港服務約三十年，爲當地知名之士，他愛國憂時，常常發表革新的主張。當他在光緒十三年（一八九七年）發表〈書曾襲侯中國先睡後醒論後〉（按指對清廷駐英法公使曾紀澤所發表的文章反駁所謂中國已醒的說法）時，正是　國父轉入西醫學院的第一年，故　國父對何氏至爲敬重，也欽佩他對國是的主張，因而可能引起會心共鳴。再一位是鄭觀應，鄭氏幼學書史，長學西文，且遊歷西歐，深悉外邦的政教習尚、治亂得失，主張推行新政，曾撰寫時論，鼓吹革新。先成《易言》一書，光緒十八年（一八九二年）再予擴充，改名爲《盛世危言》。　國父上書李鴻章的綱領，有些見解便與之略同。另一位馮桂芬，很早即提倡改革維新的言論，所撰《校邠廬抗議》，指出中國不如西洋癥結之所在，頗爲精闢。還有一位就是爲國父修改上書文字的王韜，他曾任香港《循環日報》主筆，也是一位主張改革的有力人士。以上四人，均爲一時俊彥，是康有爲、梁啓超保皇派以外具有聲譽的維新改革的傑出知識份子，對　國父上書均有間接、直接的影響，所不同者，是　國父上書，更着重實踐，要見諸行事，「所謂欲躬行實踐，必求澤之沾沛乎人民者也。」也是後來他創立「知難行易」學說的張本❺。

國父在一八八五年中法戰敗之年，已決傾覆清廷，創建民國之志，何以在八年之後的一八九四年的五月上書李鴻章？他的動機是不是和他的革命思想不盡吻合？因而引起一些人的疑揣，議論紛紛，而有幾種不同的說法：第一種說法，認爲　國父上書是勸李鴻章參加革命❻；第二種說說。

---

❺ 參考中華民國開國五十年文獻專刊《革命之倡導與黨的建立》下册二七四—二七六頁。

❻ 吳稚暉所編《中山先生年系》的《別傳》及上海《時事新報》報館所編的《中國革命史記》，均持此說。

法，認爲　國父上書李鴻章，一方面是藉上書之舉，以試探北方的究竟，另一方面是趁機使陸皓東看看北方腐敗的情形，以消除他希望滿清自行改革的心理⑦；第三種說法，認爲　國父上李鴻章書，是因爲李鴻章在當時算是較識時務的當政要員，如李鴻章能採納　國父的話，對救國工作必有幫助⑧；第四種說法，認爲　國父上書是想得李鴻章的採納，並藉此進身，以實行中央革命⑨。

我們認爲　國父上書的基本原因，自然是受到當時時勢的影響，引發其種族革命觀念，而其上書請願的作爲，乃是順應當時的風尚及審酌革命情勢而決定的革命方法。這種革命方法的採用，並不是　國父想藉此進身，而是想藉上書之舉，以促李鴻章的覺醒。國父除針對當時國家的需要，提出救國綱領，藉以表明應致力改革的目標外，同時還在文中暗示李鴻章接受其改造的思想，共做這種「澤沛乎萬民」（上書中語）的救國救民的事業。所以說　國父這種作爲是一種寄望不藉流血，而能達到救國目的之「革命」，亦可稱之爲「中央革命」⑩。可是後來誠如陳少

---

⑦這一說法是吳稚暉所撰〈總理行誼〉一文中所說的。

⑧陳少白著《興中會革命史》及鄒魯著《中國革命史》，均持此說。

⑨此一說法是馮自由所著《中國革命運動二十六年組織史》所持的觀點。

⑩據鄒魯所著《中國國民黨史稿》（二十至二十一頁）及日本宮崎寅藏所著《三十三年落花夢》記載，在庚子（一九〇〇年）年間，國父曾採納何啓等建議，策動李鴻章獨立，可見　國父在革命起義中，如有能以不流血方式達成目的，亦願一試，上書李鴻章，當亦基於此一心理。

白所說「豈知所有希望完全成泡影」，所以到了這時候，國父遂益堅革命之志，在檀香山積極籌組興中會，致力「驅除韃虜，恢復華夏」的革命大業⑪。由此可知，國父上書李鴻章和他的革命思想並無矛盾，祇是實行革命救國的方法因時勢演變而有所變更，而在「全成泡影」之後，更加速促其創立興中會和推翻滿清的決心和行動而已。

三、篳路藍縷創立興中會

一八九四年，中日甲午戰爭，清廷喪權辱國，益見其顢頇無能，舉國激憤。國父以李鴻章既無洞燭大局的眼光，實難期其有大作爲，且值清軍迭敗於日，內外威信掃地，革命時機已至，民心可用，乃決志組織革命團體，策動推翻滿清政府。是年十月，國父即自上海啓行赴檀香山，籌組革命團體。國父爲什麼選擇檀香山來進行呢？主要原因有三：一、遠離祖國，可避免清廷干涉；二、國父的親友多聚居此地；三、可能有較適當場所，進行軍事訓練。於是國父在當地僑胞中物色同志，秘密籌建興中會，初期組織雖小，而參加者卻多特出人物。其中如鍾宇

⑪ 見陳少白著《興中會革命史要》。又據一九八〇年七月中華書局刊《孫中山年譜》云：盛宣懷接閱鄭觀泰信後，曾致函李鴻章，介紹國父往見。再據吳相湘編撰《孫逸仙先生傳》云：國父是否見到李鴻章，文獻無徵，但多數記載肯定，國父與李鴻章並未晤見。

（工宇），原籍香山縣，係 國父在伊奧蘭尼的同學，他曾籌款資助 國父從事組黨工作。宋居仁是廣東花縣人，在 國父於一八八五年到檀香山寄居中和堂時，與宋氏所開的餐館爲緊鄰。常在該館用餐，因相結識，宋氏被 國父的雄辯與愛國心所傾倒，當 國父於一八九四再回檀島時，宋氏便準備全心全力參加革命工作，他賣了餐館，幫助 國父建立興中會，會所設在華人救火館二樓，其後他毅然回國參加革命運動，其子兩人亦隨他回國，相續爲黨犧牲。李昌，原籍廣東清遠人，乃太平天國革命領袖、基督教牧師李社德之孫，李昌父親李正高爲基督教徒，熱心革命，因避清廷的緝捕，逃往香港，得以培育李昌完成良好的中英文學程，後爲夏威夷友人引薦，來檀島充任夏威夷議會通譯，其地位足以助 國父在各項活動中免受檀警的偵查，而其學識、革命背景與高尚人格，更爲衆所景仰。何寬，原籍香山，是 國父的密友，乃第一華人教堂的重要領袖，並在卑涉銀行擔任經理。他爲人所懷念者，不僅是讓興中會在他家裏舉行成立大會，而且保存各項原始紀錄，供給史學家歷史性的眞實資料。同時他也是報界前輩，爲了鼓吹革命，擔任過華埠三家革命報紙的要職⑫。

興中會於一八九四年十一月二十四日舉行成立大會，參加者除前述何寬、李昌、宋居仁、鍾宇外，還有劉祥、黃華恢、程蔚南、鄭金、鄭照、李光輝、黃亮、鍾木賢、許直臣、李多馬、李

⑫參考林爲棟譯、宋譚秀紅述《興中會的建立》。

祿、卓海、林鑑泉、劉壽、曹采、劉卓、夏百子、侯艾泉、李杞等二十餘人。國父被推爲主席，由他提議及決定與中會的會名，意謂「復興中國的會社」，並通過章程，選舉劉祥、何寬爲正副主席，黃華恢爲管庫，程蔚南、許直臣爲正副文案，李昌、鄭金、黃亮、李祿、李多馬、林鑑泉爲值理。入會儀式，每人都要宣誓，誓詞爲「驅除韃虜，恢復中華」並發表成立宣言⓭。此一「亟拯斯民於水火，切扶大厦之將傾」「集會衆以興中，協賢豪而共濟」，爲國人所熟讀的宣言，慷慨激昂，就是革命救國最響亮的號角。

國父所創立的興中會，奠定了肇造中華民國的基石，也是邁向推翻滿清皇朝，驚天動地的第一步。它的呼聲，響徹雲霄，喚醒中國人民起來掙脫覊絆，爭取自由，在世界上建立強大的民主國家。

與中會成立後，國父的胞兄眉（字德彰）也入會，被推爲架胡爐區主席，由其爭取鄧三伯（別號蔭南）入會，推爲白衣區主席。他與孫德彰最爲慷慨輸將，故使會務發展迅速，會員人數大增，後來孫德彰更以廉價出售其牧場的牲畜，鄧蔭南則出售其糖廠，籌措現款，各傾其所有資財，從事革命運動。第一年會員已達一百二十人，籌得現款六千元，交國父作發動革命的急需。國父當時爲欲實行革命起義，曾對會員施以軍事訓練，聘請了一位丹麥軍人柏先生，借用

⓭ 見鄒魯著《中國國民黨史稿》第十二至十四頁及宋譚秀紅述《與中會的建立》。

其業師芙蘭蒂文牧師(Rev. Frank Damon)所辦學校的操場，教授同志軍事知能，參加的同志有葉桂芬、鄭照、侯艾泉、杜守傳、許直臣、李杞、侯艾泉等二十餘人，後來李杞、侯艾泉等，均曾返國組織民軍，參加廣州起義之役⑭。

國父以後更曾在民國前九年，設立軍事學校於日本東京的青山附近，作爲興中會的特設軍事機構，聘日友新軍事專家日野少佐爲校長，小室上尉爲教務長，招收在日本的興中會同志，接受軍事訓練，研習新式戰法，尤注重以寡擊衆的夜襲法，參加者有胡毅生、李自重、李錫青、黎勇錫(仲貴)、程少偉、伍嘉杰、郭健霄、盧少岐、盧牟泰、區金鈞、劉維燾、饒景華、雍浩、鄭憲成等十四人。入校時須宣誓服從革命黨領袖及本校規則，儀式隆重。但不久漸爲外界所知，咸稱爲「東京之梁山泊」⑮。學生宣誓誓詞，除「驅除韃虜、恢復中華」外，已增列「建立民國、平均地權」的辭句⑯，他們後來多數都曾在歷次革命起義中貢獻力量。從以上兩件事，可見本黨在最早的革命組織建立以後，就開始注意到革命武力的建立了。

⑭同⑫。

⑮見馮自由著《興中會組織史》九、〈興中會特設軍事學校〉及馮自由著《中華民國開國前革命史》第一冊一四六至一四七頁。

⑯見胡毅生撰〈同盟會成立前二三事之回憶〉《三民主義半月刊》第五卷第九期及馮自由著《革命逸史》第三集第二〇六頁。

四、擴展海內外組織策動革命

(一)成立香港興中總會　領導廣州起義

國父於創立檀香山興中會，播下革命種籽後，卽將會務交由當地同志負責，自偕鄧蔭南、宋居仁、李杞等同志及歐美技師將校數人，攜帶各同志捐獻的義餉回國，部署起義。國父於一八九五年二月到了香港，立刻拍電報邀廣州方面的同志到香港會談，當陸皓東應邀趕到時，陳少白、鄭士良、尤列、楊鶴齡、區鳳墀、魏友琴等已經先到，大家齊聚在一起。國父首先談及在檀香山創立興中會的經過時說：「旅美僑胞，個個愛國，對滿清這樣腐化無能，人人共憤，所以大家都極力支持我的理論，贊成設立『興中會』，專爲振興中華，維持國體，奠我中夏。」陸皓東率先說：「我們國內的同志更多，爲什麼不也設立一個會，也好團結意志，集中力量，使更多仁人志士參加我們的行列呢?」他的話立卽獲得衆人的贊成。國父向陸皓東點點頭說：「皓東的意見，正是我想說的，我正想跟大家商議，如何來擴大檀香山興中會的組織，甚至應該在國內設立興中會總部，吸收會員，策劃行動，才會有力量。」鄭士良搶著表達自己的意見：「對，我們也應該有個組織，有了組織，訂了會章，一切就有所依據。」接着楊鶴齡、尤列、陳少白等都表示了成立組織，秘密行動推翻滿淸的意見，有的語氣深沉，有的慷慨激昂。然後國父以堅定的語調說：「我在檀香山成立興中會的時候，就有一個理想，那就是希望在全球有志於振興中華、推翻滿清的人，都能加入興中會，所以興中會應該遍佈全球各地都有分會，互相聯絡。因此，我正準備在香港組成興中會總部，擬訂章程，吸收同志，相互策勉。香港距離廣東很近，臨時可以支應廣州，結合廣州方面的同志。」大家均表贊同⑰。

當 國父籌議在香港擴大興中會組織時，香港有一「輔仁文社」，爲楊衢雲、謝纘泰、黃詠商等所組織。表面上雖以溝通智識，討論時勢爲宗旨，實則爲香港最早反對滿清的革命團體。國父早年在香港讀書時，經尢列的介紹和楊衢雲相識。國父與尢列、楊鶴齡、陳少白因常在香港歌賦街楊耀記楊鶴齡家會敍，暢談革命，意氣激昂，時人稱他們爲「四大寇」。這時 國父知楊衢雲等有反清的決心，乃進一步和楊衢雲接洽合作組黨，勸將「輔仁文社」併入興中會。衢雲素懷倒滿大志，欣然應諾。謝纘泰、黃詠商等亦極贊同。當時願意參加的尚有周昭岳、余育之、朱貴、丘四等數十人。這是興中會在香港發展組織的開始。經過一個月的籌劃，租定香港中環士丹頓街十三號爲總會所，榜其名爲「乾亨行」，以避警探的耳目。是年一月二十四日召開香港興中會成立大會，議定章程，發佈宣言，標明救亡宗旨，凡入會者，必須宣誓，誓詞爲「驅逐韃虜，恢復中國，創立合衆政府。」同年三月 國父與陸皓東、陳少白、楊衢雲等舉行重要幹部會議，決襲取廣州爲革命根據地，採納陸皓東建議，以「青天白日」旗爲革命軍旗。計畫既定，

---

⑰ 參考近代中國出版社印行吳東權著《陸皓東傳》。

國父即親至廣州，以創立農學會爲掩護，公開刊佈〈擬創立農學會書〉於廣州《中西日報》，廣徵同志，以掩人耳目，這是預定起義爲擴大聲勢，爭取羣衆的一項運動，農學會設分機關於廣州雙門底王氏書舍，原定期於十月二十六日（卽重陽節）起義。至期香港楊衢雲來電，請延期進行，而所運軍械又爲海關所搜獲，國父急電制止不及，黨人乘輪抵廣州皆被捕，陸皓東等亦被執，是爲第一次革命起義失敗。十一月七日陸皓東不屈殉難，係爲革命犧牲的第一人⑱。

㈡成立橫濱分會及完成三民主義體系

廣州革命起義失敗後，國父脫險至香港，旋偕鄭士良、陳少白赴日本橫濱，會合了當地原有同志，並吸收了許多新同志，成立了本黨在日本的第一個革命組織——橫濱興中會，推舉馮鏡如爲會長，其子馮自由時年僅十四歲，亦加盟爲會員，接任組織傳信任務。國父旋離日重返檀香山，於一八九六年六月又自檀香山轉達舊金山，聯絡洪門致公堂，再赴紐約，九月復由紐約赴倫敦，不幸蒙難，急智應變，得其師康德黎營救脫險。國父居英期間，常到大英博物館研究，並從事考察，結交朝野豪傑。體驗既深，乃博綜諸家學說，創立民生主義與民族、民權兩主義同

⑱ 見鄒魯著《中國國民黨史稿》第一四至一六頁，馮自由著《中華民國開國前革命史》第七至十四頁，馮自由著《興中會組織史》三、〈香港興中會總部與起義計畫〉，四、〈廣州興中會及乙未庚子二役〉，及《鄒魯全集》第五册第一章〈乙未廣州之役〉。

時並進，而三民主義的完整體系，乃底於成⑲。

㈢策動李鴻章獨立

一八九七年夏　國父自英轉加拿大抵日，居住兩年，廣結日本朝野志士犬養毅、宮崎寅藏、平山周、山田良政等。一九〇〇年拳匪之亂發生，在滿清的包庇下，殺洋人、燒教堂、攻使館，因而引起八國聯軍之役。不久，北京、天津相繼失守，慈禧挾持光緒逃亡西安，而東南各省督撫與上海各國領事協議，簽訂「東南自保條約」。此時，香港議政局議員何啓一向與　國父友善，認爲這是可乘之機，乃找鄭士良與陳少白商議，何啓以爲當時各省都在求獨立自保，可設法說服李鴻章，以廣東獨立響應革命，不打仗、不流血，就能達到建立民主自由政府的目的，並願出面請港督卜力從中斡旋。商議後認爲可行，由陳少白寫信給　國父。　國父雖然不相信李鴻章有這種魄力，但是他又想到，如果能行得通，也算是國家之福，很快就覆信不妨一試。於是何啓就約集鄭士良、陳少白等人，正式起草致港督函，並附陳「平治章程」，經興中會全體會員同意，作爲李鴻章獨立後組織新政府的方案。這封信由　國父、鄭士良、陳少白、史堅如、楊衢雲、謝纘泰、鄧蔭南、畢水年等人署名後，由港督卜力轉致李鴻章。此時李鴻章正在和兩江總督劉坤一、湖廣總督張之洞、閩浙總督許應騤等商量，不奉滿清政府亂命，形成東南自保局面。所以看到港督轉

⑲　見馮自由著《與中會組織史》五、〈橫濱興中會〉，鄒魯著《中國國民黨史稿》第十七至十八頁。

來的信，就令他的幕僚劉學詢（香山人和 國父同鄉，過去就有往來）寫信給 國父，請來廣州面商一切。於是 國父偕楊衢雲、宮崎寅藏、平山周等搭日輪來到香港。迨宮崎寅藏與內田良平、清藤幸七郎代表 國父會見李鴻章，聯軍已逼近北京，清廷改調李鴻章任直隸總督，屢電催其北上，以致策動李鴻章以廣東獨立響應革命之事未成⑳。但可看出 國父倡導革命歷程中，如能以不流血方式達成目的，亦願一試，此與前述上書李鴻章的心理，如出一轍。

㈣發動惠州起義

迨拳匪之亂日益猖獗，華北幾陷於無政府狀態，民情益憤， 國父以時機不可失，乃於七月由星洲返香港舟中，商議軍事，謀二次起義。以惠州爲發難地，由鄭士良指揮，後命史堅如、鄧蔭南回廣州響應，陳少白、楊衢雲、李紀堂駐港接濟。 國父乃偕宮崎返日轉臺灣，爲計畫策應的中心。是年十月六日鄭士良在惠州三洲田起義，轉戰龍岡、淡水、三多祝等地，所向皆捷。不料此時日本政局突變，新閣命令臺灣總督不能協助中國革命黨，計畫因而受阻， 國父遂遣日本志士山田良政等急往鄭營報告。士良轉戰月餘，彈盡糧絕，乃解散餘衆，山田以迷路被執遇害， 國父深爲痛悼，讚其爲「人道之犧牲，與亞之先覺」。當鄭士良在惠州苦戰之時，史堅如在廣州

---

⑳ 參考近代中國出版社印行王怡著《鄭士良傳》。

密謀響應，亦不得成，遂決意炸清兩廣總督德壽，失敗，被捕就義，此為革命殉難第二人㉑。國父在〈有志竟成〉一文中對史堅如、陸皓東先烈並予讚嘆不置，他說：「堅如聰明好學，眞摯誠懇與陸皓東相若，其才貌英姿，亦與皓東相若，而二人皆能詩能畫。皓東沉勇；堅如果毅，皆命世之英才，惜皆以事敗而犧牲。元良沮喪，國士淪亡，誠革命之大不幸也。而二人死節之烈，浩氣英風，實足以為後死者之模範。每一念及，仰止無窮！二公雖死，其精靈之縈繞吾懷者，無日或間也。」

㈤成立河內分會及「希爐革命軍」

一九〇二年， 國父赴安南（現稱越南）在河內時結交洋服商黃隆生，黃旋堅求加盟，並次第介紹楊壽彭、甄吉廷、張奐池等入會，於是成立了河內興中會。據近年學者研究，當時入會的誓詞，已有「平均地權」一語，較東京軍事學校學生宣誓詞有此一語，還早一年。這些入會的同志，在後來「欽廉之役」、「河口之役」盡力甚多㉒。

一九〇三年 國父由橫濱到檀香山，見僑胞愛國情緒熱烈，因建議擴大革命組織，由一九〇

㉑見馮自由著《興中會組織史》四、〈廣州興中會及乙未、庚子二役〉，馮自由著《中華民國開國前革命史》第十二章〈庚子惠州之役〉及《鄒魯全集》第五冊第二章〈庚子惠州之役〉。

㉒見 國父《孫文學說》〈有志竟成篇〉，鄒魯著《中國國民黨史稿》第二十一頁，馮自由著《興中會組織史》八、〈越南河內興中會〉及女師專《學報》第四期刊載張玉法撰〈興中會時期的革命宣傳〉。

〇年曾參與堅如炸德壽之役的興中會會員毛文明牧師，介紹夏威夷第二大埠希爐（Hilo）著名農業家黎協、黃振、盧球等數十人加盟，會名不用興中會，而改稱「中華革命軍」，誓詞則與東京軍事學校相同。這是希爐埠首次成立的革命秘密組織㉓。

㈥**在檀香山力闢保皇反革命謬論**

國父此次抵檀香山後，因康有爲黨徒梁啓超在檀島組織保皇會，反對革命，反對共和，並且騙華僑說：「名爲保皇，實則革命，名雖有別，途徑則一。」又在報上揑詞詆毀本黨及國父，僑胞不察，多爲所惑，檀島各團體報館，幾均爲保皇會所掌握，本黨革命工作遭受打擊，國父乃彙集保皇會所有排斥革命的謬論，親撰〈駁保皇報〉及〈敬告同鄉書〉兩文，於一九〇四年發表於檀香山《隆記報》，這二篇文章，對「革命」與「保皇」的分別說得非常透澈。其中有云：「革命與保皇，理不相容，勢不兩立，今梁以一人而持二說，首鼠兩端，其所言革命屬眞，則保皇之說爲僞，而其所言保皇屬眞，則革命之說亦僞矣。又如本埠《保皇報》之副主筆陳某者，康趨亦趨，康步亦步，既當《保皇報》主筆，而又口談革命，身入洪門，其混亂是非，顚倒黑白如此，無怪公等向以之爲耳目者，混革命保皇而爲一談，此不可不辨也。」這兩篇文章發表後，不但本黨與中會員之加入保皇會者，覺悟受騙，紛紛脫離保皇會，仍回到革命的陣營，就是保皇會

㉓ 見馮自由著《興中會組織史》十、〈檀香山興中會復興〉及項定榮著《國父七次訪檀美考述》。

員，亦有脫離保皇會者，保皇會經此撻伐，也不得不銷聲匿跡了。所以　國父在檀香山與保皇會的論戰，關係革命運動的發展，至為重要㉔。

(七)成立舊金山興中分會

同年(一九〇四年)國父在檀香山擊潰保皇會的邪說之後，隨即乘高麗輪抵舊金山，為清領事何祐及保皇會員勾結移民局作梗，向三藩市移民局告密，攻訐　國父所持證件是假的，阻止國父登岸，及　國父抵達港口，關員查驗旅客證件，見孫逸仙的名字，即稱此人為中國亂黨，不得登岸。國父被留船上一夜，次日被困於木屋中候詢。幸賴致公堂黃三德、《大同日報》經理唐瓊昌聞訊，竭力援救，並託英籍律師紐文代為辯護，始准入境。此次　國父得准入境，關係中國革命前途至鉅，蓋當時美洲為革命主要支援基地，倘　國父此次不獲入境，則無法激發美洲華僑對革命運動的熱情，而內地發難亦將延誤。

國父入境後，因與當地《中西日報》伍盤照等相友善，遂託該《中西日報》印刷鄒容著的《革命軍》一萬冊，分贈全美華僑以廣宣傳。同時認為欲設立舊金山興中分會，必先聯絡具有新思想的教友，於是召集耶教徒之有志者，假當地士作頓街長老會佈道會所，開興中會救國籌餉大會，衆推鄺華泰博士為主席。鄺為有名學者，時任加省大學教授，信仰　國父革命主張，首先加入興

㉔見中央第三組編印《中國國民黨在海外》第八十至九十頁。

中會，於是很多人相繼加入。當時 國父演講革命救國眞義後，卽請在座的聽衆購買革命軍需債券，並聲稱，凡購者卽爲興中會當然會員，成功後可享受國家各項優先利權。當時有許多聽衆對於購券事尙表贊成，但對與中會當然會員，因有身家在內地，頗感躊躇。 國父宣稱：「此舉乃在籌餉，入會與否，一惟尊便，此項債券，票面並不塡寫姓名，可勿過慮。」大家才踴躍購券，得美金四千餘元。會後 國父爲團結會黨志士，又偕黃三德周遊美國各埠，爲洪門會員辦理總註册。 國父亦不勉強洪門會員加入與中會。但在洪門會員總註册時，重訂致公堂章程，在章程第二條明定「本黨以驅除韃虜、恢復中華、創立民國、平均地權爲宗旨。」第四條則規定：「凡國人所立各會黨，其宗旨與本堂相同者，本堂當認作益友，互相提攜，其宗旨與本堂相反者，本堂當視爲公敵，不得附和。」如此致公堂已與興中會同一革命宗旨。此亦 國父當時透過會黨組織以擴展革命組織的一種策略㉕。

八在東京促成革命力量的大結合

在 國父創立檀香山、香港、越南河內、日本橫濱興中會以後，另一個革命組織在湖南長江出現。那就是黃克強（原名軫，後改爲興）於一九〇三年十一月籌組的「華興會」，爲了避免清

㉕ 見鄒魯著《中國國民黨史稿》第二十一頁，馮自由著《中華民國開國前革命史》第一册第一四八至一五五頁。

廷注意，對外採用「華興公司」名義，公司的營業是礦業，集股一百萬元，作「開礦資本」，而骨子裏大家心照不宣，礦業是革命的代名詞，「入股」代表「入會」，股票卽爲會員證。黃克強以「同心撲滿，當面算清」作爲華興公司的口號，「撲滿」「算清」就是要「撲滅滿清」。翌年(一九〇四)二月華興會召開成立大會，參加者有陳天華、張繼、宋教仁、吳祿貞、譚人鳳、劉揆一、周震鱗、蘇玄瑛(曼殊)、秦效魯等多達五百餘人，主要成員爲明德學校的教員和學生，後來這些人都成爲革命的健將㉖。

華興會成立後，黃克強與馬福益於同年十月謀舉義於長沙，事洩，馬福益殉難，宋教仁、吳祿貞亦參加此役，宋教仁事敗亡命日本，吳祿貞則赴武昌參加革命團體「日知會」，吸收武昌一帶的新軍士兵，參加革命。同月萬福華在上海槍擊清前桂撫班之春，不中，被捕，判刑十年。黃克強、張繼、陳天華等十三人均被捕，保釋後陸續亡命東京。在宮崎寅藏府「鳳樂園」聚會中，在座者有鈕永建、陳天華，宮崎提到 國父曾上書李鴻章提出救國四大綱領，告訴他們 國父在檀香山組織興中會，並說 國父給他信中，提到了華興會和黃克強，對黃克強策動長沙事件，至爲欽佩，非常關懷黃克強的現況，然後說出他的想法，「假如讓孫、黃兩位英雄見面，可能是貴國革命力量的一大結合」，於是羣表贊同。至一九〇五年七月， 國父與黃克強應宮崎之邀，在「鳳樂園」晚餐，黃克強爲平頭、短髭、身裁中等、目光如炬、挺拔俊秀的 國父所吸

㉖ 參考近代中國出版社印行向慈著《黃興傳》，方祖燊著《宋教仁傳》及胡玉衡著《吳祿貞傳》。

引，而 國父亦目不轉睛的注視着身體健壯而氣概豪邁的黃克強，兩人的友誼便在這一瞬間深植心中，握手言歡，相見恨晚。在座者還有張繼、陳天華、馮自由、劉揆一、劉揆一之弟劉道一及日人萱野、中村等多人。國父博綜古今，談笑風生，待人誠懇，和華興會的同志交談至爲投機。當時有人建議將興中會與華興會合併， 國父與黃克強均表贊同。這一次歷史性的聚會，促成了革命力量的結合，迨同盟會於是年八月成立後，對革命的推展，實在是一極重要的關鍵。

(九)在歐洲成立革命組織

一九〇五年初夏， 國父應歐洲留學生之約赴歐，先往倫敦，旋至比京，揭櫫三民主義、五權憲法作爲號召，組織革命團體。開第一次會議於比京，朱和中、胡秉柯、魏宸祖、賀子才、史青等宣誓加盟，計共三十餘人。繼往柏林，開第二次會議，加盟者有劉家佺、賓步程、薛仙舟、馬德潤、陳匡時、周澤春等二十餘人。再往巴黎，開第三次會議，加盟者有湯薌銘、向國華、劉光謙等十餘人。當時諸同志以 國父即將東歸，乃開會商定黨員每月各捐其學費十分之二，存儲生息，以備革命之用。每月聚餐二次，研究革命方法及建設事業。並設編譯部，專司報紙上的宣傳，使外人明瞭中國革命的宗旨。當時雖未取名爲興中會，實際上也是興中會的組織㉗。 國父此次赴在興中會時期，參加海外革命組織的，大部份是華僑，另外一部分是留學生。

㉗ 見鄒魯著，《中國國民黨史稿》，第二十一至二十三頁。

歐洲吸收了不少的青年才俊，加入本黨的陣營，以備致力於革命建國的大業。　國父在海外建立的革命團體，由於宗旨明確，目標遠大，和　國父的號召力，能夠深入人心，所以一呼百諾，羣賢咸集，不但廣結才俊，而且發展至爲迅速。到了一九〇五年八月改組成立爲「革命同盟會」時，興中會的組織已經遍佈於四大洲十餘個地區。這在革命初期十年過程中，一般愛國志士由傾向革命、支持革命到參與革命，質量俱增，實在值得欣幸。

五、奠定革命成功的基礎

㈠三民主義思想的發展

國父在倡導革命初期，何以有如此的發展？這固然由於他的人格崇高，學識淵博，而在思想上，則是肇因於他的革命救國宗旨，普遍備受景從。不過在此時期，他的三民主義思想還是逐漸孕育發展而創新成熟的。一八九三年　國父在廣州廣雅書局南園抗風軒與鄭士良、陸皓東等籌議成立革命團體時，是以「驅除韃虜、恢復華夏」爲宗旨，僅含民族主義的思想。同年冬在翠亨村親撰〈上李鴻章書〉的四大救國綱領，雖含有民生福利的思想，但並未標明民生主義。一八九四年在檀香山創立興中會時，仍只以揭櫫「驅逐韃虜、恢復中華」爲目標，一八九五年在香港成立興中會，入會誓詞爲「驅逐韃虜，恢復中國，成立合衆政府。」才增含了民權主義的思想，但並不明顯。至一八九六年，　國父在倫敦蒙難後，始倡言民生主義，並強調民生與民族、民權同時並進的主張，而三民主義的完整體系，乃底於成。嗣於一九〇二年在安南河內成立興中會時的入會誓詞，據近年學者研究，除「驅逐韃虜、恢復中華」外，已增列「建立民國、平均地權」的辭句。一九〇三年　國父在東京設立軍事學校學生宣誓誓詞，及同年在夏威夷希爐成立「中華革命軍」加盟誓詞，均增列「建立民國、平均地權」的辭句，一九〇四年在舊金山修訂致公堂章程，亦增列「創立民國、平均地權」辭句，一九〇五年初夏，國父在比京、柏林及巴黎成立革命團體，即以三民主義、五權憲法作爲號召，迨一九〇五年秋在東京改組成立同盟會，其會綱及會員誓詞，將「建立民國」的「建」字易爲「創」字，則與修訂致公堂章程同㉘。國父將「民族、民權、民生畢其功於一役」的主張，已肇端於此。可見　國父好學深思、觀察敏銳，根據革命實際體驗，因應時勢發展及國家需要，創立偉大淵博精深的三民主義及五權憲法，不僅爲我們中國革命建國的最高原則，更成爲世界政治思想的主流，從這一段史實裏，當可窺其端倪。

(二)精神感召志士獻身革命

在　國父領導革命行動方面，何以一般仁人志士都心甘情願的追隨他冒險犯難呢？現在舉出兩個故事，可以看出他的風範、氣度和精神感召力。當　國父到日本倡導革命運動時，一般人都有所聞，但尚未晤面，秦力山慫恿張溥泉（繼）到橫濱去拜謁　國父。不過這時對所謂「革命」

㉘ 見鄒魯著，《中國國民黨史稿》，第四十七至四十八頁。

的意義尚未普遍瞭解，對這位革命領袖亦尚未眞正認識。張溥泉說：「但我總以爲革命就是造反，領導造反的人，定是非常利害的人。說句不好聽的話，一定是凶暴的不得了……可是等到看見了總理，卻完全不然。我第一次看到 總理的那個印象，永遠忘不了。那次帶我去的是一位湖南人。他給我介紹，我才知道就是 總理。 總理滿面笑容，和藹樸實。大家都知道，康有爲那時是個保皇黨的人，他說他身上帶着皇帝的衣帶詔，見他的人都要三跪九叩，我當時以爲 總理也是那樣的人，誰知不然，我們談了許多話，談話後就吃飯。飯吃完了，總理自已打了一盆水，叫我們洗臉，這眞出我意料之外的，對於這樣一個人，當時眞是五體投地……。」吳稚暉(敬恆)也有同樣的看法，他說：「……想不到他(國父)是美秀而文，眞不愧名『文』……我的心中，就不當他是綠林豪傑……」㉙就這樣 國父感動了張溥泉、吳稚暉，以及無數的仁人志士，使他們心悅誠服，加入革命陣營，成爲強有力的革命幹部。國父的風度出於自然，這種精神感召，乃是人格感化具有無形的威力。

另一個故事是第一次廣州之役將要發難的時候，鄭士良、陳少白等一致推舉 國父擔任「總辦」，只有楊衢雲爭取領導權，獨持異議，要國父把「總辦」的名義讓給他，等辦完了事再把

㉙參考近代中國出版社印行，徐文珊著，《張繼傳》，引張繼在西安勞動營紀念週講話及吳稚暉撰，《我亦一講中山先生》辭句。

「總辦」還給 國父。鄭士良忿怒的說：「這是什麼話，『總辦』又不是一樣東西，怎麼可以借來借去呢？」 國父說：「其實也沒什麼，他要爭這個名義，就給他好了。」鄭士良說：「他如果眞是這樣堅持，我一個人去對付他，我非殺了他不可。」 國父力加勸阻，平靜的說：「你殺了他，就在香港鬧出了人命案件，我們還能起事麼？」陳少白問：「孫先生的意思呢？」 國父說：「照我的意思，我們先樹立一個不爭權利的謙讓風格，這也是我們眞正的革命精神。所以把這個名義讓給他好了。」大家都深受感動，便同意 國父的主張。旋卽召開會議， 國父自動提出來把「總辦」的名義讓給了楊衢雲，因爲事前他們已商量好了，表決時也就無異議的通過了㉚。

國父所說「先樹立一個不爭權利的謙讓風格」，這正是《易經》所說：「謙謙君子，卑以自牧」的傳統精神， 國父具有這樣「謙虛下士」的氣度，「眞正的革命精神」再加上他革命救國「弔民伐罪」鮮明而正確的主義，當然能領導羣倫，使一般仁人志士景慕而雲從，眞正切合「集會衆以興中、協賢豪而共濟」的革命宗旨。

自一八九五年廣州之役及一九〇二年惠州之役先後失敗，一般有識之士對 國父領導的革命受挫，多扼腕歎息。海外同志、留學生乃致力宣傳，在海外創辦報刊，鼓吹革命言論，以鼓舞人心。當時，報紙有一八九九年陳少白奉 國父命，得何啓、區鳳墀的協助所創辦的香港《中國日

㉚ 參考近代中國出版社印行，王怡著，《鄭士良傳》。

報》；鄭貫公、崔通約所主持的香港《世界公益報》；鄭貫公、陳樹人、黃詩仲所創辦的香港《廣東日報》；程蔚南所創辦的檀香山《檀山新報》；劉成禺接辦由馮自由、蔣夢麟先後主持筆政的舊金山《大同日報》；及陳楚楠、張永福所創辦的南洋《圖南日報》等。雜誌有陳少白、楊肖歐、黃魯逸在香港所發行的《中國旬報》（《中國日報》的副刊）；鄭貫公、馮自由在橫濱發行的《開智錄》；沈翔雲、秦力山、王寵惠等在東京發行的《國民報月刊》；湖北留日學生劉成禺、李書城等在東京編印的《湖北學生界》；浙江留日學生孫翼中、蔣方震、蔣智田等在東京發行的《浙江潮》；江蘇留日學生秦毓鎏、張肇桐、汪榮寶等人創辦的《江蘇》；湖南留日學生楊守仁等在東京發行的《新湖南》；楊守仁、黃興等在東京發行的湖南《遊學譯編》；宋教仁、田桐、陳天華等在東京發行的《廿世紀之支那》；及徐贊周、張石泉、秦力山等在仰光發行的《調查會月刊》等。宣傳小冊則有陳天華的《猛回頭》、《警世鐘》、《黃帝魂》、《國民必讀》、《中國革命論》、《獅子吼》等，言論激烈，海外各地翻印分發，流傳極廣，因此革命風潮激盪海外㉛。

海外同志，留學生及華僑倡行於先，國內學者及志士亦積極致力革命工作。蔡孑民（元培）放棄十年寒窗所得來的仕途，毅然獻身革命事業，在上海籌組了秘密革命團體——中國教育會，

㉛ 參考中央第三組編印，《中國國民黨在海外》。

和組織了當時國內少有的革命機關——愛國學社。他和吳稚暉、章太炎等爲《蘇報》寫評論文章，鼓吹革命，蘇報遂爲愛國學社的機關報。吳稚暉又發起張園演說，倡言革命。一九〇三年俄入侵東三省，黃克強、張溥泉等組拒俄義勇隊，既而見扼，乃以青年會排滿。蘇報日事革命宣傳，鄒容更撰《革命軍》，尤持極端的排滿言論。吳稚暉、蔡孑民屢爲巡捕傳詢。而清廷控《蘇報》，卒之章太炎、鄒容被繫西牢，時人謂爲「蘇報案」。其後章太炎雖期滿得釋，而鄒容竟庾死於獄中，他所著的《革命軍》，語言淺顯而激烈，膾炙人口，宣傳之力至偉。是年冬，蔡孑民又在上海創辦《俄事警聞》，翌年（一九〇四年）擴大篇幅，改名《警鐘日報》，擴大鼓吹革命㉜。以上所舉這些革命先進，都是在興中會時期，受了國父革命救國思想和行動的感召，奮不顧身，參與革命的宣傳和行動，對於革命的推展，產生了莫大的作用，使得本黨成長壯大，展示了國父領導革命救國必勝必成的先兆。

六、感受與奮勉

基上所述，興中會創立的前一年和創立後的十年，在革命建國的過程中，的確是一個重要的關鍵時刻。國父上書李鴻章揭示了他的救國四大綱領；而上書之未被採納，以及甲午之戰喪權

㉜ 見鄒魯著，《中國國民黨史稿》，第四一〇至四一一頁及近代中國出版社印行黃肇珩著，《蔡元培傳》。

辱國，民情激憤，促發了 國父創立興中會，號召愛國志士推翻滿清的決心和行動。我們深知：有了興中會的創立，才有同盟會的組成；有了同盟會的發展，才有辛亥革命的成功，而中華民國於以建立。

國父救國救世的偉大貢獻，誠如美國加尼福尼亞大學教授史扶鄰（Harold Z. Lehiffrin）在其所著《孫逸仙與中國革命的起源》（*Sun-Yat-sen and the Origins of the Revolution*）一書序文裏所說：「孫逸仙先生的英雄氣概和勇敢的品質，使他成爲一個令人着迷的領袖。像他這樣由出身寒素而譽滿天下的人，在歷史上極爲少見，更爲重要的，是他的基本信念經得起時間的考驗。那麼，他如此堅決的加以肯定的信念是什麼呢？首先孫逸仙那一代任何一個中國人都相信，一個虛弱、分裂和落後的中國是不正常的，而且這個國家沒有理由不在世界上取得她的合法地位。第二、他同樣相信，一個強大、統一和現代化的中國，不僅對於中國人民的幸福，而且對於世界和平與繁榮都是必不可少的。第三、孫逸仙堅持認爲現代中國不應盲目抄襲西方和日本的經驗，而應該在設計自己的發展計畫時，避免早期現代化國家所犯的錯誤。於是他產生了一個想法，在中國經濟的發展中，吸收社會主義原則，這樣就不只是少數特殊階層分子，而是全體人民都得到物質進步的好處。……孫逸仙一生經歷的早期，他就已經持有這些見解了。這些已經得到證明的見解，確切的證實了他的非凡的預見，這是一位眞正的民族英雄的標誌。」史扶鄰以一個西方的學者，對 國父的完美人格及領導革命早期的見解和遠見，作了極客觀的評價，也令我們由衷的欽佩！

今值　國父逝世六十週年紀念，瞻望今後復國建國的任務至繁且鉅，緬懷　國父及先烈先賢創業的艱難，益懍於本黨同志責任的重大，從上述　國父創立興中會前後的革命救國思想與作爲，第一、使我們領悟到，要達成革命建國的目標，必須建立堅強的組織。國父自決志致力革命，卽創立檀香山興中會及海內外各地革命團體，可知道建立組織的重要性，因爲有了組織，才能「協賢豪而共濟」。今後我們反攻大陸，復國建國，亦應體會革命領袖建立組織的遺敎，切實加強黨的組織，戮力邁進。第二、　國父領導革命，特重宣傳，作「攻心之奮鬪」，除宣講三民主義、五權憲法的完整思想外，在檀香山創立興中會，在海內外各地成立革命團體時，不僅很鮮明地宣示革命救國的宗旨，而所發宣言無不義正詞嚴；其號召力之強，至今讀之，仍動人心弦。際玆　蔣總統經國先生號召以三民主義統一中國之時，我們也應當運用各種方式，對海內外，尤其大陸同胞，以及國際人士加強宣傳，俾深入人心，以期人人能瞭解　國父遺敎，先總統　蔣公訓示，羣起抗暴，推翻共匪的統治。第三、　國父在〈有志竟成篇〉說：「夫事有順乎天理，應乎人情，適乎世界之潮流，合乎人羣之需要，而爲先知先覺者所決志行之，則斷無不成者也，此古今之革命維新與邦建國事業是也。」我們必須確認任何一次偉大的事業，尤其革命的事業，在進行中必會遭遇許多的艱難險阻。我們目前所致力於復國建國的大業，旣符合　國父所昭示的「順乎天理，應乎人情，適乎世界之潮流，合乎人羣之需要」，我們今日已奠定復國建國堅強的基礎，目前的處境與所具備的條件，勝過當年 國父創立興中會時不知多少倍，只要我們能發揚 國父「有志竟成」的偉大精神，實踐 國父救國救世的遺教，不灰心，不氣餒，百折不撓，奮鬪不懈，最後一定會成功的。

彥棻深受 國父言行的感召與革命先賢的輔導，參加革命工作，已逾六十餘年，自問已竭盡心力，但自愧無補時艱，今後願以有生之年，隨時隨地，克盡黨員責任，為國盡忠，為黨效力，知所奮勉，以圖補過。

中華民國七十四年元旦於臺北

上／革命黨人在武昌黃鶴樓上首樹義旗

下／法國駐漢口領事羅氏

各省代表選舉　國父爲臨時大總統

國父與總統府僚屬合影

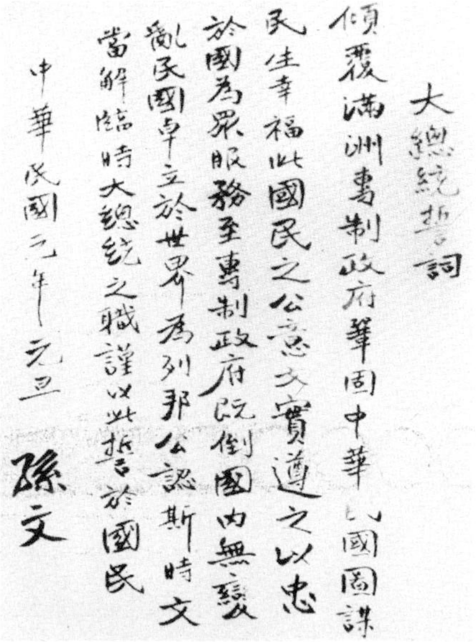

大總統誓詞

傾覆滿洲專制政府鞏固中華民國圖謀民生幸福此國民之公意文實遵之以忠於國為眾服務至專制政府既倒國內無變亂民國卓立於世界為列邦公認斯時文當解臨時大總統之職謹以此誓於國民

中華民國元年元旦

孫文

國父在辛亥革命時的偉大貢獻

一

國父領導革命歷四十年，半生在海外，艱苦奮鬪，組黨、宣傳、策動起義，百折不撓，再接再勵。懷「先天下之憂而憂」的胸襟，以德感召，集合志士賢豪，「拯斯民於水火，扶大廈之將傾」；以蓋世之才，手創三民主義、五權憲法、建國大綱、孫文學說、民權初步及實業計劃等，在政治、心理、社會及物質四大建設方面，確立了革命建國寶貴的指針；由於他的英明領導，終於推翻了數千年的專制政體，創建民主共和的中華民國。

黨國先進吳稚暉先生在他所講的〈總理行誼〉❶中，曾舉出許多他親知的事例，證明　國父

❶ 吳稚暉所講的〈總理行誼〉，是民國二十八年在重慶復興關中央訓練團講的。

是「天生的一個偉人」、「自然偉大」，因此，要敍述這一位中外皆知的天縱聖哲的革命事蹟和他的崇高偉大，眞有不知從何說起之感。本年國慶日卽將來臨，我想試從辛亥革命說起，就當時的事蹟來看　國父精神的偉大，以表達我內心的感受和對他的景仰。

二

我們熟讀　國父領導革命建立民國的史實，當知辛亥廣州之役，掀起了全國愛國志士聲勢澎湃的革命高潮，提振了他們犧牲奮鬪的勇氣，更堅定了國人推翻滿清腐敗政府的決心；而武昌起義，各省響應，使清廷驚惶失措，不得不宣告退位，乃促成了民國的建立。我們可以這樣說：沒有辛亥廣州之役，就不會有武昌起義的繼起；沒有武昌起義，就不會有民國的建立。誠如　國父在自述中所說：辛亥廣州之役，集各省革命黨的精英，與清廷作最激烈的一搏，事雖不成，而黃花岡七十二烈士轟轟烈烈的氣慨，已震動全球，國內革命的時勢，實已形成。廣州失敗之後，革命黨人乃轉謀武漢。武漢新軍自　國父派法國武官聯絡之後，革命思想早已成熟。此時各省已風聲鶴唳，草木皆兵，清吏皆盡入恐慌之地，尤以武昌爲甚❷。武昌起義爆發之後，當時有一位直接影響武昌起義成功的關鍵人物，那就是法國派駐漢口的領事羅氏（Ullysse Roqhael）。

---

❷ 參見　國父手著，《孫文學說》第八章〈有志竟成篇〉，《國父全集》第一集叁、一七〇頁。

關於這一點，國父曾說：在武昌起義之前，湖廣總督「瑞澂先與某國領事（按指德國領事）相約，請彼調兵船入武漢，倘有革命黨起事，則開炮轟擊」。迨熊秉坤首先開槍發難，而蔡濟民等率衆進攻督署。「瑞澂聞炮聲，立逃漢口，請某領事如約開炮轟擊。以庚子條約，一國不能單獨自由行動，乃開領事團會議。初意欲得多數表決，即行開炮攻擊以平之。各國領事，對於此事，皆無成見。惟法國領事羅氏，乃予舊交，深悉革命內容。當武昌起義之第一日，即揭櫫吾名，稱奉予命而發難者。法領事於會議席上，乃力言孫逸仙派之革命黨，乃以改良政治為目的，絕非無意識之暴舉，不能以義和團一例看待，而加干涉也。於是各國多贊成之，乃決定不加干涉，而並出宣佈中立之佈告，瑞澂見某領事失約，無可依恃，乃逃上海。總督一逃，而張彪亦走，清廷方面已失統馭之權，秩序大亂矣。……武昌既稍能支久，則所欲救武漢而促革命之成功者，不在武漢之一省，而在各省之響應也。吾黨之士，皆能見及此，故不約而同，各自為戰，不數月而十五省光復矣❸。

根據國父所述，可知這位法國駐漢口領事羅氏，當時的力主中立，實有很大的作用，他扭轉了當時革命的局勢，確為促成武昌起義成功的一個關鍵。所以革命先進田桐在他主編的《太平雜誌》〈民國奇緣之羅氏〉一文中曾說：民國恩人有二：一為日本宮崎寅藏，一為法人羅氏。

---

❸同❷，一七一頁，及《國父年譜初稿》，二七六頁至二七七頁。

國父怎樣結識羅氏呢？原來在公元一九〇五年春天，國父自美赴歐，號召留學青年參加革命組織，亟需幹部協助，因得法國前駐安南（現改稱越南）總督韜美（Paul Doumer）的介紹，特聘羅氏爲秘書，羅氏對國父的思想、言論及政策，非常崇敬。當國父在安南策動革命軍事，各次起義，得到羅氏的助力最多，如公元一九〇七年廣東防城之役（第五次起義），卽深得羅氏的協助。翌年，雲南河口之役（第八次起義），有很多法國的退伍軍人參加，他們不太瞭解中國的國情，恰巧羅氏調任河內領事，因此俟機爲他們解說，不久便把河口佔領了❹。迨武昌起義，羅氏適已調任法國派駐漢口的領事，他因與國父爲舊交，深悉國父領導革命的主旨，故在各國駐漢口領事會議中，力主中立，消除了各國干涉的危機，使淸廷因總督瑞澂等逃走，失去統馭之權，而日趨於敗亡。

從此一史實，我們可知國父在奔走革命過程中，隨時留心羅致有才識之士，不分國籍，參加革命行列，以資臂助。羅氏在未任法國駐安南及駐漢口領事之前，卽擔任國父的秘書，他佩服國父，國父也器重他，遇到關鍵時刻，就能得到助力，發生重大的作用，可見國父知人善任，運用外交的偉大貢獻。

❹ 參考羅香林著，《國父與歐美之友好》中之〈國父與格利門梭總理〉。

三

當辛亥武昌起義， 國父適行抵美國哥羅拉多省的典華城，閱報得悉武昌爲革命軍佔領，本擬由太平洋返國，親與革命之戰，以快平生；乃以此時「吾黨盡力於革命事業者，不在疆場之上，而在樽俎之間」，「故決意先從外交方面致力，俟有成就，然後返國」。當時 國父分析列強與中國最有關係者有六國：美、法同情革命；德、俄反對革命；日本則民間表同情，而政府反對；英國則民間同情，而其政府未定。所以 國父認爲當時的外交關鍵，可以舉足輕重爲我成敗存亡所係者，厥爲英國；倘英國支持我國，則日本不能爲患。 國父於是乃起程赴紐約，覓船渡英，當抵紐約時，聞粵中同志圖粵甚急，城將下， 國父爲避免流血，乃致電兩廣總督張鳴歧，勸其獻城歸降，而命同志全其性命，後此目的果達，此爲返國途中另一成就。

國父於公元一九一一年十月下旬自美抵達倫敦，即由美人同志荷馬李(Homer Lee)代約英、法、德、美四國銀行團會談，磋商停止清廷借款之事。先是清廷與四國銀行團結約，訂有川漢鐵路借款一億元，又幣制借款一億元。此兩宗借款，一則已發行債票，收款存備待付；一則已簽約而未發行債票。 國父之意則欲銀行團將已備之款停止交付，於未備之款停止發行債票。而銀行團稱須得外交部許可， 國父乃「委託維加砲廠經理爲代表，往與英外務大臣磋商，向英政府要求三事：一、止絕清廷一切借款；二、制止日本援助清廷；三、取消各處英屬政府之放逐令，以便取道回國。三事皆得英政府允許，乃再與銀行團磋商革命政府借款之事，允俟 國父回中國成立正式政府之後商議。該團並擬派某行長與 國父同行歸國，正式政府成立之日，可就近與之磋商」[5]。國父雖謙稱：「時以予在英國個人所能盡之義務，已盡於此矣。」實在來說：國父向英政府要求的三件大事，均獲英政府同意，對於磋商革命政府借款之事，也已預爲鋪好坦途，可以說是一次非常成功的外交。

是年十一月廿一日， 國父由倫敦至巴黎。他在法國，積極致力國民外交，增進法國朝野對我革命的同情。他一面由前越南總督韜美介紹，訪晤法國政治家格利門梭（CL'emenceau），格氏是前任內閣總理，當時任參議院議員，後來再任總理。在法國是有名的政治家， 國父和他暢談革命主張，深獲同情。一面由法國文學家和名記者米爾（Piese Mille）介紹，訪晤當時法外交部長畢恭（Stebhen Pichan），雙方晤談，至爲投契，畢氏曾任駐華公使，他詳詢 國父革命主張， 國父掬誠相告，絕無矯飾，深獲支持[6]。 國父並曾由 Albert Milhan 和 Albert Mayban 陪同，訪問法下議院，與議員 Alfled Masse，Kucien 和 Basel 等人晤談良久，極爲歡洽。 國父曾提出法國願否承認中華民國問題，各議員均答以自當竭力爲之[7]。

[5] 參見同[2]，一七二頁。
[6] 同註[4]、[5]及參見吳相湘編撰《孫逸仙先生傳》。
[7] 參見陳三井著《近代外交史論集》法文資料中所見的孫中山先生。

國父在法，除訪晤朝野人士，爭取支持革命，並爲將來承認革命政府鋪路外，並連絡法國輿論界，增進民間同情，國父接受當地政治星期報的記者訪問，表示對革命成功後的內政和外交政策時說：「中華共和國，擬維持官話，以爲統一語言的基礎。而使國人研究各種實業科學，尤爲新共和國行政之入手方法。英法文亦可加入各種學科中，以補華文不足。中國現當訓練國軍，及組織民國安全之財政部。新政府對於各國通商一層，更當注意，當棄除與外人種種不便之障礙物。將海關稅則重新編定，務使中國有益。但重訂稅則，亦須與商人和衷商議，決不使中國及債主陷於困難也。」國父又曾受 Jaurnal le Courrier Europ'een 等報的訪問，表示四點：一、中國同歐洲一般大，不適合中央集權；二、歡迎外國資本及工程師爲中國開礦及築路；三、將在中國實行五權憲法；四、尊重滿清與外國所締造的條約及借款❽。這些談話，都深得法國輿論的同情和好評，認爲：「武漢革命的文明，是歷史上所罕有的，實可爲世界的模範❾。並且認爲國父聰明絕頂、學識淵博、具有卓越的領導才能，實爲復興中國所必需的拿破崙，其才識遠在康、梁之上，卽與法國大革命時代的偉人相比，亦毫無遜色。當時銷路最廣的 D'epeche de Tovlovse 報，以 國父思想受法國孟德斯鳩及盧騷的影響甚深，而以中國革命爲法國革命之

❽ 參考張馥蕊著，何珍蕙摘譯，《辛亥革命時的法國輿論》中的〈武昌起義時的法國輿論〉及〈孫中山先生訪法時之法國輿論〉。

❾ 同註❹。

子，應予同情⑩。

此外，國父還曾和法國東方滙理銀行(Banqve pe L'endo Chine)總裁西蒙(Stanislas Simon)長談。該行是法國殖民地專業銀行，在亞洲各地廣設分支機構。西蒙於公元一九一一年十一月二十三日宴請 國父時，用英語與 國父會談，歷時甚久，會談內容由西蒙事後記錄，今存法國外交部檔案中。當時 國父曾提出借款問題與革命展望等四個問題，均充分交換意見，其中有關列強與中國財政問題， 國父表示他與朋友們對未來中國借款談判所能引起的危險深表關注：「卽另組一銀行團想壓迫中國接受某一種已議定的財政政策，而與中國的眞正利益相衝突，且可能演變成爲控制中國財政和債務的工具」。西蒙指出：「中國爲求改善裝備及整理善後，將需鉅款，將來進行這項大借款，各國政府事先組織一個集團分攤，其重要性殊不足奇。」 國父聽此解釋，始稍釋懷⑪。

由以上所述， 國父於辛亥革命武昌起義成功後，不立卽回國，先赴歐洲與英、法等國從事外交的聯繫與磋商，希望停止清廷一切借款，制止日本援助清廷等，均得到英政府的同意；對於革命政府所需借款，在英、法已預爲鋪路；而訪法時受到朝野的歡迎和輿論的讚揚，並預爲承認

⑩ 同⑧。

⑪ 參考吳相湘編撰，《孫中山先生傳》。

中華民國舖路等，都很成功。由此可見 國父謀國之忠與對外交之竭盡心力，他不爲個人著想，不辭勞苦，風塵僕僕，折衝樽俎，乃本天下爲公的胸懷，爲建立民國在國際間預籌遠大之策，更證明 國父精神及識見的偉大。

四

民國前一年（公元一九一一年）十月武昌起義成功， 國父從美赴歐部署外交工作後，即順應民意及同志的邀請，歸國抵達香港。胡漢民先生與朱執信先生、廖仲愷先生及陳炯明等在廣州商議，決定建議 國父留粵。胡先生偕廖先生乘兵艦至香港，迎接 國父，旣見 國父，屏人熟議，胡先生說：「滿洲政府人心已盡去，惟尙有北洋數鎭兵力未打破，故得延其殘喘。袁世凱實叵測，持兩端，但所恃亦祇此數萬兵力。此種勢力未掃除，卽革命無由徹底。革命無一種威力以鞏固政權，則破壞建設，兩無可言。先生（按指 國父）一至滬寧，衆情所屬，必被擁戴，幕府當在南京，而兵無可用，何以直擣黃龍？且以選舉克強（黃興字）之事觀之，則命令正未易行，元首且同虛器，何如留粵，就粵中各軍整理，可立得精兵數萬，鼓行而前，始有勝算，盡北洋數鎭之力，兩三月內，未能摧破東南，則吾事已濟，以實力廓淸強敵，乃眞成南北統一之局，滬寧相較，事正相反，若騖虛聲，且貽後悔。最近福建、廣西、貴州諸省，正以寧、鄂當衝，有暫推粵爲首都之議，吾輩方謙讓未遑，先生則可控摶此局。」

胡先生的建議，不是沒有理由；可是 國父的看法卻大不相同。 國父說：「以形勢論，滬寧在前方，不以身當其衝，而退就粵中，以修戰備，此謂避難就易，四方同志正引領屬望，至此其謂我何？我恃人心，敵恃民力，既如所云，何故不善用所長，而用我所短？鄂既稍萌歧趨，寧復有內部之紛糾，以之委敵，所謂趙舉而秦強，形勢益失，我然後舉兵以圖恢復，豈云得計？朱明末局，正坐東南不守，而粵桂遂未能支，何能蹈此覆轍？革命軍驟起，有不可嚮邇之勢，列強倉猝；無以為計，故祇得守其向來局外中立之慣例，不事干涉。然若我方形勢頓挫，則此事正未可深恃；戈登、白齊文之於太平天國，此等手段正多，胡可不慮？謂袁世凱不可信，誠然；但我因而利用之，使推翻二百六十餘年貴族專制之滿洲，則賢於用兵十萬。縱其欲繼滿洲以為惡，而其基礎已遠不如，覆之自易，故今日可先成一圓滿之段落。我若不至滬寧，則此一切對內對外大計主持，決非他人所能任，子（按指胡漢民）宜從我即行」⑫。 國父持之甚堅，胡先生亦覺所見不如 國父遠大，乃服從 國父主張，立為書分致陳烱明、朱執信、胡毅生諸人，使陳烱明代理廣東都督，並以命令飭各軍服從陳烱明，使廖仲愷回廣州，與諸人佈置一切，胡先生則與 國父北上。

國父的毅然偕胡漢民先生赴滬寧，終於促成清帝退位，南北統一之局。否則，中華民國的建

⑫ 見＜胡漢民自傳＞，《胡漢民先生文集》，五十九至六〇頁。

立必多曲折，中國近代史勢將重寫，其重要性不言可喻。我們從這一段史實，實在敬佩　國父的胸懷坦蕩磊落，目光遠大，識見卓越及以國家興亡爲己任的偉大精神，所以才能說服他的部屬，服從他的主張，不僅是一般人所不能企及，卽才識卓越如胡漢民先生者亦自認弗如。

五

國父於民前一年（公元一九一一年）十二月二十五日偕胡漢民等抵上海，黃克強先生、陳其美先生等俱往歡迎。十二月廿九日各省代表在南京開臨時大總統選舉會，票選　國父爲中華民國第一任臨時大總統。民國元年一月一日晨　國父偕各省代表湯爾和、王寵惠先生等由滬蒞南京。午後十時，就臨時大總統職，行宣誓禮於江蘇諮議局，卽以諮議局爲總統府⑬。

國父就任臨時大總統後，在任歷三閱月，頒佈臨時約法，樹立民國的規模，奠立法治的基礎。我們祇要看《國父全集》所刊載　國父當國三個月的各種文告，當能體認他的卓識鴻猷和氣度的恢宏，以如此短促的時間，布政的壯濶和丕力的雄偉，求之歷代，實無與倫比。現在祇舉出三件大事，來證明　國父的偉大。

⑬ 見《國父年譜初稿》，二八七、二八八、二九六頁。

㈠頒佈國曆，一新天下耳目

當各省代表選出大總統後，推舉湯爾和等赴滬呈遞當選證書。在送達證書與就職之間，代表來往磋商諸事，頗有爭議。其中頒訂國曆（卽改用陽曆）一事，　國父主張改正朔，行陽曆。代表中多有主張舊曆（卽農曆）者，他們的理由是「孔子說：用夏之時。自漢武帝起，中國卽用夏曆到現在，已二千年，不可輕改。」贊成改曆的代表反駁說：「孔子是殷的子孫，他反對周曆，當時不能用殷曆，所以來一個用夏之時。我們始祖軒轅氏，以甲子年、甲子月朔的一天多至爲歲首，而世界所用的陽曆，以多至後第十天爲一月一日，是與軒轅氏所定以多至爲歲首相近，不同夏曆正月初一日，要後多至四十五天。」此事幾經辯論，　總理堅持改曆，否則不允就職，一時頗成僵局。最後一次在代表會議中討論，始獲通過，那天正是陽曆一九一一年的除夕，討論至深宵才算決定，卽連夜電復　總理，並請卽蒞京就職。　國父於宣誓就職發布宣言後，卽申令頒布定國號爲中華民國，改元爲中華民國元年（以黃帝紀元四千六百零九年十一月十三日爲中華民國元年元月元旦）。　國父堅主頒行國曆，除一新天下耳目外，又因方今國際皆用陽曆，與各國周旋，以陽曆爲便，且中國以農立國，陽曆配合節氣，便於農事；所以才下令改用陽曆⑭。

⑭見《吳鐵城回憶錄》，三六頁；哀希洛：〈我在辛亥革命時的一些經歷和見聞〉，《辛亥革命回憶錄》第六册，二八七頁；及《國父年譜初稿》，二九八頁。

㈡堅持定都南京，鞏固共和政體

另一件大事是　國父主張中華民國政府定都於南京。當民國元年一月十四日參議院開會討論國都問題時，參議員谷鍾秀、李肇甫等主張政府地點在北京，結果用投票表決法，以二十票對八票，多數可決，臨時政府地點設北京。翌日（十五日）　國父諮參議院覆議，參議員爭論激烈，再投票表決，以十九票對七票，多數可決，臨時政府地點仍設南京。關於定都問題，　國父於民前十年（公元一九〇二年）春在日本與章炳麟談話，曾分析中國形勢，他說：「謀本部，則武昌；謀藩服，則西安；謀大洲，則伊犁。」就不贊成在北京定都。在民國元年一月十三日向參議院辭臨時大總統職，薦袁世凱自代，並於辭職書末附以三條件，「臨時政府地點，設於南京，爲各省代表議定，不能更改」，即其中之一。　國父之所以堅主奠都南京，不僅是由於「鬱鬱金陵，龍蟠虎踞」的形勢；而是「一因世凱在北京，其人如何，聞其虛聲而不知其誠意，故南北聲氣，不易溝通；雙方舉動，易滋誤會，統一前途，障礙甚多。祛此障礙，必袁南下，就職南京，種種疑慮，自可冰釋。二因明清兩代，均都北京，宮殿巍峨，每足以引起執政者帝王癡夢，官僚遺毒，深植社會人心；惟有毅然遷都，使其失所憑藉，則蕩瑕滌穢，成效易彰，共和前途，實深利賴」。　國父決讓大總統位予袁世凱，而以在南京就職爲條件；可是袁氏拒絕南下，　國父雖馳書勸之，亦置若罔聞。迨　國父派歡迎專使蔡元培先生等於是年二月二十六日抵北京，袁陰使第三鎮統制曹錕所部變亂，以淆視聽，而圖要挾，以致蔡元培先生主允袁在北京就職，而有三月六日參議院允袁在北京就職的決議，及四月二日正式決議臨時政府遷北京⑮，袁之狡計得逞，嗣後袁把持國政，背叛共和，以致釀成洪憲帝制，均不出 國父所料。當時雖因袁世凱的要脅，參議院同意臨時政府遷北京；可是至民國十七年北伐成功，全國統一，國民政府仍定都南京，終於實現他的主張，可見 國父識見之遠大。

㈢提出五權憲法構想，以實現平生政治主張

還有一件大事，那就是於草擬的臨時政府組織法中，提出五權憲法的構想，咨請臨時參議院審議。民國元年一月十六日 國父發表宋教仁先生為臨時政府法制局長，令其草擬「中華民國臨時政府組織法草案」，共分七章五十五條，列有人民的基本權利與義務。因當時南北和議大體成熟，讓袁世凱做總統已成定局，為了預防他違法亂政，將總統制改成內閣制。如第三十四條規定：「閣員執行法律，處理政務」，第三十六條規定「內閣員在臨時大總統公布法律及政令，須經閣員親自署名」，都大大限制總統的權力。最重要的一點，是將 國父平素「五權分立」的主張也包括在內。如第二十八條規定：「臨時大總統除『典試院』、『察吏院』、『審計院』、『平政院』之官職，又『考試』、『懲戒』事項外，得例定文武官職官規。」這就是在「行政」、

---

⑮ 同⑬，三〇六、三〇九、三一三及三一九頁，暨《國父全書》，七八七至七八八頁載民前十年春，國父在日本與章炳麟談話〈論定都〉。

「立法」、「司法」三權之外，另將「考試」與「監察」獨立的意思。彌補了「臨時政府組織大綱」的各種缺點。

一月二十八日，臨時參議院正式成立，由十八省參議員四十三人組織而成，是臨時政府的立法機構，林森先生爲議長，陳陶怡爲副議長（後改爲王正廷）。國父乃將宋敎仁先生所擬的「中華民國臨時政府組織法草案」咨送參議院審議。參議院恐怕人說：「受命政府，有損立法尊嚴」，未加採用，而另委託馬君武、景耀月、呂志伊草擬「臨時約法草案」，計四十九條。同月二十九日，參議院推選九人審查，對「總統制」與「內閣制」、「中央集權」與「地方分權」的意見，頗不一致。

二月一日，清隆裕太后授權袁世凱決定大計，袁電伍廷芳協商清帝退位後優禮條件。 國父以時機迫促，乃命秘書長胡漢民先生召集同盟籍參議員及幹部儘速研討「臨時約法」問題。宋敎仁先生也參加這次會議。宋先生主張採取法國中央集權的內閣制，胡先生則主張採取美國地方分權的聯邦制，爭辯非常激烈，各持己見，後由 國父排解，並作結論說：「中華民國臨時約法，比起臨時政府組織大綱，可說是進了一步。我觀察古今中外政治的利弊，覺得除非創制『五權憲法』，就不能將國家的基礎打得鞏固，世界上的和平，也決不是一蹴可成的。今天，我祇說要定一條『中華民國的主權屬於國民全體』，一方面用以表示本黨國民革命眞意義之所在，一方面也可以杜防『盜憎主人』者的作爲，可與國民共同唾棄他了。」

研訂臨時約法的原則確定後，有人建議由法制局起草修訂，宋教仁先生因為上次所擬臨時政府組織法草案，未被採用，就極力推辭，主張還是由參議院自行提出，組織臨時約法起草委員會，作成草案，再提大會審議，並希望在袁世凱未就職前公布。參議院自二月七日開始，對中華民國臨時約法草案逐條討論審議，至三月八日，全案才告結束，內容共計七章五十六條，可以說是總統與內閣混合制，比較宋教仁先生所擬的中華民國臨時政府組織法草案，特別加強了參議院的權力，可是參議院狃於三權分立之說，卻把考試、監察權的獨立從中剔除了⑯。

國父發明的「五權憲法」，是要在破壞的革命成功以後，以它用作我們立國建國的制度綱領。所以他早就對外國民主制度，用了很深的工夫去研究，探討出當時各國所實行的「三權憲法」的若干缺失，而深思熟慮地發明了五權憲法的理論。此一發明，在我國固屬史無前例，即在全世界各國憲政史上，亦為一嶄新的創制。誠如一九〇六年 國父祝《民報》紀元節的演講詞所說：「五權分立，不但是各國制度上所未有，便是學說上亦不多見，可謂破天荒之政體。」

因此，國父以三民主義五權憲法為其革命建國綱領，畢生幾無時無地不在提倡宣導，鍥而不捨，始終如一；即在臨逝世前，仍諄諄以實行三民主義五權憲法，勉勵各同志努力奮鬭。他在

---

⑯ 參見《國父全集》第三册拾，三至四頁；《國父年譜初稿》，三〇五頁；及近代中國出版社印行，方祖燊著《宋教仁傳》。

有生之年，祇要遇有機會，必提出此一建國理想。他擔任中華民國臨時大總統時，主張制定臨時政府組織法，建立五權制度，雖未成功。其後，民國三年成立中華革命黨，在黨章內即採五權制，以試行五權制度，民國十二年他在廣州成立大元帥府時，也隨即設置懲吏院，以爲實行五權之初步。而且於手訂「國民政府建國大綱」中，規定實施三民主義五權憲法爲建國的綱領。國父在其生前雖未能制定五權憲法，直到先總統 蔣公繼起領導革命，完成北伐和對日抗戰；在抗戰勝利後，召開國民大會，制定中華民國憲法，終實現了 國父五權憲法的主張⑰。今 蔣總統經國先生亦以維護憲法，要將一部完整的憲法帶回大陸，作爲建設新中國的依據。由此可見國父這種史無前例創制出來的五權憲法，爲中華民國樹立憲政的宏規，奠定法制基礎的偉大政治思想，歷久而彌新，永垂青史。

六

際茲民國七十四年國慶紀念日，追溯 國父從辛亥革命起，知人善任，獲致武昌起義成功的助力，運用外交，爭取國際的支持，不計個人利害得失，促成民國的建立；而在就任第一任臨時

⑰ 參考王寵惠著《困學齋文存》載〈五權憲法之理論與實施〉，孫科撰《八十述略》，及拙著《國父遺教闡微》中之關於「五權憲法」。

大總統期間，明令訂頒國曆，力主定都南京，及倡行五權憲法，雖屢遭受阻礙，但由於　國父堅持他的主張，都先後實現了，這一切都是爲了國家，爲了人民。

緬懷　國父領導革命，扶危正傾，匡時濟世的胸懷氣概，及民國十三年在母校廣東高等師範學校聆聽　國父演講三民主義時的儀容風采，對於他那崇高偉大的人格，高瞻遠矚的識見，公忠爲國的情操，和堅定恆毅的精神，實不勝欽敬與景仰，我們更應於紀念國慶之時，深體　國父締造民國的艱難，效法他畢生艱苦奮鬪的革命精神，力行先總統　蔣公實踐　國父遺教的訓示，在蔣總統經國先生領導下，淬勵共勉，團結奮鬪，以期早日實現以三民主義統一中國的神聖使命。

七十四年九月三十日於臺北

上／國父倫敦蒙難時康德黎持往警局報案之照片

下／國父被誘禁於清使館內之小房間照片

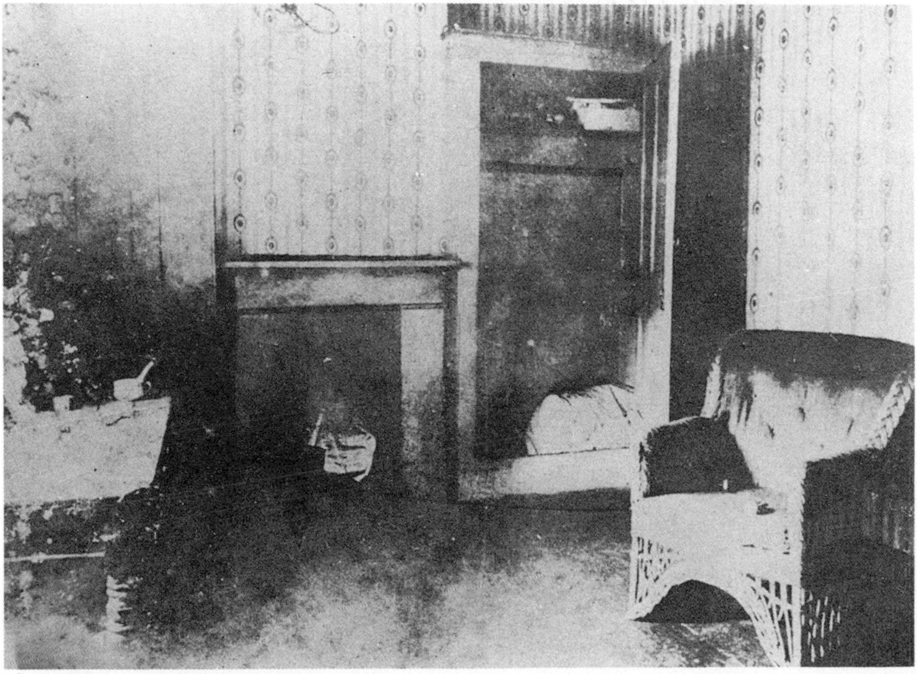

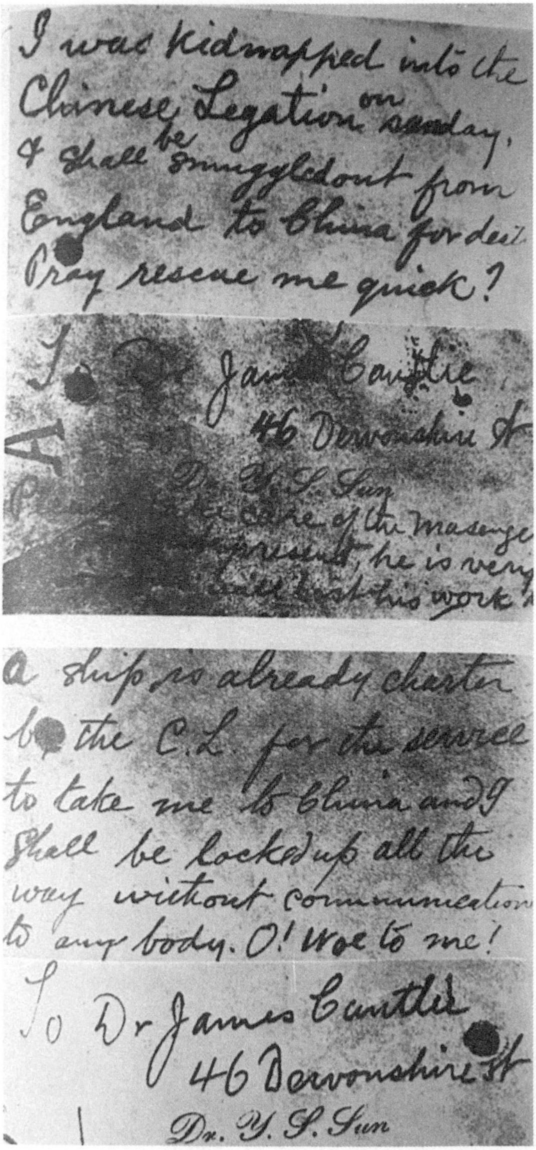

I was kidnapped into the
Chinese Legation on Sunday,
& shall be smuggled out from
England to China for death.
Pray rescue me quick?

To Dr James Cantlie
46 Devonshire St
Dr. Y. S. Sun
care of the messenger
present, he is very
his work

A ship is already chartered
by the C. L. for the service
to take me to China and I
shall be locked up all the
way without communication
to any body. O! Woe to me!

To Dr James Cantlie
46 Devonshire St
Dr. Y. S. Sun

國父親書的求救卡片

國父老師創辦西醫書院之何啓爵士

國父的老師康德黎

上／國父在倫敦與吳稚暉及其子合影

下／國父於民國十二年二月在香港大學講演並與學生合影

國父與英國

——國父的四度訪英及其英國友好

國父畢生致力革命，曾在海外奔走三十年。他受教育於海外，他的革命思想形成於海外，他結納革命同志、建立革命組機，宣揚革命主義，策劃革命行動，也都開始於海外。他和海外關係的密切，由此可見。其中關係最密切的，如香港、澳門、日本、美國和東南亞各地的關係，已爲衆所共知，他和歐洲各國的關係，則較少爲人注意。去年我曾撰〈國父與法國〉一文，闡述他和法國的關係。現在想試從 國父四訪英國的經過和他的英國友好，探討他和英國的關係。

一、國父的四度訪英

(一)一八九六年初次訪英，倫敦蒙難

國父一生曾四度訪英：第一次是一八九六年九月至一八九七年七月，由美赴英，曾在倫敦中

國使館蒙難。第二次是一九〇四年十二月至一九〇五年春，也是由美赴英，往返於英、比、法、德各國，聯絡留學生，建立革命團體。第三次是一九〇九年五月至九月，由新加坡赴法、比轉英，擬向各國籌款，接濟革命行動。第四次是一九一一年十月至十一月，在武昌起義後，由美返國途中，先訪英、法，爭取對革命政府的支持。每次訪英都有不同意義和任務，但都是爲了革命而奔走。留英期間則以第一次爲最長，第四次爲最短。

國父第一次訪英是在廣州第一次起義失敗後，逃亡至日，轉赴美國，聯絡致公堂，繼續從事革命活動。當時，清廷對 國父追緝甚嚴，除交涉香港政府下令放逐出境外，並通令駐外使館嚴爲查緝。

國父在紐約聞駐美公使館偵緝甚嚴，乃轉赴英國。

國父是在一八九六年（民前十六年）九月二十三日由紐約乘麥竭斯底（S. S. Majestic）輪赴英的，是月三十日抵利物浦，十月一日乘火車抵倫敦，翌日即至波德蘭場（Portland Place）之覃文省街（Devonshire Street）四十六號康德黎寓所訪候後，投宿於附近的葛雷斯旅店場（Grays Inn Place），每日均訪候康德黎及孟生博士（Dr. Manson）兩位老師，暇則輒往倫敦大英博物館，或各處古蹟遊覽，十月十日赴英國國會上下兩院參觀。 國父在由美赴英以前，清廷駐美出使大臣楊儒已將 國父所乘船名及登陸港口，電告駐英出使大臣龔照瑗，龔即命該館英籍二等參贊馬格里爵士（Sir. Halliday Macartney）馬格里係根據使館檔案中呈報的名字，（《倫敦蒙難記》中作「馬凱尼」）委託司賴特偵探社（Slater Detective Association）派密

探偵知 國父的蹤跡，乃於參觀英國國會的翌日（十月十一日）設計誘禁於淸使館，承康德黎及孟生博士奔走營救，英政府強硬干涉，才於是月二十三日脫險。

國父脫險後，即留居康德黎家；至十一月十五日回葛雷斯旅店場八號居住，大部份時間均從事於以英文撰寫《倫敦蒙難記》。 國父鑒於倫敦大英博物院藏書豐富，幾冠全歐，乃於十二月四日起赴該院從事閱讀研究，直至年底，習以爲常。翌年（一八九七年）上半年之五個月中，國父繼續留英，常赴該院潛心於研究工作，可見其治學之勤❶。

國父在此時期考察歐美政治，並結交其朝野賢豪，因此所見所聞，殊多心得，接觸既久，體驗亦深。 國父以爲徒致國家富強，民權發達，如歐洲列強者，猶未能登斯民於極樂之境，是以歐洲志士，猶有社會革命的運動。 國父爲一勞永逸計，根據其考察研究所得，倡言民生主義，以與民族、民權問題，同時解決，「將民族、民權、民生畢其功於一役」的主張，實肇始於此。所以 國父的初次訪英，雖由於淸廷干擾，不能從事革命活動，但他在倫敦的潛心研究，使三民主義由醞釀而漸形成完整的體系，成爲革命建國的基本原則，實爲此行的最大收穫，也是 國父革命運動的一重大的成就❷。直至同年七月二日，始乘輪船努美丁（S. S. Numidian）號由英

---

❶ 參考《國父年譜初稿》上册，六六—七五頁，鄒魯著，《中國國民黨史稿》，一七頁及中華民國史料研究中心印行《中華民國史事紀要初稿》（一八九四—一八九七年），六一六—六七五頁。

❷ 參考《中國國民黨史稿》，一八頁。

赴加拿大。

(二)一九〇四年再度訪英，聯絡留學生

國父第二次訪英是在一九〇四年（民前八年）十二月十四日。當時經過革命的一再起義，革命思想已廣爲傳播，各地留學生尤多贊助。國父在紐約，聞歐洲的留學生皆從國內或日本來歐，多數贊成革命，近年深受革命思想的鼓盪，已漸由言論而進入實行。劉成禺時任舊金山大同日報主筆，以歐洲留學生多係鄂籍，且半屬舊友，特函賀子才、史靑、魏宸組、胡秉柯四人，謂應與國父相見。賀等得書，乃託劉成禺邀請國父赴歐，共商國事。旋由留比、法、德三國學生盡力湊集八千餘佛朗，電滙國父作旅費，國父遂離美兼程赴歐，聯絡各國留學生，建立革命團體，推進革命事業。國父是在一九〇四年十二月抵歐的，先到英國，繼往比京，返英後轉往德、法。計由一九〇四年十二月至一九〇五年六月，國父往返於英、比、法、德之間，揭示三民主義、五權憲法，號召與吸收智識靑年加盟，建立革命組織，首開成立會於比京，開第二次會於柏林，第三次會於巴黎，先後加盟者計有朱和中、胡秉柯、魏宸組、賀子才、史靑、薛仙舟、馬德潤、周澤春、湯薌銘、向國華、劉光謙等六十餘人。在英加盟者僅孫鴻哲一人。當時諸同志對革命主張和方略，原有很多不同的意見，但經國父多方解說，都翕然信服，誠心加盟，並踴躍捐輸，贊助義舉。所以國父此次赴英轉往比、法、德等國，宣傳主義，吸收了不少的靑年才俊，加入本黨的陣營，共同致力於革命建國大業。這在革命初期的十年中，使歐洲一般愛國

青年傾向革命、支持革命到參與革命，質量俱增，實爲此行重大的收穫❸。

㈢一九〇九年赴歐籌款，三度訪英

國父第三度訪英是在一九〇九年（民前三年）八月。國父於是年五月先由新加坡赴法國，六月二十日抵馬賽，七月二十一日自巴黎轉抵比京，八月七日自比京抵倫敦。國父此次赴歐的動機，是因爲惠州、防城、欽廉、河口諸役連遭失敗，革命軍槍械餉糈，多賴南洋僑胞資助，難以爲繼。而起義同志被由安南遣送至新加坡者，前後達六百人。均賴當地僑胞張永福、林義順、陳楚楠等，籌款支持，並代謀工作，亦日感困難。國父因擬向英、法、荷諸國政府，及其資本家活動，籌募革命經費，乃將國內一切計畫，委託黃興、胡漢民兩先生，其本人則專任籌款，接濟革命的進行。到巴黎時，雖得前安南總督韜美（Paul Doumer）竭力贊助，運動某資本家借款，將有成議；不意法內閣改組，新內閣總理不予同意，此人因此遲疑，事遂不諧❹。國父乃轉赴比京，與同志聯絡後，於八月七日由比京抵倫敦，原擬數日後卽赴美，嗣因與各方商洽聯絡，留英二月餘，始於十月卅日離英赴美。

國父在倫敦期間，與吳敬恆先生時相過從，當時因章炳麟、陶成章挾私見，對國父誣蔑攻

❸ 參考《國父年譜初稿》，上册，一三七—一四三頁、《中國國民黨史稿》，二一—二三頁。

❹ 參考《國父年譜初稿》，上册，二二一—二二五頁。

擊，使同志頗感疑惑。國父乃請吳先生於所主辦的《新世紀》代爲主持公道，將事實昭告衆人。繼而東京中國同盟會亦發出公函，爲 國父聲辯，羣疑始釋。所以 國父此行，雖未達成籌款任務，但對旅歐同志的聯絡和當地輿論的鼓吹，也頗有收穫。其後，在武昌起義後，旅歐同志如在英的吳稚暉、曹亞伯、石瑛、楊昌濟、章士釗夫婦等，在法的張人傑、張繼等，在比的黎愛時等。便是以吳先生爲樞紐，與各方聯繫，散佈革命消息，指導進行方針。使旅歐黨人、華僑、學生均能聯成一氣，展開支援革命行動。這當是 國父此次歐洲之行，所播下的種子和收穫❺。

㈣一九一一年武昌起義後，訪英爭取支援

一九一一年十月武旦起義後，各地先後響應，革命聲威大振。當時 國父在美獲訊，原卽擬束裝返國，但認爲此時革命成敗關鍵，不在疆場之上，而在樽俎之間，決先致力外交，爭取國際支援，俟有所成，然後返國，乃先赴美東，再轉赴歐洲，訪問英法，致力外交活動。

國父是於十月下旬由美抵倫敦的，他先由美人荷馬里（Homer Lee）代約英、法、德、美四國銀行團主幹會談，磋商停止清廷借款之事。先是清廷與四國銀行團結約，訂有川漢鐵路借款一萬萬元，又幣制借款一萬萬元，此兩宗借款，一則已發行債票，收款存備待付；一則已簽約而未發行債票， 國父要求銀行團分別停止交付已收之款和發行債票。銀行主幹答云：「對於中國

❺參考陳哲三著《中國革命史論及史料》，一三一一一頁。

借款之進止，悉由外務大臣主持；此事當唯外務大臣之命是從，不能自由作主。」

國父乃委託維加砲廠總理道生（Sir. Trever Dawson）為代表，與英外務大臣葛雷（E. Grey)磋商，向英政府要求三事：一、停止清廷一切借款；二、制止日本援助清廷；三、取消各處英屬之放逐令，以便 國父取道回國。均得英政府允許。乃再與銀行團主任商革命政府借款之事。該主管答云：「我政府既允君之請，停止吾人借款清廷，則此後銀行團借款與中國，只有與新政府交涉。然必俟君回中國，成立正式政府之後，乃能開議。本團擬派某行長與君同行歸國，如正式政府成立之日，就近與之磋商可也。」所以， 國父此次訪英，不但停止了清廷的借款，而且預為革命政府借款鋪路，顯然是一樁外交的勝利。這是此行最重要的成就❻。

此外， 國父在英期間，也曾與名報人加爾根晤談，宣揚他的革命主張，經數日辯論，終使加爾根折服，在報章為其鼓吹。十一月廿一日離英返法，與當地朝野晤談，爭取同情與支援，亦收穫至豐。十一月廿四日乃由巴黎乘船返國。

二、國父的英國友好

❻ 參考 國父著《孫文學說》第八章〈有志竟成〉。

(一)康德黎與孟生博士

康德黎博士和孟生博士都是　國父在香港的西醫書院（香港大學醫科前身）就讀時的老師。兩位都是書院創辦人之一，孟生是第一任敎務長，康德黎是第二任敎務長。　國父是這書院第一期的學生，也是這書院的第一期最優秀的畢業生。

香港西醫書院是當地的何啓博士發起創辦的。他爲紀念亡妻英人雅麗絲（Alice），先創辦了一所雅麗絲醫院（Alice Memorial Hospital），後來爲了提倡西醫，便和康德黎博士等商議，共同在醫院創設西醫書院（The College of Medicine for the Chinese Hong Kong）以醫院爲實習之所，造就醫術與科學人才。

當時，　國父原在廣州博濟醫院附設醫科學校習醫，已肄業一年，聞香港西醫書院開設，學科較優，且地較自由，乃轉學該院。因曾習醫一年，根柢較優，故甚得師長尤其康德黎博士器重，常說　國父品學兼優，天才過人，對其光明磊落，愛國熱誠，亦讚不絕口。一八九二年七月二十三日香港西醫書院舉行第一次畢業典禮時，　國父便是以第一名畢業生的資格接受表揚。

康德黎博士不僅在西醫書院是同學們最敬仰的導師，而且對於畢業同學的事業，也繼續協助，尤其對於他所器重的　國父，更格外的關注。　國父畢業後，在澳門行醫，設立西藥局。澳門鏡湖醫院一向用中醫中藥，　國父力請他們兼用西醫西藥，並在鏡湖醫院行醫。他精於解剖，但遇有較重要的外科手術，康德黎曾多次特由香港來澳門相助。他對　國父診斷的明確，和手術的熟練與敏捷，以及處理的完善，獎勵有加。他也早知　國父為拯救中國而從事革命，因此當一八九二年冬天　國父離開澳門而改在廣州洗基創設中西藥局，從事實際的革命運動時，他也盡力予以協助。

康德黎博士及夫人於一八九六年五月，離港返英，道經檀香山，乘車遊覽風景時，曾與國父邂逅。國父欣然告知，不日將由美赴英，抵倫敦後當趨謁。那知後來就發生了震撼中外的倫敦蒙難，幸賴康奔走營救，始告脫險⑦。

我不打算將大家所熟知的　國父倫敦蒙難經過再加敘述；只想指出幾點事實，說明　國父及康德黎博士精神之偉大：

第一、和　國父早年革命救國的摯友陳少白先生在所著《興中會革命史要》中說：「國父早已知道公使館，他故意改換姓名（據吳宗濂《隨軺筆記》記述為陳載之），天天跑到公使館宣傳革命，後來公使館的人疑惑起來。因為當時廣州起義之事，傳聞還盛，以為這人或者就是孫逸仙，公使隨員鄧廷鏗因為是同鄉，就認出他的確是孫逸仙；於是　國父就被他們拘禁起來」。這雖然是和被「誘禁」稍有不同的另一種說法；但不論如何，革命是為國家民族冒險犯難的事，足見　國父當年決志革命，早已將生死置之於度外。至於用機智脫險，那也是為了將來繼續革命，

⑦同①及羅香林著，《國父與歐美之友好》，三一—六五頁。

以期達成救國救民的志業。

第二、國父在香港西醫書院肄業後，已與康德黎博士建立深厚的友誼，康氏同情並贊助中國革命。因此看到國父被中國公使館囚禁的急信，就毫不猶豫的前往倫敦警署報案，及到英外交部接洽，復僱私人偵探，密查使館的舉動，觸發倫敦《地球報》翔實的揭載，並批評英政府外交當局的失察，和清使館的不法。於是英首相沙士勃雷侯爵（Lord Salsbury）才向清使館交涉釋放。可見康德黎博士已由愛友的至情，擴充爲愛友的國家，而表現出爲挺身救友的義舉。

第三、國父領導革命，多次的冒險犯難，康德黎博士都知道，而且時時祝禱 國父的成功。國父自就職爲臨時大總統，以至將總統職位讓予袁世凱爲止，在很忙碌的時間，也曾迭次用英文專函將經過情形告知康德黎博士夫婦。康博士對 國父的出處進退，有同樣的看法，他認爲 國父具有非金錢所可購買，非普通學問所可產生的才能。 國父的偉大，就在於「大公無我」。由此可見 國父與康德黎博士兩人相知之深，這也就是康博士和許多外國人士願意敬重國父和他結交而樂予贊助的原因。

至於孟生博士（Dr. Partrick Manson），曾先後在臺灣及厦門作醫學研究，有「熱帶醫學之父」的榮銜。一八七七年，孟生博士在臺灣工作時，發現蚊蟲咬人是絲蟲病的原因，再就其他病例研究，也是由於蚊、蚤、蝨、臭蟲等咬了而傳佈以致病。在厦門等地研究，結論亦相同。其後轉來香港，應何啓之邀，共同創辦西醫書院，並邀請其在英國愛彼丁（Aberdeen）大學

（何啓也是在此習醫學）的同學康德黎博士東來參加創辦工作。

迨西醫書院成立，孟生博士擔任首任教務長。他在西醫書院對　國父也特別愛重。他因先康德黎博士回居英倫，沒有參加　國父的畢業典禮。可是　國父於一八九六年十月到了倫敦，拜訪康德黎博士後，隨即訪候孟生博士，久別重逢，把臂言歡。後來孟生博士知道　國父蒙難，與康德黎博士同樣驚異焦急，一起去警署報案和向外交部求援，共同努力營救，可見他對　國父友誼的深厚⑧。

㈡香港記者黎德、鄧肯與克銀漢

國父當年領導革命救國的工作，曾得到不少中外有眼光的新聞記者的同情與協助。香港英籍記者方面，黎德先生（Thomas Ruid），是香港《德臣西報》的記者，鄧肯先生（Ohesuey Tuncan）是香港《士蔑西報》的記者。自一八八七年至一八九二年，國父在香港西醫書院肄業，與陳少白、楊鶴齡、陸皓東等倡言革命救國時，他二人已同情中國的革命事業，分別於香港《德臣西報》及《士蔑西報》抨擊滿清政府的腐敗無能，鼓吹反對滿清的思想，鄧肯且曾因此為香港政府所告誡。一八九五年七月八日，國父召集興中會各地會員，在香港西營盤杏花樓，秘密會商進取廣州的決策，著名的律師何啓博士與黎德、鄧肯等三人雖非興中會會員亦秘密參加，

⑧　參考國父著，《倫敦蒙難記》、《國父年譜》，七〇頁，《中華民國史事紀要初稿》（一八九四—一八九七年），六二八頁，及吳相湘編撰，《孫逸仙先生傳》，五六頁。

經議定由國父擬定進攻廣州的方略，並領導執行，由何啓與鄧肯負責起草對外的英文宣言，由黎德運動英國政府承認中國的革命。後來興中會的對外宣言，改由黎德與高文（T. Cowen）二人起草，由何啓與謝纘泰修訂，於是年九月二十二日正式發表。

廣州起義原定於是年農曆九月九日（國曆十月二十六日）乘重陽節掃墓時發動，一切工作均已準備齊全，詎料事爲黨人朱淇的哥哥朱湘所知，恐被牽累，秘密報告廣州官吏，所有軍械及策劃機關，均爲滿淸官吏所破獲，以致失敗，陸皓東等四人，且被捕殺，壯烈成仁。

公元一九〇二年八月十四日黨人洪全福、謝纘泰、李杞堂等密謀發動省、港洪門弟兄於是年冬舉事於廣州，黎德與《每日西報》英籍記者克銀漢（Alfred Cuningham）亦表贊成。克銀漢並秘密與英國武官格斯幹將軍（General Gascoigne）等接洽，請力助進行。至十二月中旬詎料爲奸人周某告密而洩露，黨人梁慕義等七人殉難；但在香港的黨人被英警逮捕的，則賴克銀漢在《每日西報》，主張公道，並聯絡倫敦友人，向英政府殖民部設法營救，港督接殖民部保護國事犯的電令，始全數釋放。其後克銀漢復與謝纘泰等，共同發刊《英文南華日報》，專在言論上鼓吹革命思想，可見他對國父領導的革命事業，始終予以贊助⑨。國父革命得這幾位英籍記者的助力頗多。

---

⑨ 參考㈠《國父年譜初稿》上册，五七—六一頁，㈡馮自由著《中華民國開國前革命史》，第三十一章，〈革命黨與歐美志士之關係〉及㈢羅香林著，《國父與歐美之友好》，七七—八五頁。

㈢英國名報人加爾根

一九一一年十月武昌起義時，國父自美赴歐，爭取外交，到倫敦時，結交了英國名報人加爾根先生（Archibald R. Colquhoun）。加爾根曾在印度、緬甸服務，並曾出任南非洲馬索那蘭（Mashonaand）的行政長官，他是英國《泰晤士報》的遠東特別通訊專員。一八八三年曾撰寫《華南邊地旅行》（*Across Chryse, Being the Narrative of a Journey of Exploration, through the South China Border Lands, from Canton to Mandalay*）一書。一八九八年至一九〇〇年更先後出版《中國的變化》（*China in Transformation*）《由陸路到中國》（*The Overland to China*）和《中國問題和英國政策》（*The Problem in China and British Policy*）等書，對於中國問題，有深刻和確切的論述。

國父於一九一一年十月下旬抵英時，加爾根聞 國父提倡改中國政體為共和，滿腹懷疑，特來旅社訪問 國父，辯論數日。迨 國父示以革命方略的軍政、訓政、憲政的三個階段，他乃渙然冰釋，欣然折服，撰文在倫敦各報，予以宣揚，東亞各西文報，亦多轉載，使歐亞人士多能瞭解國父領導革命的主張和意義，獲得國際輿論的同情，減少成立中華民國外在的阻力。所以 國父在所著《孫文學說》第六章特為記述此事，稱讚加爾根「遊揚之言論」⑩。

⑩ 參考 國父著，《孫文學說》，第六章，〈能知必能行〉及同❾㈡、㈢。

㈣香港總督卜力爵士

滿清末葉，政治的腐敗，國勢的積弱，民生的疾苦，已昭然若揭，再也蒙蔽不了中外人士。當時不少瞭解中國實情的西方人，對於 國父在創立興中會所揭示的「驅逐韃虜、恢復中華」的革命主張，和「拯斯民於水火，扶大厦之將傾」的革命熱誠，也逐漸加深認識和瞭解，於是由同情革命而贊助革命。自一八九八年十一月出任香港總督的卜力爵士（Sir. Henry Arthurs Black G. C. M. G.），就是其中的一人。他與 國父有一段淵源和友誼，在策動李鴻章廣東獨立扮演了重要的角色，就是明顯的事例。

一九〇〇年拳匪之亂發生，引起八國聯軍之役。清廷政權岌岌不可終日，李鴻章奉命督粵，召粵紳劉學詢偕赴任，劉與 國父同鄉，素有往來，主張李獨立，與 國父合作。 國父時在日，劉密電請來粵面商。當時香港議政局議員何啓一向與 國父友善，也認爲這是可乘之機，因找鄭士良與陳少白商議，並願出面請港督卜力從中斡旋。商議後認爲可行，由陳少白寫信報告國父。 國父雖然不相信李鴻章有這種魄力；但是他又想到，如果能行得通，也算是國家之福，乃同意不妨一試。何啓便約集鄭士良、陳少白等人商議，草具致港督卜力函，並附陳「平治章程」，作爲李鴻章獨立後組織新政府的方案。這封信由 國父領銜，楊衢雲、謝纘泰、鄧蔭南、鄭士良、陳少白、史堅如等人共同署名，港督卜力接讀此信後，大爲感動，遂命沙面英領事密轉李鴻章，徵其同意，李則意存觀望。當時 國父接獲報告，並接劉學詢密電，乃偕楊衢雲、日人宮崎寅藏、平山周等乘輪由日抵港。國父知道李鴻章還沒有決心，不欲冒險赴粵，乃派宮崎寅藏等代表國父赴粵晤劉學詢。此時聯軍已逼近北京，清廷改調李鴻章北上，廣東獨立響應革命之事遂胎死腹中。從此一史實，可以看出國父倡導革命歷程中，如能以不流血方式達成目的，亦願一試，此與上書李鴻章的心理，如出一轍。而卜力總督同情與暗助中國革命，也充分顯示英人對中國革命的日益瞭解與同情⓫。

㈤漢學家翟爾斯教授

翟爾斯教授(Prof. Herbert Allen Giles)是英國著名的漢學家，對中國語言和文史尤有研究。於一八四五年十二月，生於英國牛津，早年在遮打書院(Charter House)肄業，接着就參加駐華使館的工作，於一八六七年到達北京，並曾先後擔任駐福州、上海、淡水、寧波等地的副領事、領事，至一八九二年始離華返英，嗣任劍橋大學(Cambridge University)漢學教授。

國父在香港西醫書院肄業時，已聞翟爾斯對西人所謂東方學的成就。所以當國父在倫敦蒙難獲釋後，經康德黎博士介紹，便成爲國父英國的學術界的朋友。當時翟爾斯正編纂一部《中國名人辭典》，特致函國父說明想將國父倡導革命的事實，編入此書。國父便復信應允，

⓫ 參考《國父年譜初稿》上册，九二—九三頁，馮自由著，《中華民國開國前革命史》，第八章，〈庚子李鴻章之獨立運動〉及羅香林著，《國父與歐美之友好》，八六—九三頁。

而且表示對他借重之意，還撰擬一篇簡要的自傳供其參考。信中有云：「欲訪求貴國士大夫之諳敝國文獻者，以資教益。並欲羅致貴國賢才奇傑，以助宏圖……僕等今欲除虜興治，罰罪救民，步法泰西，揖睦鄰國；通商惠工各等事端，舉措施行，尚無良策。足下高明，當有所見，幸爲賜教，匡我缺失。」可見 國父抱負雄偉，求才若渴，不分畛域。翟爾斯與 國父之間不但互表敬仰；而且 國父還懇請他協助中國的革命，使翟爾斯至爲感動。其所編《中國名人大辭典》(Chinese Biographical Dictionary) 於一八九八年出版，對 國父大表讚許。

翟爾斯教授畢生研究中國語文和文化，著述等身，曾先後出版《中國語無師自通》、《中國會話成語辭典》、《中國文字研究概略》、《中國見聞概錄》、《圍棋》、《中國扇》、《歷史上的中國》、《老子遺著》、《中國的烹飪術》、《漢英大辭典》、《聊齋誌異》、《中國文學選集》、《莊子的道與自然》等書，都是西方人士學習中國語文和研究中國文學、思想、歷史、文物所必需讀的。他晚年仍繼續致力中國歷史和文化的研究，出版了許多關於中國文化的專著，如《十九世紀的儒教》、《中國古代宗教》、《中國繪畫藝術史略》、《中國的文化》、《中國與中國人》、《嶧山筆記》，及《孔子之道及其對手》等書。對介紹和宣揚中國文化，都饒有貢獻⑫。

⑫ 參考《國父年譜初稿》，七二頁及羅香林著，《國父與歐美之友好》，六六—七六頁。

(六)軍事學家摩根

摩根先生（Mr. Mulkern）是英國的軍事學家。國父第一次訪英時，和他締交。當時國父環遊歐美，一面鼓吹革命主張，一面也注意物色革命人才。因爲摩根在軍事有專長，國父便約他到中國協助革命，他於一八九九年到了中國，國父命陳少白和李杞堂等，先在香港接待。那時國父往來日本香港和南洋各地，摩根先生都隨行策劃軍事。一九〇〇年國父離星埠，與摩根先生及日人宮崎乘佐渡丸（Sado Maru）回港，擬率同志登陸集會，爲港政府所拒。國父乃於香港舟中召集會議，決在惠州舉兵，直逼廣州，命鄭士良主之。又命史堅如、鄧蔭南、吳義如等，在廣東運動軍隊，密謀響應，便請摩根先生以顧問名義，協助一切。

當時鄧蔭南等於廣州租一紫洞大艇，泊於沙面江邊，作爲策劃的機關。因爲來往的人物複雜，容易引起滿清官府的注意，幸賴摩根先生設法掩護，警吏不致過問。吳義如向任官軍的營弁，負責策動防營士兵反正。每出入，必與摩根先生同行，來往各營伍和虎門、魚珠、車尾各砲台，輒以引導外賓參觀爲詞，因此未受各地守兵的阻擋。

到了是年八月間，廣州各防營的聯絡工作，已將完成。詎料在香港定購的軍械，遲遲未到；而鄭士良在惠州的革命軍，又爲清軍所包圍。史堅如乃改變策略，決定先在廣州炸擊一二滿清重要官吏，以解惠州革命軍的危急，於是有在廣州撫署後樓房掘地道於十月廿八日爆炸廣東總督德壽的義舉。惜因爆炸的方法未善，未將德壽炸死，而史堅如反爲清吏所捕，不屈殉難。摩根也就離開廣州，一切的碩劃盡籌，未得實現，至爲不幸。

後來，國父於一九〇五年，第二次訪英，聯絡歐洲留學生，在倫敦時，便寄寓在荷蘭公園的摩根住宅，摩根也盡力爲 國父協助一切。到了一九〇九年， 國父第三次訪歐，在法國馬賽登陸之時，也特致函在倫敦的吳敬恆先生，詢問摩根的情況，雖由於 國父此次訪英，不作公開活動，與摩根交往情形，無可稽考。但由此也可見他和 國父的友誼是非常深厚的⑬。

三、三點感想

從國父四度訪英的經過和他與英國友好的交往情況，使我們對這一位革命領袖的偉大人格有更深刻的認識。我個人更有幾點感想：

第一、國父雖然幼年在鄉塾就學後，即赴夏威夷就讀，在美國完成他的中學教育，但自美返國後，即先後在香港拔萃學校（Diocesan School）和皇仁書院（Queen's College）就讀，並在香港西醫書院完成他的大學教育。所以，也深受英國式教育的薰陶。他自言：「予自乙酉中法戰敗之年，始決傾覆清廷、創建民國之志，由是以學堂爲鼓吹之地，借醫術爲入世之媒」，而乙

---

⑬ 參考馮自由著，《中華民國開國前革命史》，第三十一章，《革命逸史初集》，《鄧蔭南事略》及羅香林著，《國父與歐美之友好》，一四〇—一四四頁。

酉年也就是他在香港皇仁書院肄業的一年，也是他受基督教洗禮的一年，陸皓東也和他同時受洗。他鼓吹革命則始於西醫書院肄業之時，和同學陳少白、尤列、楊鶴齡等被稱為「四大寇」。所以，他民國十二年二月在香港大學演講〈革命思想之產生〉時曾說：「我之思想發源地即為香港」，並說：「因為將香港的政治、社會情形和國內相比較，深感非改革政治，無以求進步。」「因此於大學畢業之後，即決計拋棄醫人生涯，而從事於醫國事業，由此可知我之革命思想，完全得之於香港也。」而他革命思想的完成，則主要是初次訪英，在倫敦蒙難後，曾在大英博物館潛心研究數月，並考察當時歐美政治，綜合他年來從事革命運動的體驗，他的三民主義的思想體系乃大體完成。他在自傳中曾說：「倫敦脫險後，則暫留歐洲，以實行考察其政治風俗，並結交其朝野賢豪，兩年之中，所見所聞，殊多心得。始知欲致國家富強，民權發達，如歐洲列強者，猶未能登斯民於極樂之境也。是以歐洲志士，猶有社會革命之運動也。予欲為一勞永逸之計，乃採取民生主義，以與民族、民權問題同時解決，此三民主義主張所由完成也。」由此可見國父的革命思想，起源於香港，其三民主義主張的完成，則主要在英國。英國的政治思想和社會文化，自然對國父的革命思想有相當的影響，這是值得我們研究國父思想時加以注意的。

第二、國父的四次訪英，每次都有不同的意義和任務，其任務有能順利完成者；亦有不能達成者；但不管負何任務和其任務的成敗，國父每次抵英，除致力完成其任務外，總一面宣揚其革命主張，爭取朝野同情，尤其注意和輿論界的聯絡，同時一面結交其朝野人士，爭取其同情與支援，更物色其賢豪之士，以爲革命助力。我們看到他由於和康德黎、孟生兩位老師的深厚情誼，終能脫倫敦蒙難之險，由於和香港記者、英國報人與漢學家的友誼，能得到輿論界的大力支援，更能羅致英國軍事家來贊助我國革命。這都充分說明 國父眼光的遠大、胸襟的開闊和他善於交友與用人，所以能結集各方力量，完成他的革命事業。尤其他在民國建立前，靈活運用各種手段，推進國民外交，以爭取國際支援。例如擴大宣傳，爭取民間同情，透過港督卜力，策動李鴻章獨立，在武昌起義後赴英，爭取停止對清廷貸款，便都是很明顯的事例。現在我們和英國與許多國家都沒有外交關係，應該怎樣增進實質關係，爭取對我的同情和支援？ 國父的做法，便很值得我們參考和效法。

第三、武昌起義後， 國父曾分析當時國際情勢說：「列強之與中國最有關係者六焉，美法兩國則當表同情革命者也，德俄兩國則當反對革命者也，日本則民間同情，而其政府反對者也，英國則民間同情，而其政府未定者也。是故吾之外交關鍵，可以舉足輕重而爲我成敗存亡所繫者，厥爲英國。」故 國父決定先赴英法，然後返國。這固然是當時的國際形勢，而英國政府當時態度未定，固然是想靜觀其變，以謀取最大利益，也是英國外交一向注重現實，沒有永久的朋友，也沒有永久的敵人，唯視其現實利益以爲斷。所以，它一面順清廷的要求，下令放逐 國父，不許在香港及英屬停留，一面又默許其香港總督與革命黨人接觸，它雖未承認革命政府，卻透過銀行團與 國父秘密談判。這都是現實外交的作法。現在英國的國際地位雖然沒有當時那樣重要，但它在歐洲和對美國的影響力，還是不可忽視的。英國政府雖與我沒有正式外交關係。但它的本質是反共的，英國人民更多對我友好，我們和英國的經濟貿易關係亦日益進展。在這樣的基礎上，我們應該重視對英關係，積極加強與英國的實質外交，並增進其朝野人士對我的瞭解與同情，這無疑是我們應該全力以赴的。

民國七十五年九月於臺北

上／國父在巴黎組黨時留影

下／國父與留學生在巴黎合影

國父在歐的革命夥伴

①吳敬恆（稚暉）
②李煜瀛（石曾）
③張人傑（靜江）
④蔡元培

3	1
4	2

國父與法國

一、中法戰敗　國父決志推翻滿清

國父自言：「予自乙酉中法戰敗之年，始決傾覆清廷、創建民國之志。」❶蓋清光緒八年（公元一八八二年），法人侵犯越南（當時名安南），佔據東京九年，清廷以越南素爲藩屬，乃命滇桂軍予以支援，連戰不利，退守諒山，清廷氣餒，命李鴻章與議和，垂成，而法兵攻諒山，戰釁重開。法一面增軍攻諒山，另以海軍攻臺灣、福州，海軍爲清將劉銘傳所敗，陸軍亦爲馮子材所敗，法頗氣沮，清卻於光緒十一年（公元一八八五年）與之訂和約於天津，承認越南爲法保

❶《孫文學說》第八章〈有志竟成〉篇，見《國父全集》第一册叁，一六一頁。（民國五十四年十一月中央黨史會編輯出版）

護國，賠償軍費，開埠通商，允予領事裁判權及內河航行權等。國父鑒於中法之戰，雖曾打了勝仗，結果仍訂下了不平等條約，喪權辱國，足證清廷顢頇無能，因此痛心疾首，遂積極策劃推翻其統治。

二、國父重視與法國的關係

國父何以在革命進行中，對法國特別重視？國父初期領導革命的重心，原在香港、廣州，第一次起義失敗，國父環遊歐美後抵日，乃以日本為領導革命的重心，嗣以萍、醴之役，及長江方面黨人屢被破獲，清廷偵知策源地在日本東京，乃命駐日公使楊樞，向日本政府交涉，要求驅逐　國父出境。國父乃不得不偕胡漢民等前往新加坡，轉越南、河口，設立機關，策劃革命軍事❷。但　國父被迫離日後何以選定越南、河口等地來設立革命軍事機關？其實有其深謀遠慮的計創和目的。根據　國父到越南後革命軍事佈署和他與法人接觸的事實，可以瞭解　國父鑒於粵、桂、滇三省，地處中國邊境，地域廣闊，易於策動革命起義，進行迂迴作戰，且便於起義人員自國外秘密進入及運進槍彈等武器，如能擇地起義成功，佔據這些有關省分，把革命力量擴展至南部各省，勢必風起雲湧，長江流域以至華北各省，亦將紛起響應，如此便可達成推翻滿清政

---

❷ 參考《國父年譜初稿》，一七五—一七六頁。

府的目的。此外，國父深知法人受孟德斯鳩、盧梭等思想家提倡民權的影響，嚮往民主自由，法國是西方一個崇尚自由、平等、博愛的先進民主國家，較爲接近他的革命思想。他更知美國脫離英國的獨立戰爭，凡八年之久，卽曾得法人的同情和支持。而且當時的越南總督韜美（Paul Doumer）屢約往見，更可相機洽談。 國父在赴河內前，根據他在東京與法國有關人員的接觸和瞭解，赴越南設立機關，策劃革命軍事行動，在滇、桂、粵邊境活動和起義，將可獲得法人的同情和支助。所以 國父倡導革命，重視與法國的聯繫。由以後的事實證明，當可信而有徵。

三、國父在法國和越南進行組黨

河內博覽會結束後，國父再作環球漫遊，公元一九〇五年（民國紀元前七年）春，國父應歐洲留學生賀之才等約請，赴歐發展黨務，先至比京，開第一次會議，加盟者有朱和中、胡秉柯、魏宸組等三十餘人；復至柏林開第二次會議，加盟者又有劉家佺、賓步程、薛仙舟、馬德潤等二十餘人；再至巴黎，開第三次會議，加盟者復有唐易、湯薌銘、向國華等十餘人。後以王發科等叛黨，至 國父住處竊取加盟的名册及 國父與法政府有關越南之密件，向清廷駐法公使孫寶琦檢舉，寶琦不欲與大獄，命使館參贊吳宗濂將各盟書寄還其本人。後於密件中發現越南事件，大爲驚惶，急赴法外交部破壞其事，並奏報清廷。事後，國父向賀之才等說：「被竊後，惶急之情，爲倫敦使館被困以來所未有，一則數十同志之生命攸關；一則恐因此遂失卻聯絡知識

階級之機會；一則越南事件為所破壞，深為可惜。」❸

從這一段話，可知自創立興中會至成立同盟會之間，國父在歐洲之比、德、法等國，已建立黨的組織，而國父與法政府關於越南的密件被洩，對在法組黨雖不無影響，但可證明國父當時對越南方面，已與法政府有秘密的聯繫。

國父自己說：「乙巳春時，余重至歐洲，則其地之留學生已多數贊成革命。蓋彼等皆新由內地或日本來歐，近一、二年已深受革命思想之陶冶，逐漸由言論而達於實行矣。予於是乃揭櫫吾生平所懷抱之三民主義、五權憲法，以為號召，而組織革命團體。」及國父東歸，成立同盟會於東京，始將歐洲黨的組織正式改名。當時張人傑（靜江）、李煜瀛（石曾）在巴黎刊行《新世紀周刊》，吳敬恆（稚暉）為主筆，雖被稱為無政府報，實係本黨的宣傳機關。張、李、吳諸先生，當時均為傑出之士，對本黨主義的宣傳，使法國人士明瞭中國革命的宗旨，亦有莫大的影響❹。

國父赴歐洲組黨之前二年（公元一九〇三年，民國紀元前九年），因越南總督韜美屢次相邀，均未能應約與會，及感於越南、泰國（當時名暹邏）一帶，華僑約三百萬，不僅無革命機關，即重要黨員足資聯絡者，亦無一人，而二地僑衆，實為培植革命勢力的溫床，乃藉參觀河內

❸ 參考鄒魯著《中國國民黨史稿》，二三頁，見《鄒魯全集》。
❹ 同上，一〇四—一〇五頁及西八六頁。

博覽會為由，由橫濱經香港轉赴越南。因此才認識華商楊壽彭、黃隆生、甄吉廷、張奐池、吳梓生等人，與之談革命大義，衆皆悅服，並相結納，遂於河內成立興中分會。而　國父的「驅除韃虜，恢復中華，建立民國，平均地權」主張的提出，據近年學者的研究，是始於河內興中分會會員的誓詞。

同盟會成立後，國父於公元一九〇七年（紀元前五年）春，自日本至河內，乃在河內、海防、西貢各地先後設置分會。並設總機關於河內甘必達街六十一號，建立革命組織，以為粵、滇、桂三省軍事計劃的中心。其得力同志，河內則有楊壽彭、黃隆生、梁秋、甌吉廷等；海防有劉岐山、甄璧等；西貢則有曾錫周、馬培生等；堤岸有李曉初、李卓峯、黃景南、劉易初、李亦愚、顏太恨、關唐等。其中西貢法國銀行買辦曾錫周、馬培生助餉尤鉅。國父數至西貢，有曾錫周為之供應，另有黃景南者，為越南小販，每日以所得投入撲滿，貯助革命軍費。楊壽彭、黃隆生、甄吉廷、劉岐山等，支援欽廉、鎮南關、河口諸役，更盡罄所有。可見當時已在越南建立革命組織，分配同志任務，而各地同志熱心積極，慷慨解囊，支援迭次起義，不遺餘力，貢獻至鉅[5]。

---

[5] 同上，一〇〇—一〇一頁，馮自由著《華僑革命開國史》，四九—五〇頁，及陳樹強撰《國父革命宣傳與華僑革命行動》。

四、國父所接觸交往的法國人士

㈠曾任越南總督的韜美

1. 韜美任法國駐越南總督，關切中國革命，曾託法國駐日公使何爾芒（Jules Harmand）在東京與 國父晤談。國父表示其向法國所尋求的是武器或能訓練其革命同志的法國軍事顧問，並詳述其革命救國之計劃。何氏傾聽之後，對他所傳聞的中國革命領袖，留下良好印象，認為國父是一位聰慧的領導者。並表示，假使 國父領導之革命成功，法國將極願與其建立友好關係。何氏之觀感，自與往後韜美對 國父之協助有極大關係。

2. 壬寅（公元一九〇二年）、癸卯（公元一九〇三年）之交，韜美託法國駐日東京公使，屢次邀約 國父，前往越南會晤， 國父以事未能成行。後以河內開博覽會，因往參觀。惜抵越南時韜美已離職回國，只會晤其秘書長哈德安，並獲其殷勤招待❻。博覽會結束後， 國父取道日本、檀島而赴歐美。先到美國，再從倫敦赴法京，於公元一九〇五年始在巴黎與韜美會晤。

3. 國父在巴黎見了韜美，即請其多方協助。韜美曾介見法國各政黨首要。由於韜美之游揚，使法國的朝野人士也漸漸注意中國之革命。曾任法國內閣總理之格利門梭（Clémenceau）

---

❻《孫文學說》第八章〈有志竟成〉篇，見《國父全集》第一册叁，一六六頁。

也是韜美介紹　國父與之相識的。

4.此外，國父於公元一九〇五年在比、德、法等國，號召當地的中國青年籌組中國革命同盟會時，事前得韜美的介紹，特請法人羅氏（Reau）爲秘書。羅氏與　國父晤談之後，對　國父的革命主張和方略，很爲敬佩，認爲眞能這樣做去，中國的革命，自然可以避免許多像別國革命時所遭遇的危難❼。因此　國父發動各地革命起義，深得羅氏竭誠贊助。

5.公元一九〇五年冬，　國父偕胡毅生、黎仲實等自日本橫濱乘法國郵船經上海赴越南西貢，船抵上海，泊在吳淞口外，法國政府密令其軍官布加卑少校，到船上與　國父相見，密談甚久。事後，　國父對胡毅生等說：「這位是法國在天津駐屯軍的參謀長，奉其政府密令，要和我們革命黨人聯絡。希望能派員到各省調查我們革命運動的情況和實力，如認爲確有力量，法國政府將協助我們獨立建國運動。」於是　國父決定派一嫻熟英文的可靠幹部，常川密駐天津法國軍營中，負責聯絡翻譯，乃商定以廖仲愷擔任。此事對革命軍之進行，有極大之助力。而法國政府對　國父之所以有此熱誠與信心，亦韜美返國後極力游揚與妥善安排之結果。根據上項協議進行調查工作之決定，駐屯天津法軍參謀處，遂派定武官七人歸　國父調遣，而　國父亦派定胡毅生、喬宜齊，分別會同法國武官進行調查工作。

---

❼參考陳三井著《近代外交史論集》中〈法人資料中所見的孫中山先生〉。

6. 國父與韜美相互之認識，日益加深，聯繫更爲密切。公元一九〇八年，國父因河口起義失敗，爲求再度舉義，亟需設法籌款，以資進行，特由星加坡再到歐洲，想在法國籌募債款，乃託韜美，就商於法國政府及資本家。行將成功時，不料韜美的友人法國內閣總理格利門梭突然以政潮關係，辭去總理職務，繼任的總理比利仁，不贊成爲中國革命軍助力，有關的資本家便懷疑觀望，韜美還請當時的外交部長向比利仁關說，可是比利仁說：「現在不可能，只有請爲稍待」，於是功敗垂成❽！但可見法國朝野人士對 國父此時已有更深切之認識。而韜美對中國革命確具有眞實的熱情與信心，他不只是 國父建立中法關係上的好友，也是協助 國父推進革命很有貢獻的國際人士。

(二)國父的得力秘書法人羅氏

革命先進「水牛將軍」田桐❾說：民國恩人有二：一爲日本宮崎寅藏，別號白浪庵滔天；

---

❽ 本段3456四項參見羅香林著《國父與歐美之友好》中之〈國父與韜美總督〉，與〈國父與格利門梭總理〉；及《國父年譜初稿》，二一三頁。

❾ 據革命先進馮自由著《革命逸史》第二集載「水牛將軍田桐」云：「丙午(一九〇七年)某日，因與章太炎、林時塽、胡漢民等在牛込區築土八幡町二十一番地孫總理寓所閒談，偶及田單驅火牛破燕事。田曰：『田單在古代用火牛，吾謂今人可用水牛。若革命軍舉事，清軍有馬隊，而革命軍無之，吾人大可預訓練水牛隊以臨陣，必可制勝』云云。章太炎曰：『乃祖用火牛而後更發明水牛戰術，可謂後先媲美』，衆大笑，自是人咸以水牛將軍稱之。」

一為法人羅氏。羅氏原姓 Reau，名為 Ullysse Raphael，生於公元一八七二年，曾獲法學士，並畢業於巴黎東方語專。當公元一九〇五年春天， 國父自美赴歐，號召留學青年參加革命組織，亟須幹部協助，因得韜美的介紹，特請羅氏為秘書，羅氏對 國父的思想、言論、政策，非常崇敬。當 國父在安南策動革命軍事，各次起義，得到羅氏的助力最多。如公元一九〇七年廣東防城之役（第五次起義），卽深得羅氏之協助。翌年，雲南河口之役（第八次起義），有很多法國的退役軍人參加，他們不大瞭解中國的國情，恰巧羅氏調任河內領事，因此俟機為他們解說，不久便把河口佔領了⑩。後來辛亥革命時，羅氏適任駐漢口領事，對革命的助力更大。

㈢法國名政治家格利門梭

國父在所著《孫文學說》，〈有志竟成〉那篇文章中記述武漢起義後，他曾經巴黎，往見法國朝野人士，如外交部長畢恭 (Stephen Pichon)、文學家米爾 (Pierre Mille) 等，皆表同情於我，而尤以現任總理格利門梭(Clémenceau)為最懇摯。格利門梭是法國著名的政治家，他於公元一八六六年曾留學英美，專研究社會問題，歷任馬爾特爾市長，和地方議會的議員等職。公元一八七六年，被選為國會議員，並為急進社會黨領袖。主辦《正義雜誌》(*La Justice*)，

⑩ 參考田桐撰《太平雜誌》、《革命閒話》；及羅香林著《國父與歐美之友好》中之〈國父與格利門梭總理〉。

以發表政見。公元一九〇六年三月，任薩爾里安內閣的內政部長。同年十月，獲任內閣總理。三年後，辭去內閣總理⓫。按 國父與格氏會見時，格氏當時是法國參議院議員、外交委員會委員等，再任內閣總理是公元一九一八年的事，正是 國父撰《孫文學說》時，故以現任 總理稱之⓬。因格氏為法國著名政治家，他對 國父態度懇摯，同情 國父的革命主張，法國對我國的輿論，可能多少受到他的影響，故對中國革命有所幫助。

㈣法文學家米爾及外長畢恭

國父在巴黎期間，還會晤了法國文學家及名記者米爾（Pierre Mille），並由米爾介紹往見法國外交部長畢恭（Stéphen Pichon）。按畢恭曾兩次任法外交部長，由公元一九一二年十一月任法參議院議員；但法人習俗喜稱官銜，且對其一生均如此稱呼， 國父撰《孫文學說》時，仍沿此稱呼⓭。雙方晤談，至為暢快。

㈤東方滙理銀行總裁西蒙

另一位在巴黎和 國父長談的是法國東方滙理銀行（Banque de l'Indo-Chine）總裁西蒙（Stanislas Simon）。東方滙理銀行是法國殖民地專業銀行，由於該行為法國金融機構在亞洲

⓫ 參考羅香林著《國父與歐美之友好》中之〈國父與格利門梭總理〉。
⓬ 參見吳相湘編撰《孫逸仙先生傳》。
⓭ 同上。

最具影響力，且各地分支機構對所在地各種情況有深切瞭解，故法國政府與軍事機關在處理有關事務時，常洽詢該行意見。該行總裁西蒙爲金融界要員，與政府至有關係。他於公元一九一一年十一月二十三日宴請 國父時，用英語與 國父會談，歷時甚久，所談內容，當極重要。西蒙對國父英語的流暢，備極讚佩。

㈥布加卑少校及歐極樂武官

法國軍官同情中國革命、與 國父接觸和支援革命的，頗不乏人，而比較重要的關係人物，則爲法國軍官布加卑少校（Major Boucabeille）及法國武官歐極樂（Capitaine Oxil）及法砲兵上尉狄氏等。他們贊助中國革命和以上法國重要人士的事蹟，容當於下節詳述之。

五、法國朝野同情或支助中國革命的事蹟

一位非常瞭解中國國情而又曾盡力協助中國革命的康德黎博士(Dr. James Cantlie)於公元一九一二年在所著的《孫逸仙與新中國》(*Sun Yat-sen and the Awakening of China*)一書裏，提及武漢起義以前法國政府對於中國革命特別友好的關係中說：「就孫的外交方面說，絕少向外國表示謝意，或者法國除外。同情中國自救的，幾乎只是法國，這就是孫獨自提及的。」這在 國父所著《孫文學說》〈有志竟成〉一章裏，對於各國政府和人民當時對中國革命運動的態度，都有很中肯的分析，認爲「法國則政府民間之對於革命皆有好意」，亦可得到印證。現在

就其重要事蹟，分別摘要簡述如次：

㈠法國武官協助中國革命

公元一九〇五年冬，國父從日本往南洋，船泊吳淞口，法國武官布加卑奉其陸軍大臣之命，謁見國父於船上，傳達法國政府有贊助中國革命事業的好意，詢問革命的實力，如各省軍隊的聯絡已成熟，法國政府立可相助。國父遂同意布氏派員相助，辦理調查聯絡之事。布氏乃於駐紮天津的參謀部（按布氏時任法國在天津駐屯軍的參謀長），派定武官七人歸國父調遣，專任調查聯絡的工作，已如前述。其中會同國父所派喬宜齋調查南京、武漢情形的法武官歐極樂所做的工作最多。

據國父自述：當時南京、武昌兩處新軍對喬氏及歐氏皆表歡迎，在南京有趙伯先接洽，約同營長以上軍官相見，秘密會議，策劃進行。而武昌則有劉家運接洽，約召軍人同志在教會之日知會開會，到會者甚衆，聞新軍統領張彪亦改裝潛入。開會時各人演說，大倡革命；而法武官歐氏亦演說贊成，事遂不能秘密。法政府因將布加卑等撤調回國，而劉家運等亦以此事被逮而犧牲。布氏和歐氏等協助中國革命工作，雖告失敗；但國父計劃以越南爲根據地而從事於粵、桂、滇三省的邊地起義的革命運動，和法國其他熱心人士想協助中國革命的願望，並未中止[14]。

[14] 參見《孫文學說》〈有志竟成〉篇；《國父全集》第一册叁，一六七頁；及羅香林著《國父與歐美之友好》中之〈國父與韜美總督〉。

㈡越南會爲　國父策動革命的軍事基地

公元一九〇七年，　國父在河內規劃攻取粵、桂、滇三省爲革命根據地。是年九月王和順攻佔廉州廳屬防城；同年十二月一日黃明堂等舉兵攻佔廣西鎭南關；二日，　國父由河內親率黃興、胡漢民、胡毅生、盧仲琳、張翼樞等及日人池亨吉、法砲兵上尉男爵狄氏，乘越西鐵路車前赴戰地，於夜間燃炬登山，以百餘衆握據鎭南、鎭中、鎭北三炮臺，而與清軍廣西提督龍濟光、鎭南關防軍統領陸榮廷所率悍卒四千之衆鏖戰。國父偕法炮兵上尉狄氏，巡視炮兵陣地，發炮擊中敵軍。國父說：「反對清政府二十餘年，此日始得親發炮攻清軍耳」，眞是豪氣干雲！革命軍與清軍連戰七晝夜，敵兵死數百人。嗣以軍火不繼，子彈告罄，衆寡懸殊，乃於十二月八日夜放棄炮臺，退入越南燕子大山⑮。

翌年（公元一九〇八年）二月，繼有黃興等起義於欽廉、上思等地的戰役，以及同年三月，黃明堂等起義於河口的戰役。以上各役都是　國父在越南策動，不僅獲得出入越南的方便，且有不少法國退役軍人直接參加防城、鎭南關、河口諸戰役；而法國炮兵上尉男爵狄氏，於襲取鎭南關佔領三要塞時，更能表現他那協助作戰的精神⑯。因此，事實上證明　國父與法國軍官的不斷

---

⑮ 參考《國父年譜初稿》，一八八—一九五頁；鄒魯著《中國國民黨史稿》，七三八頁；及《胡漢民自傳》。

⑯ 參考羅香林著《國父與歐美之友好》中之〈國父與韜美總督〉及〈國父與格利門梭總理〉。

接觸，已獲致支助的效果。

㈢法國駐漢口領事同情辛亥革命

公元一九一一年十月十日革命黨人在武昌起義，剛好羅氏已先調爲駐漢口的領事，這時正是他協助中國革命的機會，成爲當時直接影響武漢革命成功的因素。關於這一點，國父曾說：「在武昌起義之前，湖廣總督瑞澂先與某國領事相約，請彼調兵船入武漢，倘有革命黨起事，則開炮轟擊。」迨熊秉坤首先開槍發難，而蔡濟民等率衆進攻督署。「瑞澂聞炮聲，立逃漢口，請某領事如約開炮攻擊。以庚子條約，一國不能單獨自由行動，乃開領事團會議。初意欲得多數表決，卽行開炮攻擊以平之。各國領事，對於此事，皆無成見。惟法國領事羅氏，乃予舊交，深悉革命內容。時武昌起事之第一日，卽揭櫫吾名，稱奉予命而發難者。法領事於會議席上，乃力言孫逸仙派之革命黨，乃以改良政治爲目的，決非無意識之暴舉，不能以義和團一例看待，而加干涉也。於是各國多贊成之，乃決定不加干涉，而並出宣布中立之佈告。瑞澂見某領事失約，無所依恃，乃逃上海。總督一逃，而張彪亦走。清朝方面已失其統馭之權，秩序大亂矣。……武昌既稍能久支，則所欲救武漢而促革命之成功者，不在武漢之一省，而在各省之響應也。吾黨之士，皆能見及此，故不約而同，各自爲戰，不數月而十五省光復矣。」⑰

⑰ 參見《孫文學說》〈有志竟成〉篇；《國父全集》第一册叁，一七二頁；及《國父年譜初稿》，二七六—二七七頁。

根據　國父所述，可知這位駐漢口法領事羅氏，當時的力主中立，確實有很大的作用，他轉移了當時革命黨人在國際上的局勢。據《太平雜誌》田桐著《革命閒話》中〈民國奇緣之羅氏〉一文記述：「八月十九日（按指農曆）武昌起義，羅氏適爲漢口領事。二十日漢口領事團意見不一。適張彪兵過江，總督瑞澂言義和團復起，德國領事甚爲激昂，與其海軍商，砲衣悉下，將決心開砲。羅氏心無把握，適劉仲一草一佈告，署臨時大總統孫文之名，羅氏得報心甚喜。入場會議，德領首先發言，主張開砲曰：『義和團無使滋蔓，蔓難圖也。』羅氏曰：『此言不確，方得報告，武昌佈告，臨時大總統爲孫文，孫文我之老友也，其人所言，主張共和政體，甚有規模，安可以義和團目之？』歷證昔日之言行。時俄國與法國國交，以經濟關係甚親，贊成羅氏；日本領事本意亦與德同，而未固執；美國以共和政體之故，滿口贊成羅氏；英國亦與美國關係密切，復贊成羅氏。六國之中，同調者四國，德領復以瑞澂爲辭，衆遂決議嚴守中立。至晚間而領事團中立文告，遂布滿街衢矣，是爲武昌起義一大關節也。」從這一段話，更可瞭解當時各國駐漢口領事對武昌起義的態度，及各國相互間的關係；而羅氏因與　國父爲舊交，深悉　國父領導革命的主旨，扭轉了當時的局勢而嚴守中立，確爲促成辛亥革命成功的重要關鍵。

(四)法國人士對辛亥革命的同情及支持

當辛亥武昌起義，　國父適行抵美國丹佛（Denver），閱報得悉武昌爲革命黨佔領，本擬由太平洋返國，「親臨聖戰，以快生平」；顧此時應先盡力於革命事業者，不在疆場之上，而在樽俎之間，故決從外交方面致力，俟有所成，然後返國。於是赴紐約辦理外交後，卽乘船赴英。公元一九一一年十月下旬 國父自美抵達倫敦，由美人同志荷馬李(Homer Lee)代約英、法、德、美四國銀行團主幹會談，磋商停止借款清廷之事。同年十一月二十一日 國父自倫敦至巴黎，由曾任越南總督韜美介紹與當時任法參議院議員的格利門梭晤談，已如上述。格氏因爲提倡社會的改革，所以對於 國父的革命運動，也非常贊成，言談懇摯，在精神方面，曾爲相當的幫助。

法國文學家及名記者米爾之友皮西愛(Charles-Paix Seailles)於邀宴 國父時，請米爾擔任翻譯，他慨然允諾。 國父於席間和藹凝重，發言柔緩，反覆說明拯救中國計畫。米爾與皮西愛好辯難， 國父說：「外人之不識中國，因中國較西方國家多四千餘年之歷史。」晤談歷四、五小時，予米爾的印象極爲深刻。 國父贈以簽名照片一幀，並請米爾介紹往見法外長畢恭。米爾見畢恭代達 國父之意，畢應曰：「予豈有不接見孫逸仙之理？中國現處如此狀況，無論何事，皆可猝發。孫氏計畫，汝疑其空泛乎？此實無關重要。要之，彼已有一政黨，而此政黨卽足以推翻滿清政府。」畢恭旋與 國父相晤，雙方對語，頗饒趣味，亦甚投契。畢恭曾任法駐北京公使，知中國事變甚詳，向 國父提出各種問題，均甚確切， 國父所答亦極準確，絕無矯飾。 國父復請米爾致意於當時在巴黎的俄國外交部長柴蘇諾夫(S. D. Sazonov)，然柴未擬與 國父會晤⑱。

⑱ 參見陳三井著《近代外交史論集》，《法文資料中所見的孫中山先生》。

國父在巴黎期間，還有一位和 國父長談的，就是法國東方滙理銀行總裁西蒙，已如上述。會談時間在是年十一月二十三日，會談紀錄由西蒙事後紀錄，今存法國外交部檔案中。 國父提出四個問題與西蒙討論：

第一是借款問題與革命展望。 國父首先詢問西蒙能否立卽或在最短期間內，貸款予革命臨時政府？西蒙肯定答覆：「不行，至少目前無法立卽照辦。因四國銀行團對這一問題態度完全一致，卽嚴格採取中立，不僅無法予臨時政府援助，卽淸廷也同樣不會獲得任何支援。但一旦民軍建立，爲全國所接受、爲列強所承認的正規政府時，銀行團對於在財政上的幫助革命黨，將不表反對。」

西蒙表明態度後反問 國父：「湖北一省所舉共和義旗是否同樣爲其他各省追隨響應？各省之間的歧見，是否會導致全國的分崩離析？」 國父答覆：「不必擔心這個可能性，由全國各地革命勢力的蓬勃發展及其響應的快速看來，可以確定這不是一種局部叛亂，而爲一種事先經過長期準備，且有完善組織的起義，成功是可以確定的。袁世凱的狡猾善變，雖可能遲滯革命行動，但決無法阻止革命的勝利。」

第二個問題是 國父提出可否談判一項借款，藉使中國償還庚子賠款。西蒙答復：「我看不出，從這樣的運用，你們會得到何種實質上的好處。但無論如何，我們毫無疑義的對於這一點願給你們以滿足；但提供借款抵押的條件必須完全滿足。」 國父答覆：「對抵押品使債權滿足一事，並沒有任何困難；但決不是釐金，因正想取消它。而是以礦權及土地稅等取代關稅，以使我們重新掌握海關及其稅收。」西蒙聽到 國父答語，斷然表示「這一點絕不可能！」因各國民間認購債票是基於某種契約的承諾，這是任何人不能隨意改的。 國父聽了極爲失望。

第三個問題是有關日俄同盟。 國父提出希望法國勸阻俄國不與日本狼狽爲奸。 國父說明：「我們對這兩個國家之結爲親密同盟，深具戒心，……但我們深信日本不會找中國的麻煩。關於這一點，我們也已獲得美國某種承諾。我們深信：當我們一旦與日本有糾葛時，我們可信賴此種保證。……我們希望法國的行動能夠對俄國產生影響，於中國有益，我們也希望與俄人充分瞭解下保持良好關係。」西蒙答復這完全是超越他能力範圍的問題，且表示我不懂閣下有何理由可以懷疑俄人的誠意。

西蒙的懷疑，充分表露法國人對俄人在亞洲野心的無知，對於滿洲、蒙古情勢更不瞭解。

第四個問題是有關列強與中國財政。 國父表示他與朋友們對未來中國借款談判所能引起的危險深表關注：卽「另組一銀行團想壓迫中國接受某一種已議定的財政政策，而與中國的眞正利益相衝突，且可能演變成爲控制中國財政和債務的工具。」西蒙指出：「中國爲求改善裝備及整理善後，將需鉅款，將來進行這項大借款，各國政府事先組織一個集團分擔，其重要性殊不足奇。」 國父聽此解釋，始稍釋懷。臨別，並向西蒙表示：希望法政府當局能撤銷他在法屬越南居留的禁令。

從上所述，可以窺見　國父謀國之忠與對外交之竭盡心力。西蒙表面上以中立爲藉口，拒絕貸款，實則對　國父的財政政策，諸如取消釐金、重掌海關行政與稅收等，深感不安，故拒絕自在意料中⑲。巴黎之行，借款雖然不成，然益堅　國父革命之信心，故甫抵上海，於回答中外各報訪員時曾說：「予不名一錢也，所帶回者，革命之精神耳。」⑳

國父在巴黎時，有位《政治星期報》的記者詢問　國父，革命成功後對於中國內政和外交的意見。國父說：「中華共和國，擬維持官話，以爲統一語言的基礎。而使國人研究各種實業科學，尤爲新共和國行政之入手方法。英法文亦可加入各種學科中，以輔助華文不足。中國現當訓練國軍，及組織民國完全之財政部。新政府對於各國通商一層，更當注意，當棄除與外人種種不便之障礙物。將海關稅則重行編定，務使與中國有益。但重訂稅則，亦須與商人和衷商議，決不使中國及債主陷於困難也。」正因爲當時法國政府中人如格利門梭、畢恭等，都同情　國父的革命運動，影響所及，自然新聞界乃至在野的人士，也漸漸的同情中國的革命大業。巴黎各報紙，對於武漢起義的經過，都倍致好評。他們說：「武漢革命的文明，是歷史上所罕有的，實可爲世界的模範。」㉑

⑲ 參考吳相湘編撰《孫逸仙先生傳》。

⑳ 《孫文學說》〈有志竟成〉篇，見《國父全集》第一冊叁、一七二頁。

㉑ 見羅香林著《國父與歐美之友好》中〈國父與格利門梭總理〉。

關於 國父的思想及爲人，在武昌起義後，法報即不斷介紹。對革命的起源、三民主義之大意，以及 國父與康、梁的比較，均有簡明的敍述，強調革命黨絕不排外，滿清政府的無能，黃禍的不存在。並以 國父聰明絕頂、學識淵博，具有卓越的領導才能，實爲復興中國所必需的拿破崙，其才識遠在康、梁之上，即與法國大革命時的偉人相比，亦毫無遜色。當時銷路最廣的 Dépêche de Toulouse 報以國父思想受法國孟德斯鳩及盧騷的影響甚深，而以中國革命爲法國革命之子，應予同情。 國父曾受 Jaurnal Le Courrier Européen 等報的訪問， 國父對記者表示：一、中國同歐洲一般大，不適合中央集權。二、歡迎外國資本及工程師爲中國開礦及築路等。三、將在中國實行五權憲法。四、尊重滿清與外國所締結的條約及借款。

是年十一月二十三日 國父曾由 Albert Milhand及Aldert Maybon 陪同赴法國下議院與法議員 Alfred Masse，Lucien Hubert及Barel 等談話甚久，據報載極爲歡洽。 國父曾提出法國願否承認中華民國問題，各議員均答以自當竭力爲之㉒。由此可以看出 國父訪法受到朝野的歡迎和輿論界的讚揚，他在返國前訪問法國是成功的。

㉒參考張馥蕊著、何珍蕙摘譯《辛亥革命時的法國輿論》中之〈武昌起義時的法國輿論〉及〈孫中山訪法時之法國輿論〉。

六、國父支持中法教育合作事業

我國自十九世紀中葉遭受西方列強的侵略，有識之士深感拯救國家刻不容緩，乃有派遣青年學生出國留學的建議，希以「師夷之長技以制夷」，達到國家富強之目的。同時，認爲要改良社會，更非從教育着手，開通民智、恢宏器識，則無以實現預期之目的。而欲輸世界文明於國內，必以留學泰西爲要圖。惟泰西學費浩大，至難普及，爰闢歐陸學園，興苦學風氣之舉。此乃民初吳敬恒（稚暉）、李煜瀛（石曾）等先生提倡留歐儉學、赴法勤工儉學，乃至創設里昂中法大學等教育運動的動機。

所謂旅歐教育運動，就其實質內容說，主要係以中法教育爲骨幹。中法教育的發起，旨在謀中國學術之提高與普及，想從西歐到中國開鑿一道輸入學術的運河。從肇始的時間說，中法教育幾乎隨中華民國的誕生而同時出現。

創辦里昂中法大學，實起源於吳稚暉先生發表的一篇「海外中國大學末議」，除說明創辦的宗旨外，並列舉了海外大學的優點及在國內外設校經費的比較，至爲具體而明確。吳先生這篇文章發表之後，立刻轟動全國教育界人士，首先贊成者，爲蔡元培（孑民）、張人傑（靜江）兩先生。其時李石曾先生適在巴黎，蔡張兩先生乃聯名致函，請李先生就地進行，在法創辦海外大學。李先生當卽召開巴黎華法教育理事會，得到重要理事里昂市長赫里歐（Herriot，後曾任法國總理）及國會議員穆岱（Moutet）等熱心支持，希望立卽從事建校的進行。赫、穆二氏重視中國文化，不僅是中國的好友，且爲法國政敎的權威，所以才有如此的成果。

民國七年，李先生乘輪返國，晤吳先生於上海，並同往晉謁　國父，報告此事，承蒙　國父熱烈贊助，並允致函廣州軍政府，囑予吳、李兩先生以精神物質的援助。軍政府當允撥給相等於壹百萬佛郎之華幣，此款正合修理校舍的開支（並利用法國歸還我國的庚子賠款另撥專款）。而北方當局，此時正想拉攏法國，又以吳、李兩先生皆黨國元老，素爲北方政權所敬重，不惟不敢阻礙，反而給予象徵性的補助（聞爲十五萬佛郎），使此大學早日成立，而支持贊助最力者，實爲　國父。

自民國元年至民國十四年，中法教育運動從萌芽至發展非常迅速，例如里昂中法大學及巴黎大學中國學院的設立，大批勤工儉學生的聯袂西去，法國學者班勒衞（Paul Painleve）、儒朋（Paul Janbin 里昂大學校長）等法國人士的東遊。

國立廣東大學（後爲紀念　國父，改名爲國立中山大學）校長鄒海濱（魯）先生與吳稚暉先生素有交誼，民國十二年，爲着贊助　國父籌開中國國民黨第一次全國代表大會，由香港同赴廣州。民國十三年吳先生被邀勸陳烱明向　國父表示悔過，由上海抵香港，鄒校長又特往迎接，同返廣州，旋復往韶關晉謁　國父，更多接談的機會，那時吳先生很可能和　國父談到中法教育的事情。國立廣東大學是　國父命海濱先生負責籌辦的大學，廣東大學所以決定在里昂中法大學設置海外部，也是鄒校長秉承 國父意旨贊同吳先生創立海外大學及其留學政策的結果。

民國十四年，國立廣東大學選派第一批赴法留學生，就讀於設在里昂中法大學的海外部，被派的教授一人：文學院吳康先生（來臺後曾任國立政治大學文學院長）；同學十人，我也忝列其中。就我所瞭解的情形，里大的學生除民國十年整批進校的一〇五人外，以後年有出入，視每年畢業回國若干，卽招收補充若干，其大部來源，以廣東中山大學、北平中法大學、浙江大學、中央大學等申請保送者為主，倘有不足，卽直接在留法自費而成績優良的學生中，招考若干予以補充。自民國十年里大開學始至民國二十四年止，計有四百餘人，而現在有名冊可查者，僅得二百一十六人，如來臺的崔載陽、顏實甫等，均為里大的畢業生。

要之，里昂中法大學為早期鼓勵勤工儉學的吳、李、蔡、張諸先生，與里昂當地熱心中法教育人士在 國父大力支持之下，所共同創辦的一所海外大學。其做法在以比較經濟的組織，利用里昂大學及其他各專門學校現成的設備和師資，為我國培育有志深造的青年學生。它的設立，可視為中國旅歐教育的一項重大實驗，亦可看做中法教育發展過程中一項具體成果。它的確為我國造就了不少的人才，無論在自然科學、社會科學和人文科學等方面，成績優良的同學於歸國後，對國家社會有貢獻者，實佔極大多數。由此可見 國父重視中法教育目光的遠大㉓。

㉓ 參考陳三井撰《民初旅歐教育的艱難歷程》及《吳稚暉先生紀念集》、劉厚撰〈里昂中法大學始末記〉與拙作〈回憶就讀中法大學永懷吳校長稚老〉等文。

此外，要加以敍述的，是本（七十三）年八月下旬，我曾赴歐一行。其目的是到瑞士研覽國際聯盟博物館中的中國文物和重遊我服務七年的國際聯盟舊址，更重要的是蒐集　國父當年與法國朝野人士交往的資料。很幸運的得到法國當局的允許，分別往法國外交部及陸軍部檔案室查閱有關原始資料，而且看到　國父的親筆英文信件及親書「孫逸仙」中文簽名。以上所述　國父與法國及越南各節，都得到了印證，這是我此行最大的收穫。

七、三點感想

在本文結束之前，擬就平日研究　國父與法國關係的一點心得及此次赴巴黎研閱有關資料所見，聊抒下列三點感想，備供關心中法關係的朝野人士參考：㈠　國父自從立志革命，即已重視法國，也受到法國的影響。他高瞻遠矚，把握各種機會，結交法國朝野人士，爭取其協助。法國政府方面，基於外交情勢，雖無顯著的支持；但　國父對法國的國民外交，極爲成功，在組黨、革命以至武昌起義期間，以及日後中法教育合作事業，均曾得到法國友好的協助。誠然，法人所以對我國表示關切，也爲了維護及擴展其在遠東的利益，而景仰　國父，同情革命，也充分表現了道義的精神。㈡　國父生前之革命進行，雖未能獲得法國政府之大力支助；但　國父與法國各有關方面的接觸懇談和努力，並無虛擲。法國在物質、精神方面均有其深厚的潛力，在國際社會中，必有其重要的地位。且其「自由」、「平等」、「博愛」的立國精神，向爲　國父所信奉、所致力，所以我們實應遵循　國父的遺志，特別努力於中法邦交的重建，與中法兩國合作事業的發展。㈢法國對文藝、音樂、哲學、數學、醫學以及其他理論科學等，在先進國家中，甚多創造與發明，我們實應予以重視，對留學生之派遣與鼓勵，應與美、日、英、德等國不分軒輊。將來更要延攬學成歸國傑出的人才，以爲國用。關於此種看法，中共政權最近已加以注意，我們千萬不可忽視。先賢吳稚暉、蔡孑民、李石曾、張靜江諸先生在民初早有見及此，他們對法國的重視，與　國父的見解相同，所以有在法國創設海外大學和中法敎育合作事業的建立與擴展。人雖物故，而典型猶在，這是值得加以深思的。

民國七十三年十一月十二日於臺北

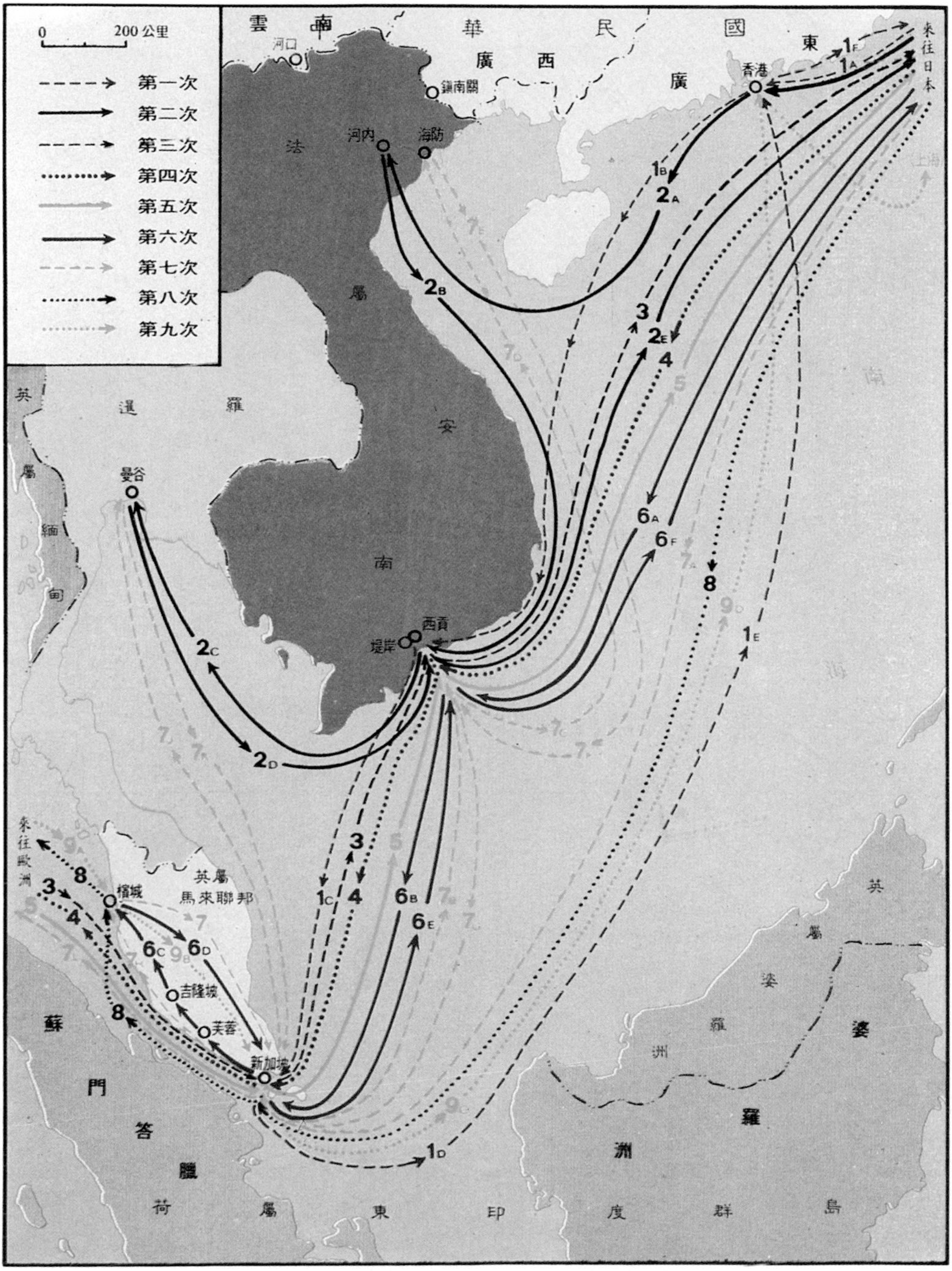

國父九訪南洋簡明旅程圖

國父與同盟會南洋支部同志合影

胡漢民——同盟會南洋支部長

國父在晚晴園與陳楚楠（右）張永福（左）合影

南洋各地的得力革命幹部

①馬來亞的鄧澤如
②新加坡的林義順
③越南的黃隆生
④泰國的蕭佛成
⑤緬甸的莊銀安

1 | 2 | 3

⑤

④

作者於民國七十七年訪問南洋攝於新加坡晚晴園前

國父與南洋

一、國父在海外策動革命重視南洋

國父奔走革命，半生在海外，往還於美洲、歐洲各國和日本、香港及南洋各地之間，號召國人奮起拯救中國的危亡。由於 國父的廣東中山縣同鄉多赴檀香山謀生，長兄德彰在檀香山經營農場，幼年隨伴母親前往依長兄居住，並在檀香山接受英文教育，故革命初期的興中會創立於檀香山。由於日本近鄰中國，且為中國知識青年羣赴留學之地，故同盟會的總部設在日本的東京。由於海外華僑人數百分之九十以上麕集於南洋各地， 國父為募集款項以支援起義行動，乃設立同盟會南洋支部於歐亞兩洲交通要道的新加坡。

同盟會係於一九〇五年（民前七年、清光緒三十一年）八月二十日成立於日本東京，成立大會通過的同盟會本部組織章程第十六條規定：本會支部，於國內分五部，國外分四部，皆直接受本部之統轄。其國外支部區劃如左：

南洋（新加坡）：英、荷屬地及緬甸、安南、暹羅。

歐洲（比利時京城）：歐洲各國。

美洲（金山大埠）：南北美洲。

檀島（檀山大埠）：檀香山羣島❶。

從同盟會本部組織章程的規定，可以看出南洋支部的轄區範圍，並未包括菲律賓羣島在內。這是因爲當時菲律賓係美國屬地，入境限制嚴格，同時又不是歐亞間交通必經之地，且新加坡與菲律賓隔南中國海，遙遙相望，往還交通不便，所以未把菲律賓列入南洋支部範圍。雖然如此，菲律賓華僑對反滿革命運動工作，卻是聞風而起，其貢獻並不在南洋各屬華僑之下。

當年南洋地區，除暹羅（現稱泰國）外，都是英、法、荷蘭三國的殖民地。筆者曾先後撰寫〈國父與法國〉及〈國父與英國〉兩文，記述 國父在歐洲奔走革命的情況，文中也曾對國父在英、法兩國南洋屬地的活動有所述及❷。

國父在海外策動革命，所以重視南洋地區，我覺得有幾個重要的因素：一、粵、桂、滇三

---

❶ 鄒魯，《中國國民黨史稿》（長沙，商務印書館，民國二十七年出版）第一篇第二章，三八頁。

❷ 〈國父與法國〉見《近代中國》雙月刊第四十四期，三十三頁；〈國父與英國〉見《傳記文學》第四九卷第五期，一〇—一六頁。

省，地處中國邊境與南洋接壤，易於策動革命起義、進行迂迴作戰，且便於起義志士自南洋秘密進入及運進槍彈等武器，策動起義。二、南洋各地華僑多來自粵、閩等省，秉承中國固有文化的影響，具有民族意識，愛國熱情。由於滿清自鴉片戰爭以後，與列強締結各種不平等條約，喪權辱國，他們在南洋一帶，備受屈辱，如能在這些地區灌輸革命思想，自易吸收大量仁人志士參加革命行列。三、在西南地區擇地起義，如能成功，佔據這些中國邊境的省分，把革命勢力擴展至西南各省，勢必風起雲湧，長江流域以至華北各省，亦將紛紛響應，如此便可達成推翻滿清的目的。四、革命起義工作，須有大量財力，以應準備糧餉軍火之需，南洋地區華僑富有者不少，如能策動捐輸款項，可以解決籌措起義經費的困難。所以就整個革命形勢的推展來說，國父在海外領導革命，重視南洋地區，由以後的事實證明，當可信而有徵。

二、國父在南洋的革命旅程及其作為

㈠第一次西貢之行，會晤法駐越南總督韜美（Paul Doumer）的代表

國父第一次南洋之行，係於一九〇〇年（民前十二年，清光緒二十六年）六月十一日，自日本橫濱乘輪經香港赴越南西貢，同行者有鄭士良、楊衢雲及日本友人宮崎寅藏、清藤幸七郎與內田良平等人。十七日到香港，因被禁止入境期間尚未屆滿，無法登岸，祇得在船邊小艇與陳少白、史堅如、鄧蔭南、謝纘泰等人會商，決定在惠州起義的計畫後，即原輪赴西貢，同月二十一

日抵達，寓西貢格蘭特酒店（Grand Hotel）。嗣因日本友人宮崎寅藏及清藤幸七郎轉往新加坡被康有為誣陷下獄，乃於七月六日離西貢赴新加坡營救。九日抵達後，得黃康衢、吳傑模、林文慶等人的協助，宮崎、清藤兩人於同月十二日獲釋，判令永遠驅逐出境。國父也被限令五年內不得入境，遂離開新加坡，返回日本❸。

國父在西貢小住半個月期間，獲識僑商李竹癡、曾錫周、馬培生等人❹。當時法國駐越南（當時稱安南）總督韜美（Paul Doumer）住在河內，因曾接法駐日公使哈蒙（M. Harmond）電告 國父行程及推翻滿清計畫，建議與 國父晤談，乃囑駐西貢的代表約見 國父，會晤後，對於 國父提出改造中國的計畫，保證予以同情。這次西貢之行，對以後革命行動具有重大影響，因為辛亥武昌起義以前的十次起義中，有四次都是以越南作活動基地的❺。

(二)河內之行，成立興中會

一九〇二年（民前十年，清光緒二十八年）十二月十三日， 國父鑒於越南、泰國一帶華僑約三百萬眾，實為發展革命勢力的良好地區，且越南總督韜美曾託法駐日公使邀往會晤。遂藉參

❸《國父年譜》增訂本（臺北，黨史會民國七十四年十一月第三次增訂）一三五—一三七頁。

❹馮自由，《華僑革命開國史》（臺北，民國四十二年，商務印書館出版）四九頁。

❺吳相湘，《孫逸仙先生傳》（臺北，遠東圖書公司，民國七十一年十一月初版）上冊，二六四—二六六頁。

觀河內博覽會爲由，自橫濱乘輪經香港前往河內。惟抵達河內時，韜美總督已調職，新任總督 Paul Beau 因早接法駐日公使來信，特派私人秘書哈德安 (M. Hardouin) 代表接見。在會談中，國父了解法國政府將拒絕清廷的引渡要求，並默許在越南作有限度的革命活動。此次河內之行，極爲秘密，國父化名「高達生」，嗣認識洋服商人黃隆生，係廣東台山人，富反滿思想，並由他的介紹，結交楊壽彭、羅錞、曾克齊、甄吉亭、甄璧、張奐池等人，與談革命大義，甚爲悅服，國父才告以眞姓名，於是成立興中會於河內，爲越南僑社有革命組織的嚆矢。由於會員不多，未設會所，每次開會，都是假黃隆生洋服店內舉行❻。

河內博覽會會期三個月，係自一九〇二年十一月至一九〇三年一月。國父於博覽會閉幕後轉往西貢，爲免暴露身分，化名「杜嘉諾」，自承係美國報館派來西貢採訪的記者，與僑社廣泛接觸，談論時事，散播革命思想。旋發現眞正有血性的僑商如李卓峯、劉易初等人，便告以眞姓名，秘密結交，並鼓勵創立閱書報社，以聯絡同志，團結力量。國父同時乘便訪問曼谷，得識蕭佛成、王杏洲、沈荇思、何少禧等人，播佈革命種籽於泰國華僑社會。這次國父在越南逗留約八閱月之久，於一九〇三年七月下旬，才回到日本橫濱❼。

---

❻ 馮自由，《華僑革命開國史》，四九頁；吳相湘，《孫逸仙先生傳》，上册，三二〇—三二二頁。

❼ 《國父年譜》增訂本，上册，一五〇—一五一頁；吳相湘，《孫逸仙先生傳》，上册，三二四—三二五頁。

㈢西貢同盟會分會之成立

一九〇五年(民前七年，清光緒三十一年)六月十一日， 國父在歐洲各國與留學生作革命事業上的聯繫，並號召組織革命團體後，自法國馬賽乘輪東歸。當輪船經過科倫坡（Colombo)時，致電新加坡的尤列告以抵新日期， 囑邀創辦《圖南日報》的陳楚楠、張永福、林義順等登輪晤面，蓋因被判離境五年的期限仍未屆滿。船抵達時，尤列偕陳楚楠等人登輪晉見，暢談國是。除陳楚楠等自動創辦《圖南日報》宣傳革命理論予以慰勉外，並告以歐洲和留學日本的我國留學生大多數已經參加革命工作，不久便可推翻滿清；此次回到日本後當組織革命黨總部，南洋各埠可設分會，望早做準備。 國父態度親切和藹，給予陳、張等人非常深刻印象。七月七日，船經越南西貢時， 國父致函陳楚楠。內謂：「星洲一會，欣慰平生。惜為時匆匆，不能暢述一切為憾。弟今不停西貢，直往日本，先查探東方機局，以定方針。方針一定，再來南地，以召集同志，合成大團，以圖早日發動。……西貢人心亦大開，已有同志欲創一報館於此，以聯絡各埠之聲氣，惟不知辦法及欠人員，弟今許助補此兩缺點。大約二三月後由東京南回，則此事可以成矣，此亦可喜之事也。」❽七月十九日， 國父抵日本橫濱，旋於八月二十日，成立中國同盟會於東京。

---

❽ 馮自由，《華僑革命開國史》，七九頁；《國父年譜》增訂本，上冊，一九二—一九四頁；《國父全集》（民國五十四年版）第二冊玖，二一—二二頁。

同盟會成立後，不論印發宣傳書刊，進行武裝起義及其他活動，在在需款。　國父計劃發行債券籌款，由南洋各埠富商認借，每券千元，實收二百五十元，大事成功，還本利千元，由起事之日開始，限五年內還淸，擬籌足二百萬爲革命之資。乃於十月七日，偕胡毅生、黎仲實、鄧慕韓三人由橫濱乘輪赴越南西貢籌款。十一日，船抵上海，泊吳淞口，有法國軍官布加卑少校（Boucabeille）登輪求見，傳達法政府贊助中國革命事業之意。　國父與他密談，並請他派員協助調查聯絡各省軍隊的工作。

當　國父抵達西貢時，法駐安南總督府派員來接，省卻一切入境苛例，順利登岸。其時，曾錫周、李卓峯、馬培生等已在堤岸賃屋相候，　國父遂入住堤岸宏泰街二十九號。堤岸爲西貢華僑麕集之區，有「華人城」之稱，　國父日夕與僑衆接觸，極受歡迎。旋卽成立同盟會分會，推劉易初爲會長，李卓峯副之。當地洪門堂號分立，常相爭鬪，　國父乃出面調停。因是，洪門會衆多深明大義，咸加入同盟會，各派無形解散，爭鬪消除。在居留期間，　國父曾赴附近美荻、沙泊兩埠訪問，商討債券籌款之事。是年十一月十五日，發行債券至一百三十五號，短期間有這成績，具見越南華僑的熱心革命工作。居住堤岸一月，便有法國之行⑨。

㈣新加坡及馬來亞之行，分別成立同盟會分會

⑨　馮自由，《華僑革命開國史》，五〇頁；《國父年譜》增訂本，上冊，二〇三—二〇八頁。

一九〇六年（民前六年，清光緒三十二年）三月四日，國父自法國馬賽啓程東返。四月初，到達新加坡，是時已屆滿禁止五年不得入境之期，陳楚楠、張永福迎接登岸，居住於晚晴園。是月六日，假晚晴園成立同盟會分會，公舉陳楚楠爲會長，張永福副之，許子麟爲會計，林義順爲交際。數日後，國父往香港，十六日抵達。二十四日由香港赴日本。在日本居留二月餘，國父又作南洋之行。先到新加坡，住晚晴園，旋偕同陳楚楠、李竹癡、林義順等出發馬來亞各埠訪問。七月十七日，抵達著名錫礦區之一的芙蓉埠，寓礦務會館，邀約傾心革命僑胞談話。八月七日到馬來聯邦首府吉隆坡，寓閩籍僑胞組織的維商俱樂部，嗣假該埠大戲院及青年會等處演講，使僑胞思想爲之丕變。旋於八月二十一日成立同盟會吉隆坡分會，公舉陸秋傑爲會長，王清江副之。後來到達庇能（卽檳榔嶼，簡稱檳城），設立庇能分會，推吳世榮爲會長，黃金慶副之。是以，英屬各埠華僑聞風奮起，相繼加盟。國父返抵新加坡後，卽乘輪經西貢赴日本，並於九月二十六日經西貢時函荷屬爪哇蘇漢忠，囑購置軍械，準備大舉。十月九日抵達日本，旋卽致函張永福在新加坡速印《革命軍》分派各處，並勉竭力鼓吹，使革命風氣大開⑩。

㈤在河內策動粵、桂、滇邊境的革命起義

一九〇七年（民前五年，光緒三十三年）三月四日，清廷以萍鄉、瀏陽等地革命起義，震撼

⑩《國父年譜》增訂本，上册，二二二—二二七頁。

中外，非常恐懼，偵知革命策劃地在日本東京，乃命駐日公使向日政府交涉，要求驅逐　國父離境。國父不得已偕胡漢民及日本友人萱野長知等人離開日本，十四日抵香港後，與胡漢民赴新加坡，小住數日，勉勵陳楚楠、張永福等另創辦《中興日報》，繼續發揮過去停刊的《圖南日報》精神，宣傳主義。然後續航越南西貢，轉赴海防到河內。在甘必達街（Gambette Street）六十一號設立機關部，籌劃進行粵、桂、滇三省邊隅的起義行動。嗣分電西貢曾錫周、巴黎張靜江請資助起義軍費，並出資開設「日新樓」飯館，作爲招納聯絡同盟會會員之所，是爲海外革命運動重心由日本轉移南洋之始。其時，因法國政情發生變化，克里蒙梭（George E. B. Clemenceau）出任內閣總理，主張對清廷維持現狀，不贊成贊助中國革命運動，故　國父與胡漢民都改變姓名，隱密身份⑪。

此次　國父在越南河內居住將近一年之久，先後策劃或親自指揮的起義行動，計有一九〇七年五月的潮州黃岡之役、六月的惠州七女湖之役、九月的防城之役、十二月的鎭南關之役，以及一九〇八年三月的欽廉之役和四月的雲南河口之役，屢仆屢起，清廷震駭。

㈥同盟會南洋支部與暹羅分會之成立

---

⑪《國父年譜》增訂本，上册，一三四頁；吳相湘，《孫逸仙先生傳》，上册，五五七頁，五八三—五八四頁。

一九〇八年（民前四年，淸光緒三十四年）三月七日， 國父自越南西貢轉赴新加坡。蓋鎭南關之役後，淸廣西官吏偵知 國父在越南蹤跡，密告淸廷與法國交涉，驅逐 國父離境。法駐安南總督派秘書護送 國父到西貢，卽轉船赴新加坡。胡漢民則仍留河內，與黃興、黃明堂等繼續籌劃粵、桂、滇邊境起義事宜。

國父到新加坡後，卽分頭聯絡進行募集款項，以供應起義軍需。曾數次面訪並函請鄧澤如力勸馬來亞吉隆坡富商陸佑（弼臣）贊助軍餉，雖許以大利，卻無結果⑫。

同年五月二十六日，雲南河口之役失敗，退入越南境內的起義軍士兵爲法駐越南當局遣送到新加坡，初不准登陸， 國父向英殖民政府聲明係政治犯，非普通犯罪之逃犯，並囑陳楚楠、張永福延律師向華民政務司保釋，始准入境。對於先後被遣送的革命戰士六百多人的善後問題， 國父煞費苦心，除商請陳楚楠、林義順等創設中興石山公司安置外，並介紹到檳榔嶼（庇能）、吉隆坡、吡叻及印尼文島等埠的工廠、礦場及農場工作，使各安生業，經過數月，才告圓滿解決⑬。

在新加坡居留期間， 國父曾以「南洋小學生」筆名，在九月十一日、十二日及十五日的

---

⑫《國父年譜》增訂本，上冊，二六一、二六七、二六九頁。吳相湘，《孫逸仙先生傳》，上冊，五九六頁。

⑬《國父年譜》增訂本，上冊，二七一頁；馮自由，《華僑革命開國史》，八〇頁。

《中興日報》撰文，針對保皇黨機關報《總滙報》的謬論，力斥其非，申論革命決不致召瓜分之禍。

新加坡同盟會分會成立之後，分別派員前往英、荷兩屬各地僑社進行活動，陸續成立分會或通訊處者，有百數十埠，會員達三千多人，革命風氣大開。至是 國父乃設立南洋支部以統轄之，特派胡漢民爲支部長，並另訂中國同盟會總章十六條及通信辦法三條，通告各處組織一律遵守⑭。

國父鑒於歷次革命起義的失敗，乃在經費不足，軍需接應不及所致，而在越南時有一法國友人介紹赴法運動一位資本家，擬借款千萬，成功與否，尚未可知。新加坡方面爲籌措六百多軍士衣食住宿，所費甚鉅，已難乎爲繼，遂決定於十月二十八日偕胡漢民、汪兆銘、黃隆生等人，分赴馬來亞各埠商籌赴法旅費。自新加坡先抵芙蓉訪鄧澤如。二十九日到吉隆坡訪陸秋傑，十一月二日到巴羅，五日到庇能，於八日返回新加坡。因爲商情不景，商籌赴法旅費未有足額。旋命汪兆銘、黃隆生赴緬甸仰光活動，同月二十日， 國父復由新加坡赴泰國曼谷，偕行者有胡漢民、何克夫、胡毅生、盧伯浪等人。華僑開歡迎會於中華會所，到會僑胞數百人，泰國政府受清廷嗾

⑭ 南洋支部通告及同盟會分會總章，詳見馮自由，《華僑革命開國史》，八一—八四頁；通信辦法三條，見《國父年譜》增訂本，上册，二七七頁。

使，出面干涉，限令 國父一星期離境，因美駐泰公使緩頰，得以寬限數日。乃於離泰前，密設同盟會暹羅分會，舉蕭佛成爲會長，陳景華爲書記，並命胡毅生等襄助《華暹新報》筆政。十二月十四日， 國父自曼谷返抵新加坡。其時光緒、慈禧相繼逝世，人心已大動搖，時機固佳，只是財力未充， 國父大有坐困愁城之苦⑮。

(七)赴檳城整頓南洋支部，並籌募廣州起義經費

一九〇九年（民前三年，清宣統元年）二月二十四日， 國父再派胡漢民赴緬甸仰光，商籌赴歐旅費，並致電泰國曼谷蕭佛成告急。嗣接獲曼谷、仰光兩地來款，始於五月十九日離新加坡赴歐洲。六月二十日抵法國馬賽，即轉往巴黎，而運動法國資本家借款千萬元事，因法內閣改組成爲泡影。 國父遂遊比利時、英國後，於十月三十日轉赴美國⑯。

一九一〇年（民國前二年，清宣統二年）五月三十日， 國父自檀香山赴日本，六月十日抵橫濱，改姓名住東京宮崎寅藏寓， 雖行動秘密， 終爲清駐日公使所偵知，屢向日本政府交涉。國父知不可久居，遂離日赴新加坡，於七月十一日抵達⑰。目覩南洋革命活動中心的同盟會南洋支部已因陶成章、章炳麟發動的反孫事件，陷於癱瘓狀態，許多支持革命事業的黨人都改抱消極

⑮《國父年譜》增訂本，上冊，二七七－二七九頁，二八一及二八四頁。
⑯《國父年譜》增訂本，上冊，二八五－二八九頁。
⑰《國父年譜》增訂本，上冊，三一三－三一四頁。

態度，不願繼續捐獻款項，因此便決定將南洋支部遷移檳城⑱。國父於七月十九日離新加坡赴檳城，賃屋於四間店街。卽著手切實整頓南洋支部會務，依照美洲及檀香山同盟會之例，改良盟書。重新議訂南洋支部分會總章，以適應革命的需要⑲。

國父居住檳城期間，加強了南洋支部組織聯繫與團結，各埠分會同志紛紛前來商討革命工作，因此人爲樂觀，對革命前途充滿希望和信心。因而於同年十月十三日召集同盟會重要幹部在檳城開會，決定在廣州再謀大舉。參加會議者包括黃興、胡漢民、趙聲、孫德彰，以及同盟會檳城代表吳世榮、黃金慶、熊玉珊、林世安，怡保代表李孝章，芙蓉代表鄧澤如，荷屬坤甸代表

⑱ 關於陶成章、章炳麟的反孫運動，顏清湟所著《星馬華人與辛亥革命》一書（民國七十一年五月，臺北，聯經出版社），有詳細的析述。蓋同盟會的成立，係當時日本三大反滿革命團體—興中會、光復會與華興會爲主幹的結合。興中會爲籍隸珠江下游地區人士爲主的團體，以國父爲首；光復會係長江下游的江、浙、皖人士爲主的組織，以章炳麟、陶成章爲首；華興會則係湖南等省長江內地人士所組成，以黃興、宋敎仁爲首；省區觀念，已深植同盟會本部的組織之中。嗣後國父爲運用香港、新加坡與越南便於運送後援的地理位置，主張在華南、華西等省先行起義，但浙皖派和湖南派黨人，則因與長江沿岸各處秘密會黨人士有密切關係，多主張在長江沿岸起義，從內部瓦解滿淸政權，此爲引起同盟會內部不和的因素。嗣爲要求援款維持東京《民報》經費事，發生誤會，陶、章大憤，遂發動反對國父運動，散發文件，大肆攻擊。詳見該書二三三—二四四頁及二五三—二六〇頁。

⑲ 《國父年譜》增訂本，上册，三一五—三一六頁。

李義俠等人。至於受反孫運動所影響的新加坡、吉隆坡，及荷屬吧城、三寶壟、邦加等地分會代表，則未被邀請與會。蓋 國父決心以事實表明他的一切行事都是爲公爲國，不因反孫派的構詞攻擊而影響起義行動的進行⑳。當時會議諸人鑒於前車之失，咸認應先籌募充足的經費，決定以中國教育義捐名義，避免當地政府干涉。預定籌款十萬元，英、荷兩屬各籌募五萬元，泰國、越南三萬元，美洲未計；而一夕之間，即已醵資八千多元。

檳城會議後， 國父原擬遍歷南洋各埠親自進行勸募，但荷屬殖民政府拒絕前往，日本、安南、暹羅又早有禁止入境之令，致未能如願。不料在檳城的籌款演說，被保皇黨人譯刊《西文報》，並向當地政府投訴，英殖民政府恐於治安有礙，又限令 國父離境。至是，馬來半島亦不能容身，眞是東亞大陸之廣、南洋島嶼之多，竟無 國父立足之地，不得不又遠赴歐美了。離開檳城之前， 國父把籌款工作分由同志進行：派胡漢民、鄧澤如負責新加坡及馬來亞籌募工作；派黃與負責赴法屬安南與泰國籌募之事，即於同年十二月六日自檳城登程赴歐洲㉑。

南洋各埠的革命籌款活動，按照原定計畫分別展開。雖然經過一些艱辛困苦，由於參加募款

---

⑳ 鄒魯，《廣州三月二十九日革命史》，三—四頁；顏清湟，《星馬華人與辛亥革命》，二六五—二六六頁。

㉑ 鄧澤如，《中國國民黨二十年史蹟》，三八頁；鄒魯，《廣州三月二十九日革命史》，五頁；《國父年譜》增訂本，上册，三三一—三三四頁。

的各高級革命幹部所表現的獻身奮鬪精神，再加　國父提出「海外同志出錢，海內同志出命」的口號，使華僑大衆大爲感動，踴躍輸將，籌得的款項，竟溢出原定數額。使籌劃廣州起義的高級革命領袖，爲之信心百倍㉒。

一九一一年（民國前一年，清宣統三年）三月二十九日，黃興率同志起義於廣州，不幸失敗，然是役革命黨人視死如歸的偉大精神，光耀世界，清廷上下，震恐失措。其時，　國父已由歐洲抵達美國芝加哥，得知消息，即致電香港機關部慰問；而南洋僑胞在聞及黃花岡起義失敗的消息後，許多人痛哭流涕㉓。不久，武昌起義成功，各省陸續光復，　國父由美國經歐洲東歸。同年十二月十四日，船經檳城；十六日經新加坡，鄧澤如等登輪謁晤。民國肇建，　國父被選爲臨時大總統後，未再有南洋之行。

茲將　國父在南洋奔走革命的經過列表說明，並繪製簡明旅程圖如後，以便查考。

㉒顏清湟，《星馬華人與辛亥革命》，二七三—二七六頁。

㉓《國父年譜》增訂本，上册，三三九頁；黃警頑編，《南洋吡叻華僑革命史蹟》，五頁。

國父九訪南洋簡表

次別	時間	國父年齡	旅程	主要成就	備註
第一次	光緒廿六年（庚子）西元一九〇〇年	35	日本→香港（六月十七日）→西貢（六月二十一日）→新加坡（七月九日）→香港（七月十七日）→日本	抵西貢，與安南總督韜美會談，國父之改造中國計畫得到同情的保證。	新加坡之行是為了營救被康有為誣陷下獄之日人同志宮崎寅藏。國父亦被下令五年不准入境。
第二次	光緒廿八年（壬寅）－光緒廿九年（癸卯）西元一九〇二年－一九〇三年	37－38	日本（十二月十三日啓程）→香港→河內→暹羅→西貢→日本（一九〇三年七月二十二日）	①與法新任總督Paul Beau秘書哈德安會談，了解法人將抗拒清廷要求引渡的任何行動，並允許在越南作有限制的革命工作。 ②河內成立興中會分會，厥後進行粵、桂、滇三省邊防軍事，於欽廉、河口等役，盡力特多。 ③暹羅之遊，得識蕭佛成、王杏洲等，該地黨務發達自此始。	河內自一九〇二年十一月至次年一月開博覽會，先生因往遊，停留安南近八閱月。
第三次	光緒卅一年（乙巳）西元一九〇五年	40	馬賽→新加坡（六月十一日）→西貢（七月七日）→日本橫濱（七月十九日）	與新加坡《圖南日報》創辦人陳楚楠、張永福、林義順等同志相見，為國父與英屬華僑結合之嚆矢。	

第四次	光緒卅一年（乙巳）西元一九〇五年	40	日本（十月七日）→西貢→堤岸→美荻→沙瀝→新加坡→歐洲	成立西貢同盟會分會，進行債券籌款。	是時五年不得入境之期已滿，新加坡諸同志遂歡迎國父登陸。
第五次	光緒卅二年（丙午）西元一九〇六年	41	馬賽（三月四日啓程）→新加坡→西貢→香港（四月十六日）→日本	成立新加坡同盟會分會，以晚晴園爲會所，爲南洋英、荷兩屬革命總機關部。	據《國父年譜》：新加坡同盟會分會成立於此行中。
第六次	光緒卅二年（丙午）西元一九〇六年	41	日本→西貢→新加坡→芙蓉埠（七月十七日）→吉隆坡（八月七日）→庇能（→新加坡→西貢→日本十月九日）	①吉隆坡組織同盟會分會，以陸秋傑爲會長，王清江副之。 ②庇能設立同盟會分會，以吳世榮爲會長，黃金慶副之。	
第七次	光緒卅三年（丁未）宣統元年（己酉）西元一九〇七年—一九〇九年	42—44	日本（一九〇七年三月四日）→星洲→西貢→海防→河內→海防→西貢→新加坡（一九〇八年三月）→芙蓉（十月二十八日）→吉隆坡（十月二十九日）→巴羅（十一月二日）→庇能（十一月五日）→新加坡（十一月八日）→曼谷（十一月二十日）→新加坡（十二月十四日）→歐洲（一九〇九年五月十九日啓行）	①同盟會本部之職權，隨國父之所在地爲轉移，一九〇七年春至一九〇八年春，國父駐節河內，及一九〇八年、一九〇九年兩年駐節新加坡，此兩地即無異革命軍大本營之所在地。 ②發動潮州黃岡之役（一九〇七年五月），惠州七女湖之役（一九〇七年六月），防城之役（一九〇七年九月），鎮南關之役（	同盟會成立後，國內各省及海外各埠，機關林立，人心歸附，清廷大爲恐慌，乃令駐日公使楊樞向日政府交涉，要求驅逐國父出境，爲促成此行之近因。

				一九〇七年十二月），欽廉之役（一九〇八年三月至五月），河口之役（一九〇八年四月至五月）。③一九〇七年十二月二十一日，掛羅庇勝埠同盟會分會成立，鄧澤如為會長。④一九〇八年十二月十三日，同盟會緬甸分會成立，以莊銀安為會長，盧喜福副之。	
第八次	宣統二年（庚戌）西元一九一〇年	45	日本（六月二十五日啓程）→新加坡（七月十一日）→庇能（七月十九日）→十二月六日啓程往歐洲巴黎（十二月二十八日）	庇能會議，決定在廣州起義。	與會者有黃興、趙聲、胡漢民、孫德彰及庇能黨員黃金慶、吳世榮、熊玉珊、林世安、怡保代表李孝章、芙蓉代表鄧澤如等。
第九次	宣統三年（辛亥）西元一九一一年	46	法國（一九一一年十一月二十四日啓程）→庇能（十二月十四日）→新加坡（十二月十六日）→香港（十二月二十一日）→上海（十二月二十五日）		十二月二十九日當選為中華民國臨時大總統。

附：國父九訪南洋簡表參考資料

①《國父年譜》，增訂本，上冊，臺北，中國國民黨中央黨史會出版，民國七十四年十一月十二日第三次

增訂。

②吳相湘編撰，《孫逸仙先生傳》，臺北，遠東圖書公司印行，民國七十一年十一月初版。
③馮自由著，《華僑革命開國史》，臺北，臺灣商務印書館印行，民國六十四年八月臺一版。
④馮自由著，《革命逸史》（一—五集），臺北，臺灣商務印書館。
⑤馮自由著，《中華民國開國前革命史㈠㈡》，臺北，世界書局，民國六十年四月再版。
⑥蔣永敬編，《華僑開國革命史料》，臺北，正中書局，民國六十六年。

三、國父在南洋從事革命運動最得力的華僑同志及其重大貢獻

當年　國父在南洋奔走革命，赤手空拳，毫無憑藉，而華僑之所以竭誠擁戴，樂爲效命，踴躍捐輸，實由於受他的高尚人格和愛國精誠所感召。　國父有過人的智慧，堅強的毅力，故能鼓動風潮，造成有利的時勢。吳稚暉（敬恆）在〈總理行誼〉講演詞裏，曾以「品格自然偉大，度量自然寬宏，精神自然專一，研究自然精博」四點，來說明　國父是天生一位偉人，叫人五體投地㉔。梁啓超也曾說：「我對他最佩服的，第一是意志力堅強，經歷多少風波，始終未嘗挫折。第二是臨事機警，長於應變，尤其對羣衆心理，最善觀察，最善利用。第三是操守廉潔，最少他

㉔《中央訓練團黨政訓練班講演錄》，民國三十一年九月印行。

自己本身不肯胡亂弄錢，便弄錢也絕不爲個人目的。孫君人物的價值，就是這三件。」㉕

語云：時勢造英雄，英雄造時勢。的確，國父是一位創造時勢的偉大人物，所以他得到南洋華僑衷心的愛護，都願爲實現他倡導的救國目標而出錢出力。在這裏，簡單舉出幾個重要的華僑革命幹部，以概見一般。

㈠毀家輸財支持革命的陳楚楠、張永福

陳楚楠和張永福，是同盟會時期在新加坡最爲得力和最具影響力的兩位領袖人物。楚楠原籍福建厦門，一八八四年出生於新加坡。他的父親陳泰，自厦門到新加坡後，經商成功，其合春號商店，經營木材及罐菓業，因此楚楠繼承了一筆很大的產業。永福原籍廣東饒平，於一八七二年誕生在新加坡，他的祖父是第一代移殖南洋華僑，父親張禮，也出生於新加坡，永福是第二代僑生華僑，他也從父親處繼承了一份相當大的資產，和楚楠兩人都是年青而富有的僑生華僑。由於他們都是私塾教育出身，腦子裏充滿中國傳統觀念，初期傾向於維新派保皇黨的改革思想，後來才漸漸轉變爲贊成反滿革命。他們兩人與一批血性青年林受之、林義順（永福的外甥）、許雪秋、陳芸生及沈聯芳等人，經常利用「小桃源俱樂部」聚會，討論中國革命問題㉖。一九〇三年

㉕《孫中山評論集》，中央黨史會藏；傅啓學，《國父孫中山先生傳》，五九六頁。
㉖顏淸湟，《星馬華人與辛亥革命》，七七—八二頁。

七月，上海《蘇報》案發生，楚楠與永福等卽以「小桃源俱樂部」名義致電上海英領事，請代爲竭力保護，勿使被拘禁的章炳麟、鄒容等落於淸吏之手。一九〇四年春，楚楠與永福在新加坡創辦《圖南日報》，宣傳革命主張，打擊康、梁保皇謬論。嗣又利用林受之護送父柩返國的機會，在潮州建立秘密反滿的組織；並委託陪同林受之返國的黃乃裳印刷《圖存篇》（卽《革命軍》）五千册，分別散發，爲一九〇七年的兩次潮州起義，奠立了基礎㉗。

陳楚楠與張永福於一九〇五年六月由尤列陪同登輪晉見 國父後，對 國父的風度與辯才，印象深刻，更傾心於接受他的領導。一九〇六年四月， 國父主持同盟會新加坡分會的成立，公舉楚楠、永福分任會長副會長，遂積極推展會務，逐漸增設分會於英、荷兩屬及緬甸各埠，同時捐輸資財，分頭籌募款項，以接濟先後在潮州黃岡、惠州七女湖、防城、鎭南關、欽廉及雲南河口等役革命起義軍餉，切實負起了同盟會新加坡分會爲南洋總機關的責任。而一九〇六年至一九一一年間，作爲新加坡同盟會分會會所的晚晴園，便是張永福所購置的，現已成爲新加坡華人革命史蹟紀念館。雲南河口之役失敗後，革命戰士退入越南境內，被法越殖民政府繳械拘留遣送到新加坡者，先後有六百多人，楚楠與永福奉 國父命，盡力解決衣食住宿問題，所費甚鉅；復設中興石山公司於蔡厝港以爲安置，且分別介紹到英、荷各埠的工廠、礦場、農場工作謀生，使

㉗ 同㉕，八三、九一、九七頁；吳相湘，《孫逸仙先生傳》，三七三及三七六頁。

國父的負擔爲之一輕。因爲楚楠歷年爲革命事業耗用合春號公款過巨，發生兄弟析產訟案，喪失處理其財產的自由，無力兼顧黨務之事。永福也因商業虧折，幾致破產，故於民國成立前的一、二年間，自然對革命工作稍缺有力的表現㉘。

㈡熱心服務深受器重的鄧澤如

鄧澤如，廣東新會人，是馬來亞瓜勝庇拉同盟分會會長，最重要的馬來亞革命運動領導人物之一。國父非常器重他，舉凡南洋各埠同盟會務的推進，財政的籌募，會員及僑社間的接洽聯絡，多委由他負責，所以國父與澤如間往來函札最多㉙。黃興曾對胡漢民說：「以言南洋愛國之士，吾必以鄧君澤如爲巨擘。」一九一〇年檳城會議決定謀在廣州大舉之後，澤如偕同黃興到芙蓉、蔴坡、庇六甲、怡保各埠籌款，當時澤如妻子產一子，且病弱，他卻爲了革命工作丟開家務不顧，使黃興大爲感動。芙蓉甲必丹譚德棟，平生蔬食布衣，以儉嗇稱，感於澤如的熱誠，賣屋傾產以助革命軍餉，使其他華僑聞風而起，紛紛解囊捐助。於是黃興等募得鉅貲返香港，遂有一九一一年三月二十九日黃花岡之役。澤如聽見有人詆誣革命黨人，一定力闢其非，並說明滿清

㉘ 《國父年譜》增訂本，上册，二八六—二八七頁；馮自由，《陳楚楠傳》，《革命逸史》第三集。
㉙ 鄧澤如曾於民國十六年間，將所藏信札印行《孫中山先生二十年來手札》，沈雲龍已列入於主編之《近代中國史料叢刊》第十九輯，臺北，文海出版社。

政府必敗，革命必然成功，充分表現了 國父最忠實信徒的志節㉚。革命成功後，也是他護送國父的家屬由南洋返國的。

㈢忠誠勞苦深獲信任的吳世榮

吳世榮，福建海澄人，一八七五年出生於檳城，也是第二代僑生華僑。他父親吳育才開設瑞福號，製售米、糖與火柴，是檳城殷商之一，所以他父親逝世後，承繼了一筆相當大的遺產。一九〇六年間，同盟會檳城分會成立，世榮被推爲會長，時年三十二歲。他與黃金慶、陳新政等人爲鼓吹革命，籌募起義的經費，東奔西走，不辭勞苦，自始至終，獲得 國父的信任，是革命忠誠的信徒。一九一〇年，同盟會南洋支部遷到檳城， 國父眷屬也寄寓檳城，所有會務活動的推進以及經費的開支，世榮盡了很大的責任。所以，民國成立後，他曾當選爲華僑總代表返國出席會議㉛。

㈣捐助軍費慷慨風高的李卓峯

李卓峯，廣東九江人，十七歲隨父赴越南西貢經商，富有革命思想。一九〇二年冬， 國父自日本赴河內參觀博覽會後抵西貢。時僑社風氣閉塞，對於反對滿清之舉，多懷顧忌，惟卓峯毅

㉚ 《革命先烈先進傳》，八一一—八一二頁；胡漢民，〈恭祝澤如鄧先生五十壽序〉，上書八一二—八一三頁。

㉛ 顏清湟，《星馬華人與辛亥革命》，三〇〇頁；《華僑名人傳》續集，三三一—三三三頁，華僑協會編。

然接待國父，並竭力贊助革命工作的進行。一九〇七、八年間的防城、鎭南關、欽廉及雲南河口等役，卓峯慨捐軍費數萬元。起義失敗之後，戰士數百人退走海防，餉食無着，其時卓峯的財力已陷於困境，但他仍然設法向銀行貸款二萬元，以濟急需。國父以卓峯屢次輸財贊助革命，曾給回債劵票數十萬元，他卻盡付一炬㉜。

其他如販賣荳芽爲業的黃景南，把一生積蓄悉數捐獻爲革命軍餉；曾錫周和馬培生等人的捐獻熱誠，都很感人。國父在自傳中曾說：「其出資勇而摯者，安南堤岸之黃景南也，傾其一生之積蓄數千元，盡獻之軍用，誠難能可貴也。其他則有安南西貢之巨賈李卓峯、曾錫周、馬培生等三人，曾各出資數萬，亦當時之未易多見者。」曾錫周是法國銀行的買辦，胡漢民曾說：「他很能明白大義，很能幫助革命，前後助的錢很不少，所以我們沒有提出打倒買辦階級的口號。」㉝

㈤協助起義豪氣干雲的黃隆生

黃隆生，廣東台山人，在越南河內開設洋服店，平日喜讀香港中國日報，逢人便罵滿清政府腐敗。一九〇二年十二月，國父到河內參觀博覽會時，進入他店中購買飾物，攀談之下，歡若平生。旋卽堅求訂盟，並介紹楊壽彭、甄吉亭、張奐池等人爲會員，創立興中會分會於河內，以

㉜《革命人物誌》，第一集，李卓峯，四三七—四三八頁。
㉝胡漢民，《南洋與中國革命》，《中華民國開國五十年文獻》，第一篇第十一册，四五八頁。

他的隆生公司為集會地點；同盟會成立後，改組為同盟會河內分會。 國父於一九〇七年三月到河內，設立機關，策劃粵、桂、滇三省起義工作，隆生和海防劉岐山等人，對於先後發動的防城、鎮南關、欽廉、河口的四次起義，竭力協助彈藥的購運，糧餉的接濟，以及經費的籌募事宜， 國父自傳裏曾說：「在河內時，識有華商黃隆生、甄吉亭、甄壁、楊壽彭、曾齊等，後結為同志，於欽廉、河口等役，盡力甚多。」隆生本人於雲南河口之役，因運輸米糧供應前方，致被越南法殖民政府遣送出境㉞。

至於暹羅（泰國）同盟會負責人蕭佛成、緬甸同盟會負責人莊銀安及其他南洋各埠革命領導人物的熱誠奔走革命情形，多有文字記述，光耀史册，限於篇幅，不多列舉。玆將 國父在南洋奔走革命，各地區之得力同志及其重要事蹟，列表如下，以資參考。

㉞ 馮自由，《華僑革命開國史》，四九—五二頁， 國父，《孫文學說》第八章，〈有志竟成〉。

南洋各地得力同志事蹟簡表

地區	得力同志	重要事蹟	備註
新加坡	陳楚楠 張永福 林義順	①一九〇三年《蘇報》案發生，張、林以「小桃源俱樂部」名義，致電上海英領事，要求勿引渡章炳麟、鄒容（此爲英屬南洋華僑支持革命之第一聲）。 ②陳、張、林三人集資翻印《革命軍》五千册，散播南洋英、荷各屬，並設法輸入閩南、粵東沿海各地，以廣宣傳。 ③陳、張出資籌備《圖南日報》，爲南洋羣島革命黨人之第一言論機關。而該報之出版，林奔走之力特多。 ④一九〇五年新加坡同盟會分會成立後，陳任會長，張爲副會長，林爲交際幹事。 ⑤一九〇六年，國父派陳、林至檳榔嶼成立同盟會分會。 ⑥一九〇七年春，陳、張、林等發起籌組《中興日報》，爲新加坡同盟會之喉舌。 ⑦籌款接濟潮州黃岡、惠州七女湖、欽州防城、惠州汕尾、廣西鎮南關、欽州馬篤山、雲南河口等役所需之經費。 ⑧協助安頓國內起義失敗，被遣送新加坡之革命同志。	
河內 海防	楊壽彭 黃隆生 甄吉亭 劉岐山	①一九〇二年十二月，國父抵河內參觀博覽會，得識黃隆生、楊壽彭、甄吉亭、張奐池、吳梓生等人，並成立河內興中會分會。 ②一九〇七年春，國父爲策動三省軍事，駐節河內，將興中會改組爲同盟會，加盟者有楊壽彭、黃隆生、甄吉亭、黃明堂、林奐廷、陳耿夫、甄壁、劉岐山等數百人，海防分會以劉岐山爲會長，甄壁	南洋各埠華僑中直接參與革命行動者。

	林奐廷	、林奐廷爲幹事。 ③一九〇八年二月，欽州上思之役所需彈藥，係由馮自由購辦，密運至海防，交劉岐山接收。 ④鎮南關及河口之役，　國父向法商購入槍砲多具，多由楊壽彭、梁秋負責保證，限期償還。 ⑤黃隆生於河口之役，因運米糧供應前方，致爲法政府遣送出境。此外因輸送武器，或接濟糧食，或籌募經費，或參加義師而被驅離越者有楊壽彭、劉岐山、甄吉亭、麥香泉、饒章甫、陳二華、梁恩等。	
西貢堤岸	劉易初 李卓峯 曾錫周 馬培生	一九〇五年冬，西貢堤岸同盟會成立，舉劉易初爲會長，李卓峯副之，自後兩埠同志對於粵桂滇三省革命軍事，均先後醵助巨款，爲他處僑商所不及，其中以曾錫周、馬培生、李卓峯所捐最巨。	
檳榔嶼（庇能）	吳世榮 黃金慶	①一九〇六年，　國父偕同李竹癡、陳楚楠、林義順至庇能，設立同盟會分會，吳爲會長，黃爲副會長。 ②一九〇七年，吳世榮等發行《光華日報》，致力於革命之宣傳。 ③黃金慶等設「檳城書報社」於柑仔園，爲南洋各埠書報社之模範。一九一〇年七月，　國父自日本至南洋，即挈眷移居於此。	
吉隆坡	陳占梅 陸秋傑 阮英舫 阮卿雲 阮德三	①一九〇六年八月，　國父偕陳楚楠、林義順、李竹癡至吉隆坡，組織同盟會分會，以陸秋傑爲會長，王清江副之。 ②阮英舫、阮卿雲、阮德三父子同時加盟，爲革命史之佳話。	李竹癡通曉各種方言，故　國父與之偕行。

仰光	莊銀安 盧喜福 徐贊周	①一九〇八年，仰光同盟會分會成立，加盟者有莊銀安、陳全在、徐贊周、陳春源等人，推擧莊爲會長，盧爲副會長。 ②莊銀安、徐贊周等集資，創《光華日報》後改名《進化報》，居正、呂志伊、陶成章迭主筆政，發揮民族、民權、民生三大主義。 ③一九〇九年春，國父以河口之役失敗，將士羣集南洋，給養困難，思赴歐美募集鉅資再圖大擧，特派胡漢民赴緬籌措旅費，莊銀安等醵金二千餘元濟之。 ④協助辛亥以「三二九」一役，及楊秋帆、居正、呂志伊、陳仲赫、黃興等來往滇粵舟車各費。	莊銀安原同情保皇黨，因秦力山而轉向革命。
曼谷	蕭佛成 陳景華 王杏洲 沈荇思	①蕭佛成、沈荇思與亡命至暹之陳景華辦《華暹日報》，鼓吹革命。 ②一九〇八年，汪精衞至暹，成立同盟會分會，加盟者有蕭佛成、王杏洲、陳美堂等人，以蕭爲會長，陳景華爲書記，沈荇思爲會計。	由於陳景華，暹羅華僑和革命黨始發生關係。
瓜勝庇拉	鄧澤如	①一九〇七年底，汪精衞、鄧子瑜到達瓜勝庇拉組織同盟分會，鄧當選爲會長。 ②防城、鎭南關、欽廉、河口等役，鄧澤如至少曾先後籌得五千七百元叻幣匯交中山先生。 ③三二九之役，擔負南洋英屬馬來亞籌款的主要任務，歷星馬十餘埠，費時二閱月，獲款四萬七千六百餘元。	
怡保	鄭螺生 李源水 李孝章	①國父初到南洋提倡革命，鄭首先加盟，旋奉命組成霹靂同盟會。 ②辛亥廣州之役後，霹靂同盟會內部調整，鄭任會長兼主盟人，李源水副之，李孝章任幹事主持交際事務。	

馬尼拉	鄭漢淇 黃三記	一九一一年春，始設同盟會分會，入會者有鄭漢淇、黃三記、黃漢傑、王忠誠諸人，旋發刊《公理報》，以鄭漢淇主其事。	革命黨在菲律賓地區活動，較他處爲遲。

參考資料：

①辛亥革命與南洋華人研討會論文集編輯委員會編輯出版，《辛亥革命與南洋華人研討會論文集》，臺北，國立政治大學國際關係研究中心印行，民國七十五年九月出版。
②馮自由著，《華僑革命開國史》，臺北，臺灣商務印書館，民國六十四年八月臺一版。
③張玉法著，《清季的革命團體》，臺北，中央研究院近代史研究所，民國七十一年八月再版。
④馮自由著，《革命逸史》（第一集—第五集），臺北，臺灣商務印書館。
⑤馮自由著，《中華民國開國前革命史》㈠㈡，臺北，世界書局，民國六十年四月再版。
⑥馮自由著，《華僑革命組織史話》，臺北，正中書局，民國四十三年六月臺初版。
⑦鄒魯編著，《中國國民黨史稿》，臺北，臺灣商務印書館，民國五十四年十月臺一版。
⑧吳相湘編撰，《孫逸仙先生傳》（上册），臺北，遠東圖書公司印行，民國七十一年十一月初版。
⑨羅家倫主編，黃季陸、秦孝儀增訂，《國父年譜》，臺北，中國國民黨中央委員會黨史委員會編輯出版，民國七十四年十一月十二日第三次增訂。

四、南洋華僑在國父領導下對革命事功的具體貢獻

中華民國創建以來，中外學者對海外華僑與中國革命關係的研討，很爲重視，發表的論文很

多，出版的專著也不少。民國七十五年（一九八六）二月間，在臺北曾舉行「辛亥革命與南洋華人研討會」，中外學者出席者八十二人，提出論文十八篇，舉行了八次研討會，就南洋華人對辛亥革命的貢獻與影響爲主題，作客觀深入的探討，闡幽發微，收穫豐碩㉟。

昔年　國父在南洋奔走革命的策略，是成立同盟會分會及書報社，擴展革命組織，發行報刊，灌輸革命思想，及籌募經費，供應起義軍餉。所以，南洋華僑對於革命的貢獻，綜合說來有四點比較重要者：第一是出版報刊，駁斥保皇黨人的謬論，使廣大華僑傾心革命，贊助革命工作。第二是安置國內起義失敗逃亡的革命戰士，給予物質上的照顧，精神上的安慰，發揮了政治避難所的作用。第三是捐輸大量款項，支援推翻滿清政府的起義活動。第四是直接獻身革命行動，返國參加起義行列或刺殺滿清官吏，不惜犧牲性命，增高革命氣勢。現略爲說明如次：

㈠在出版報刊方面——南洋重要地區的同盟會分會，大都創辦報刊，鼓吹革命。據調查，一九〇五年至一九一一年間的革命報刊計有下列幾種㊱：

新加坡——《中興日報》、《陽明報》、《星洲晨報》、《南僑日報》。

㉟有關「辛亥革命與南洋華人研討會」的研討詳情，可參閱國立政治大學國際關係研究中心於民國七十五年九月出版的《辛亥革命與南洋華人研討會論文集》。

㊱陳樹強，《國父革命宣傳與華僑革命行動》，一八五—一九一頁。該書係碩士論文，臺北，武陵出版社，民國七十四年十一月初版。

馬來亞——《檳城新報》、《光華報》、《吉隆坡僑聲報》、《益羣報》。

暹羅——《美南日報》、《華暹新報》、《同僑報》、《覺民報》。

緬甸——《仰光新報》、《商務調查會月刊》、《光華報》、《第二光華報》、《進化報》、《緬甸公報》。

非律賓——《公理報》、《民號報》。

荷屬（印尼）——《日里蘇門答臘報》、《泗水民鐸報》、《泗濱日報》、《八打威華鐸報》、《吧城日報》。

當年南洋華僑社會的康（有爲）梁（啓超）保皇黨派的勢力，相當猖獗，上列的報刊，尤其是新加坡的《中興日報》，展開一連串的思想論戰，澄清了有關國家、民族、忠臣、叛逆等模糊不清的觀念，並猛烈的抨擊滿清政府的腐敗、喪權、辱國，引動華僑對清廷的厭惡與仇視，充分收到了宣傳革命理論和感化作用的宏效[87]。

(二)在照顧逃亡革命戰士方面——因地理上關係，以越南、新加坡和馬來亞等地華僑的貢獻最大。南洋華僑係以閩、粵兩省同胞爲最多，操閩南話和廣府話的革命黨人容易混跡藏匿，也易作

---

[87] 顏清湟，《星馬華人與辛亥革命》，一二三—一三〇頁。又該書第五章，評論星馬革命派與維新派的思想論戰情形，可以參閱。

暫謀糊口之計，所以南洋一帶自然成爲起義失敗後革命黨人的逃亡避難的所在地了。一九〇〇年，惠州舉事失敗，黃福、黃耀廷、鄧子瑜等避居新加坡。一九〇一年，尤列也由日本到新加坡，懸壺行醫，並組織「中和堂」，以結合反滿志士。秦力山於一九〇〇年在安徽大通舉事失敗後逃亡日本，嗣經香港赴新加坡，由李竹癡的介紹，於一九〇五年到達緬甸仰光，協助莊銀安辦理《仰光新報》，鼓吹革命排滿。一九〇七年二月，潮州黃岡之役失敗，黨人多避地香港，然後設法轉往新加坡。同年四月，惠州七女湖之役失敗後，鄧子瑜、陳純、孫穩等人也先後取道香港轉往南洋。而一九〇七、八年間，　國父在越南河內設立機關策劃粵、桂、滇三省的防城、鎮南關、欽廉、河口等役起義，每次失敗後，革命戰士多退入越南境內，越南華僑的協力照顧，自然不在話下。這些退入越南境內的革命戰士被法殖民政府遣送到新加坡，先後有六百多人，全賴新加坡華僑同志設法安置，使無凍餒之虞。這些革命戰士到新加坡的時候，頭髮散亂，衣服襤褸，華僑同志卽首先雇理髮匠前往拘留所爲他們理髮，並募捐款項，趕製白帆布西式學生裝每人兩套、軍帽一頂、鞋一雙，陳楚楠則捐出三層大樓三間作爲住宿地方。各事安排妥當後，引領革命戰士們列隊遊行市場一週，藉以加深華僑對於革命的認識。關於逃亡革命戰士們一切日常生活與用品，全部由華僑募捐供應，一無所缺。由於所需費用浩繁，一時又不能回國有所發動，於是先後介紹往檳城、吉隆坡、庇叻、文島等處的工廠、礦場工作，張永福等又集資組設中興石山公司，爲之安置，所費財力和心力情形，眞令人感動㊳！

㈢在革命經費的支援方面——由於當年革命工作是非法的活動，有關海外華僑捐獻革命軍餉情形，缺乏完整的紀錄，是意中之事。近年學者根據各種參考資料，對華僑捐獻革命經費加以研究。據統計，除第一次廣州之役、第二次惠州之役及第九次廣州新軍之役，南洋華僑沒有捐獻外，其餘七次起義，都是靠南洋華僑捐獻的支援。其數目如次：

⑴第三次至第八次起義，（卽潮州黃岡之役、惠州七女湖之役、防城之役、鎭南關之役、欽廉之役、河口之役）等六次——

荷屬南洋（卽印尼）華僑　三〇、〇〇〇元（約數）

英屬南洋（包括新加坡及馬來亞）華僑　一〇、〇〇〇元（約數）

安南及暹羅華僑　六〇、〇〇〇元（約數）

緬甸華僑　四、八〇〇元（可能爲緬幣約合港幣一、六〇〇元）

⑵第十次起義（卽黃花岡之役）——

英屬南洋華僑　四七、六六三元

荷屬南洋華僑　三二、五五〇元

㊳　黃福鑾，《華僑與中國革命》，一四〇、一四五、一七二—一七四等頁。

安南及暹羅華僑　　　　　　　　　二九、四二三元

按其資助數目的多寡來區分，則為安南及暹羅華僑約八九、四二三元，列第一；荷屬南洋華僑約六二、五五〇元，列第二；英屬南洋華僑約五七、六六三元，列第三；緬甸華僑約四、八〇〇元，列第四㊴。惟有學者認為潮州黃岡之役雖在一九〇七年五月發動，而醞釀早在一九〇四年，所支出六萬元叻幣，並未經　國父之手。此外，革命軍債劵曾在馬來亞大量發行，惟所得款項無資料記載。因依據有關資料來統計，南洋華僑支援革命起義經費總額為二、一一五、八三九元，佔海外華僑全部捐獻款額的百分之五十三點六六。其中⑴星馬地區——一、〇一九、五五五元，佔全部比率百分之二十五點八六，⑵安南、暹羅地區——六三三、四三四元，佔全部比率百分之十六點零七；⑶緬甸地區——二七八、八〇〇元，佔全部比率為百分之七點零七；⑷荷屬地區——一八四、〇五〇元，佔全部比率百分之四點六七㊵。由此統計數字，可以看出南洋華僑支援革命起義經費所佔關係的重要。

㈣在直接參加革命行動而死難方面——以一九一一年三月二十九日黃花岡之役最為慘重，計

㊴ 蔣永敬，〈辛亥革命前十次起義經費之研究〉，《華僑開國革命史料》，四〇—五三頁。（臺北，正中出版社，民國六十六年十一月初版）

㊵ 陳樹強，〈辛亥革命時期南洋華人支援起義經費之研究〉，《辛亥革命與南洋華人研討會論文集》，二三九—二六二頁。

殉難烈士八十六人中，南洋華僑佔三十人（越南十六人，星馬十四人）之多㊶。他們的英烈，與河山並壽。此外，馬來亞華僑溫生財，受革命宗旨的宣傳，醉心嚮往，因而加入同盟會，願爲革命效死力，乃秘密返國，於一九一一年四月八日，在廣州將清副都統孚琦刺殺身死，使清吏人人膽寒。生財返廣州後，在寫給霹靂埠同盟分會長鄭螺生、副會長李源水等人的信，這樣說：「弟別後返省城，在朋處暫住……看滿賊種種，太無人道，恨火焚心，時刻不能忍。自從徐（錫麟）、汪（精衞）二君事失敗後，繼起無人，弟欲步二君後塵，因手無寸鐵，亦無鬼砲，莫奈何，暫忍，能得手有鬼砲時，一定有戲看。弟心已決，死之日卽生之年，從此永別矣，望君等盡力進行，達目的而後止，勿學我溫某有頭無尾也。」他視死如歸的精誠，實令人感動！同年八月十三日，另有暗殺清水師提督李準的陳敬岳，也是南洋霹靂埠的華僑，就義時年四十二歲。他被捕後，直供不諱，神色自若，並說：「可惜這一炸，沒有炸中，眞是對不起溫生財了。」他的表現，英氣懾人㊷。

㊶ 關於黃花岡之役死難的南洋華僑烈士人數，黃福鑾所著，《華僑與中國革命》一書爲二十八人，見該書一〇〇—二〇四頁；陳樹強所著，《國父革命宣傳與華僑革命行動》一書則爲三十人，見該書二五二—二五三頁。本文以陳書較後出版，蒐集資料當較全，故採用之。

㊷ 《國父年譜》增訂本，上冊，三二九及三四六頁；《中國國民黨史稿》，第四編〈列傳〉，〈溫生財傳〉（一三三六頁），〈陳敬岳傳〉（一三九四—五頁）。黃福鑾，《華僑與中國革命》，一八六頁，二〇五—二〇六頁。

從上述四端，可以知道昔年南洋華僑響應　國父的革命救國號召，出錢出力，爲建立一個現代化新中國而奮鬪的貢獻了。

五、幾點看法及感想

胡漢民先生曾說：「我們從革命史來觀察，南洋確是居於極重要的地位，南洋是本黨革命的策源地，是本黨革命的根據地。」又說：「孫先生在早年到歐洲、到日本的時候，總是經過南洋，南洋是孫先生的足跡所徧的最熟悉的地方。」「南洋對中國革命歷史的光榮是不會磨滅的，是繼續增進，沒有窮盡的！」㊸胡先生曾任同盟會南洋支部長，上面的話正說明了　國父與南洋華僑的密切關係。

自海外革命運動重心於一九〇七年移到南洋後，　國父在南洋的主要工作，在於傳播革命思想，建立同盟會組織，籌募款項，以支援軍事起義行動。爲對華僑灌輸革命思想，　國父係從報紙、書刊、公開演說、及廣設閱書報社四方面進行。而報館和閱書報社，同時也是聯絡及發展革命組織的基地。據統計，自一九〇八年至一九一一年，新加坡與馬來亞各埠的閱書報社共有五十八處，連同荷屬（印尼）、法屬（越南）、緬甸、泰國各地設立的閱書報社，總數約有一百多

㊸ 胡漢民，《南洋與中國革命》，蔣永敬編，《華僑開國革命史料》，二六一頁。

處。由於昔年南洋華僑社會缺乏公共圖書館的設置，閱書報社便成爲華僑大衆的「文化中心」了[44]。 國父能針對華僑社會的需要而廣設閱書報社，是革命工作方法上值得我們記取的地方。

誠然，華僑的贊助革命，是受 國父人格精誠的感召。 國父的老師英人康德黎（James Cantlie）在所著《孫逸仙與新中國》一書裏，曾指出 國父是一位天生富有不可抗拒的感召力的人，能吸引人們與他同道，能令人心甘情願地隨時準備替他効勞。吳經熊認爲影響 國父人格形成的因素，包括了俠義精神，悲天憫人的胸襟，對於窮苦和受壓迫者的同情，好學不倦，服務與犧牲精神等等[45]。所以，一九〇九年間陶成章、章炳麟先後發表誣辱 國父的文件，發動反孫運動，而星馬華僑則再三發表文字予以維護，堅強支持 國父[46]。但是，筆者覺得更重要的是 國父好學深思，暇時不忘讀書，舉凡歐美最新政治經濟學說，都勤加研究，瞭解時代潮流的趨向，提出的革命救國主張與當時一般改革家不同，所以歐美日本的留學青年都服從他的領導。我們披閱當年 國父在新加坡力闢保皇黨人謬論的文章，也可以獲得證明。從事革命救國建國工作，須有高深的學問，也是應該記取和效法的地方。

其次，重溫 國父在南洋奔走革命的歷史遺訓後，筆者還有幾點感想：

---

[44] 顏清湟，《星馬華人與辛亥革命》，一四〇—一四一頁。

[45] 吳經熊，《國父的人格與學說》，民國六十年，商務出版社。

[46] 吳相湘，《孫逸仙先生傳》，六五〇—六五二頁。

第一、同盟會南洋支部的活動，播種了民族主義思想的種子，鼓舞了南洋各地華僑贊助中國民族革命運動，使與祖國發生血肉相連的密切關係。國父尋求南洋華僑的支持，着重募集軍事起義的經費，絕不考慮華僑的階級背景。所以各地同盟會分會的負責人固多爲富有資財的商人，如陳楚楠、張永福、林義順、鄭螺生、鄧澤如、吳世榮、李卓峯……等人是，卻同時也沒有忽略中下層的商、工僑胞，呼籲他們踴躍捐輸。因此，逐漸消除了南洋華僑社會內部不同方言集團的畛域之見，在革命救國的共同目標之下，加強團結合作起來。這種團結精神與國家意識的培養，是後來全面動員支持祖國抗日戰爭的重大收穫因素。國父雖然逝世六十多年，但仍永遠活在華僑的心中，據《星馬華人與辛亥革命》一書著者顏清湟說：許多僑生華人子弟都以他們祖先能與國父多少有關係而感到無上的光榮[47]。足見　國父對南洋華僑的影響，是重大而深遠的。

馬樹禮在編著《印尼獨立運動史》一書曾提到：中國　孫中山先生的革命號召，也予印尼人民極大的啓示。迨一九一一年中國民族革命初步成功，推翻了滿清政府，建立民國，不僅是中國人民在國內勝利地從異族的桎梏當中解救出來，連旅居印尼的中國僑民，也受到荷印政府的另眼看待，因之益加鼓舞印尼人民來作推翻異族的鬪爭。今日印尼敍述初期政黨組織的著作裏，莫不承認　孫中山先生所領導的中國革命運動，所予印尼民族領袖之影響。印尼民族領袖蘇嘉諾總

[47] 顏清湟，《星馬華人與辛亥革命》中譯本〈序〉，九頁。

統，尤其不忘　孫中山先生的三民主義所給他的思想上的啓示㊽。

第二、第二次世界大戰後，南洋各國都擺脫殖民地枷鎖，爭取了獨立，華僑大多數已取得居留地國籍，成爲華裔公民的身分，他們的政治取向和効忠對象已與　國父奔走革命時期不同。不過，　國父所倡導的民族主義，主張中華民族自求解放，國內各民族一律平等，世界各民族一律平等，中國富強之後，不但不侵略鄰邦，還要濟弱扶傾，以邁進世界大同。因此，筆者認爲居住在南洋各國的中華兒女，不論是已成爲居留國家的公民，或仍然保存華僑的身分，都應體會孫中山先生所倡導民族主義的眞諦，發揚他的博愛奮鬪精神；不僅要爭取華族自己的利益，也要顧到其他民族的利益，不僅要爲建設居留地的自由民主國家而努力，也應進一步支持祖籍中國的自由民主的實現。以及爲全世界人類的自由民主幸福而貢獻力量。

第三、中華民國是南洋華僑曾經出錢出力、流汗流血支持　國父革命所肇建的，現在雖然退守臺、澎一隅之地，但幾十年來的慘淡經營，已爲三民主義的實驗收穫光輝成果，成爲中國大陸同胞的希望燈塔。飲水思源是中華文化傳統精神之一，過去南洋各地同盟會的重要人物遺族不少，我們的黨和政府在不妨礙他們求發展的原則下，似應有所聯繫。例如林英強是新加坡同盟分會首領林義順第六子；馬來亞的陸業緒，是吉隆坡同盟會分會長陸秋傑之子；陳光漢和陳強漢，

㊽馬樹禮，《印尼獨立運動史》，二五頁，民國四十六年，香港新聞天地社版。

是吉隆坡同盟分會的重要領袖陳占梅之子；鄭民衞是怡保同盟會分會長鄭螺生之長子；沈慕羽是麻六甲同盟分會首領沈鴻柏第六子㊾。他們都是有相當社會地位的人士，遇有重要紀念慶典活動，如果能夠邀請他們回國參加，參觀三民主義建設的成果，相信也可收到國民外交的作用。

此外，歷年回國升學僑生，以南洋各國華僑青年佔最大多數。爲使「宏揚三民主義於世界」的口號成爲事實，自應培養三民主義世界化的幹部。僑生畢業後返回原居留地國家服務，應是理想的這一種幹部，這點也值得提供僑生教育當局作參考的。

民國七十六年十月於臺北

㊾ 同㊼；及該書三〇〇頁的資料來源附註。

黃花岡七十二烈士墓

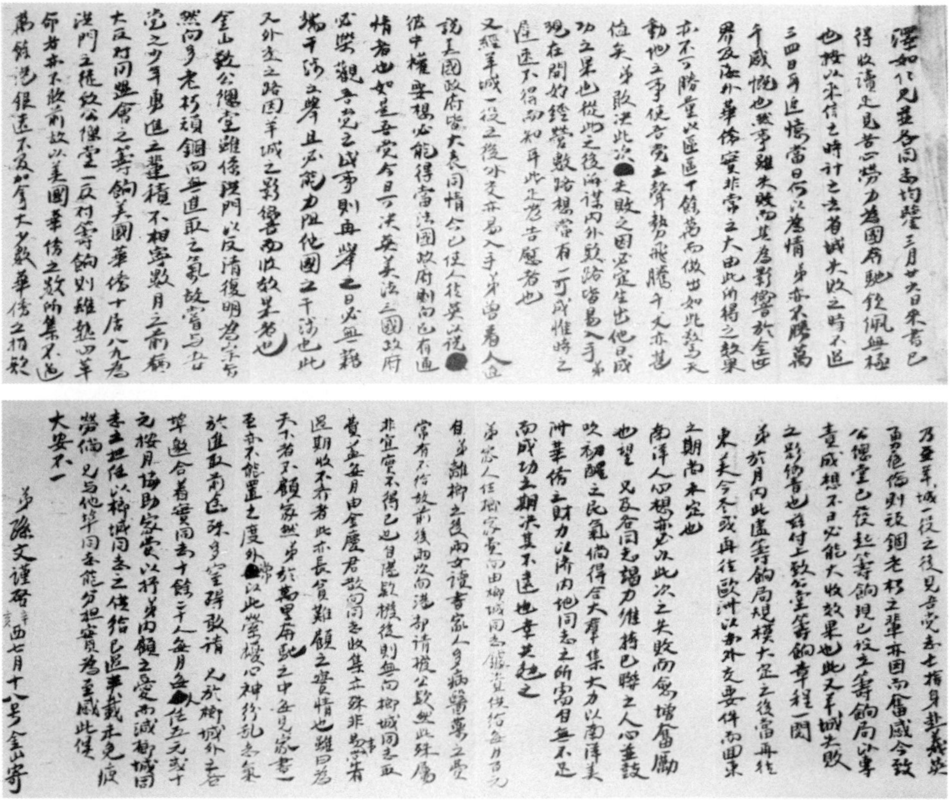

澤如仁兄並各同志均鑒：三月廿六日來書已得收讀，足見苦心勞力，為國馳驅，欽佩無極也。接此來信之時，計已在省城失敗之時不過三四日耳。追憶當日何以為情，弟亦不勝萬千感慨也。然事雖失敗，而其為影響於全世界及海外華僑，實非常之大，由此所得之效果亦不可勝量，以區區十餘萬而做出如此驚天動地之事，使吾黨之聲勢飛騰千丈，亦甚值矣。弟敢決此次之敗之因，必從生出他日成功之果也。從此之後，所謀內外，路路皆易入手。弟現在關於經營數路，想當有一可成，惟時之遲速不得而知耳。此足為吾黨告慰者也。

又經羊城一役之後，外交亦易入手，弟曾著人往說美國政府，皆大表同情，今已使人往英，以說彼中權要，想必能得當。法國政府則向已有通情者也。如是，吾黨今日可決英美法三國政府必樂觀吾黨之成事，則再舉之日，必無藉端干涉之舉，且必能力阻他國之干涉也。此又外交之路，因羊城之影響而收效果者也。

金山致公總堂雖係洪門，以反清復明為宗旨，然向多老朽頑錮，向無進取之氣，故常與吾黨之少年事進之輩積不相容。數月之前，極大反對同盟會之籌餉，美國華僑十居八九為洪門之徒，致公總堂一反對籌餉，則雖熱心革命者亦不敢前，故以美國華僑之數，所集不過萬餘，視很遠不及如今大少數華僑之相較。乃羊城一役之後，見吾黨志士捨身赴義從勇危險，則頑錮老朽之輩亦因而奮感，今致公總堂已發起籌餉，現已設立籌餉局，以專責成，想不日必能大收效果也。此又羊城失敗之影響者也。茲付上致公堂籌餉章程一閱。

弟於月內此處籌餉局規模大定之後，當再往東美，今冬或再往歐洲，以辦外交要件，而回東之期尚未定也。

南洋人心想亦必以此次之失敗而愈增奮勵也。望兄及各同志竭力維持已聯之人心，並鼓吹初醒之民氣，倘得合大羣集大力，以南洋美洲華僑之財力，以濟內地同志之所需，自無不足，而成功之期決其不遠也。幸共勉之。

弟從人往檳，家眷向由檳城同志供給，每月百元。自弟離檳之後，兩女讀書，家人多病，醫藥之費常有不給，故前後兩次向港部請撥公款，然此殊屬非宜，實不得已也。自應款撥後，則無向檳城同志取費，蓋每月由金慶君敬向同志收集，亦殊非易事，遲期收不齊者，此亦長貧難顧之實情也。雖曰為天下者不顧家，然弟於萬里奔馳之中，每見家書一至，亦不能置之度外，弟以此縈擾心神，紛亂志氣，於進取前途，殊多窒礙。敢請 兄於檳城外之各埠邀合着實同志十餘二十人，每月每人任五元或十元，按月協助家費，以紓弟內顧之憂，而減檳城同志之擔任，以檳城同志之僅給已過半載，亦免疲勞。倘兄與他埠同志能分擔，實為至感。此候

大安不一

弟孫文謹啟 辛亥七月十八號 金山寄

函如澤鄧致書親父國

重讀 國父爲「三二九」之役失敗致鄧澤如函有感

一

我們熟讀黨史與國史者深知：有了興中會的創立，才有同盟會的組成；有了同盟會的發展，才有「三二九」廣州之役；有了「三二九」廣州之役，才有武昌辛亥革命的成功，而中華民國於以建立。所以「三二九」廣州之役，是辛亥革命成功、中華民國創立的關鍵。

在「三二九」廣州之役紀念，也就是黃花岡七十二烈士殉國紀念的前夕，我重讀了 國父於民前一年（公元一九一一年）七月十八日〈廣州之役失敗後自美洲致鄧澤如同志等函〉，這封信是 國父爲答覆鄧澤如先生等同年三月二十六日的來信而親寫的，「按以來信之時記之，去省城失敗之時不過三四日耳」（信中原句）。

我重讀了這封信，首先體認了 國父指出「三二九」廣州之役對世界及華僑的重大影響，及國父對革命充滿了信心。他說：「事雖失敗，而其爲影響於全世界及海外華僑，實非常之大，由此所得之效果，亦不可勝量。以區區十餘萬，而做出如此驚天動地之事，使吾黨之聲勢，飛騰萬丈，亦甚値矣。弟敢決此次失敗之因，必定生出他日成功之果也。」

此信隨卽分析「三二九」廣州之役對外交的影響，國父說：「經羊城一役之後，外交亦易入手。弟曾着人直說美國政府，皆大表同情。今已使人往英，以說彼中權要，想必能得當。法國政府，則向已有通情者也。如是吾黨今日可決英美法三國政府必樂觀吾黨之成事，則再舉之日，必無藉端干涉之舉，且必能力阻他國之干涉也。此又外交之路，因羊城之影響而收效果者也。」從這一段話，一方面可以看出「三二九」之役對外交的影響：另一方面更可看出國父佈署外交的苦心周到，且已早著先鞭，乘機籌謀，再濟以辛亥革命起義之後，國父在返國之前，又由美親赴英法等國訪問各該國朝野，期能同情革命。在武昌起義時，德國雖應淸廷之請，倡議干涉，但均化解於無形；而且民國成立後，很快的得到各國的承認，國父謀國的睿智與奔走，實令人感奮與崇敬。

在這封信中，國父又說明對海外華僑的影響，他說：「金山致公總堂，雖係洪門，以反淸復明爲宗旨，然多老朽頑錮，向無進取之氣，故嘗與吾黨之少年勇進之輩，積不相寧，數月之前，猶大反對同盟會之籌餉。美國華僑，十居八九爲洪門之徒，致公堂一反對籌餉，則雖熱心革命者亦不敢前，故以美國華僑之數，所集不過萬餘港銀，遠不如加拿大少數華僑之捐款。乃至羊城一役之後，見吾黨志士捨身赴義，英勇絕倫，則頑錮老朽之輩，亦因而奮感。今致公總堂已發起籌餉，現已成立籌餉局，以專責成，想不日必能大收效果也，此又羊城之役失敗之影響也。」又說：「南洋人心，想亦必以此次之失敗而愈奮勵也，望兄及各同志竭力維持已聯之人心，並鼓勵初醒之民氣，倘得合人羣集大力，以南洋美洲華僑之財力，以濟內地同志之所需，自無不足，而成功之期，決其不遠也。」從這一段話，我們更可明瞭「三二九」之役，革命先烈的忠肝義膽，拋頭顱、灑熱血、豪氣干雲、響徹寰宇的義舉，事雖失敗，而其爲革命犧牲奉獻的精神，已贏得美洲南洋各地華僑的熱心贊助革命，使海內外仁人志士益增奮勵，而促成辛亥革命的成功。

二

在國父致鄧澤如先生等一封信中最後一段，還有一則感人的事蹟：那就是 國父一生領導革命，於萬里奔馳之中，對其家人難以照顧，內心不免歉咎：反累同志鑛資供給家用，亦感不安。他說：「弟家人住榔，家費向由榔城同志鑛資供給，每月百元。自弟離榔之後，兩女讀書，家人多病，醫藥之費，常有不給，故前後兩次，向港部請撥公款，然此殊屬非宜，實不得已也。自港撥款後，則無向榔城同志取費，蓋每月由金慶君散向同志收集，亦殊非易事，常有過期而收不齊者，此亦常貧難顧之實情也。雖曰爲天下者不顧家，然弟於萬里奔馳之中，每見家書一至，亦不能置之度外，常以此縈擾心神，紛亂志氣，於進取前途，殊多窒礙，敢請兄於榔城外之各埠，邀合着實同志十餘二十人，每月每人任五元或十元，按月協助家費，以紓弟內顧之憂，而減郴城同志之擔任。以郴城同志供給，已過半載，未免疲勞，倘兄與他埠同志能分擔，實爲至感。」從這一段話，顯示出 國父家庭倫理的愛，而且關於家庭的度支，毫不隱飾的說出有賴同志鏮資供給，事無不可對人言，足見其坦蕩而率眞。既認移用公款爲不宜，又不忍部份同志之長期負擔，更指明每人每月以五元、十元爲限，祇望合集百元，卽不及時收到亦不怪責。足見 國父雖欲舒內顧之憂，但不肯增加同志之負擔。

國父四十四歲那年，在英國倫敦要到美國，當時有位革命同志曹亞伯料到 國父旅費不足，甚至支付房租也有困難，便湊了四十英磅送到 國父寓所， 國父看他一片至誠，便接受了。第二天， 國父便拿了這四十英磅去買了一大堆書。曹先生看了，非常吃驚，他告訴吳稚暉先生說：「看他房錢都幾乎付不出來，爲什麼還買這些書？」吳先生笑道：「他帶有四隻箱子，都是書；還有一部資治通鑑，他要帶給在舊金山留學的兒子。他好讀書不厭舟車的痲煩，帶書同行，這種的習慣，我們拿淺薄的見解，代他顧慮，是不對的。」從這個故事，可以看出 國父在革命旅程中確實困窮，連旅費都有困難，在美國策動革命時也是如此，所以生活簡樸。

三

國父親撰〈廣州之役失敗後自美洲致鄧澤如同志等函〉，現保存於中央黨史會，爲本黨最珍貴之歷史文件之一，我在「三二九」廣州之役紀念的前夕，重讀了這封信，腦海中不禁引起漣漪，盤旋不已，默默思念，觸發了三種感想：

「第一、國父自創立興中會，領導革命，十次起義，屢敗屢起，再接再厲，永不氣餒，這完全有賴於對革命的信心堅定。廣州之役失敗後，國父致鄧先生等函所說：「弟敢決此次失敗之因，必定生出他日成功之果。」又說：「成功之期，決其不遠。」以後辛亥革命的發展，不出國父之所料，就是充分的明證。這正如國父在〈有志竟成篇〉所說：「夫事有順乎天理，應乎人情，適乎世界之潮流，合乎人羣之需要，而爲先知先覺者所決志行之，則斷無不成者也，此古今之革命維新與邦建國事業是也。」我們必須確認任何一項偉大的事業，尤其是革命的事業，在進行中必會遭遇許多的艱難險阻。我們目前所致力於復國建國的大業，既符合國父所昭示的「順乎天理、應乎人情，適乎世界之潮流，合乎人羣之需要」；而且我們今日已奠定復國建國堅強基礎，目前的處境與所具備的條件，勝過當年「三二九」至辛亥革命起義那一階段不知多少倍，祇要我們能發揚國父「有志竟成」的偉大精神與廣州之役失敗後所具有的必定成功的堅定信心，剷除極少數別有企圖所散播的所謂「信心危機」失敗主義的心理障礙，不爲其蠱惑，不灰心，不氣餒，百折不撓，奮鬪不懈，最後一定成功的。

第二、革命事業必須衆志成城，羣策羣力，本黨自國父改組成立同盟會以來，海外華僑慷慨輸將，不遺餘力，毀家紓難，不勝枚舉，在「三二九」革命失敗之後，誠如國父所說：「影響於全世界及海外華僑，實非常之大，由此所得之效果，亦不可勝量。」是以不僅海內外同胞因而感奮，踴躍認捐，以濟革命之所需，而志士賢豪更投袂而起，奮不顧身參與革命，促成了辛亥革命的成功。當前國家處境仍屬困難，反共復國任務艱鉅，必須集中人力財力物力投入其中，方克有成。所以我炎黃子孫均應效法先烈先賢，以國家整體利益爲重，拋開私利，凡有助於國家建設及反共復國者，均應出錢出力，以期充實國力，加速達成以三民主義統一中國的神聖使命。

第三、國父一生奔走革命，生活確實清苦而節儉，從致鄧澤如先生等的信中，可以瞭解當時每月家用僅百元亦賴同志分擔供給，捧讀此信，感慨萬千。

國父不僅平時生活清苦，就是在逝世時也是身後蕭條，他在民國十四年三月十一日對家屬補發的遺囑內云：「余因盡瘁國事，不治家產，其所遺之書籍、衣物、住宅等，一切均付吾妻宋慶齡，以爲紀念。余之兒女已長成，能自力，望各自愛，以繼余志，此囑。」也可明瞭 國父一生爲革命奔馳，從不爲私，清廉自守，始終如一。可見 國父之所以流芳百世，永爲千千萬萬人所景仰，洵屬實至而名歸。

讀了 國父〈廣州之役失敗後自美洲致鄧澤如同志等函〉最後一段，使我想到我們復興基地「毋忘在莒」的炎黃子孫們，在民生樂利的環境中，實應深自珍惜，力求儉僕，平淡平實，以提昇生活的品質；尤其是有才學而獻身國事者以及有財力的大企業家，更應效法 國父清廉自持的精神，重視操守，勿利用權勢，巧取豪奪，奢侈浪費，以爲大衆表率，這樣，必能轉移社會風氣，發揚 蔣總統經國先生所號召「勤儉建國」的精神。

在「三二九」廣州之役七十六周年紀念的前夕，謹以此短文，略述所感，作爲紀念的獻禮。

民國七十五年三月廿九日於臺北

國父就任臨時大總統時留影

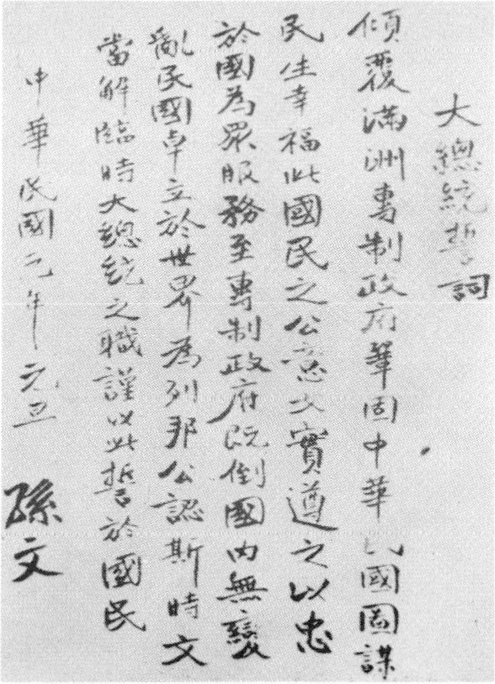

大總統誓詞

傾覆滿洲專制政府鞏固中華民國圖謀民生幸福此國民之公意文實遵之以忠於國為眾服務至專制政府既倒國內無變亂民國卓立於世界為列邦公認斯時文當解臨時大總統之職謹以此誓於國民

中華民國元年元旦

孫文

國父親書大總統誓詞

上／國父就任臨時大總統後與總統府僚屬合影
（前排戴帽者爲秘書長胡漢民）

下／國父祭明孝陵後留影

恭讀 國父膺任臨時大總統就職宣言有感

國父領導革命，由組黨、宣傳，以至十次起義，再接再厲，始終不懈。迨辛亥武昌起義，各省羣起響應，終於推翻了數千年的專制政體，結束了滿清二百六十餘年的統治，創建了民主共和的中華民國。誠如 國父所說：「起事不過數旬，光復已十餘行省，自有史以來成功未有如是之速也。」

當武昌起義成功， 國父從美赴歐部署外交工作後，順應民意及同志邀請，於公元一九一一年十一月歸國抵達香港，不顧袁世凱的「居心叵測」，毅然北上。民國肇造，被選爲臨時政府大總統，於民國元年（公元一九一二年）元旦，發表臨時大總統就職宣言。

此一歷史文件，首先剖析當時國家的情勢，並揭示其本「服務盡責」的公僕觀念，以接受此一職務，而以「達革命之宗旨，完國民之志願」，爲其努力目標。他說：「國民以爲於內無統一之機關；於外無對待之主體，建設之事，更不容緩，於是以組織臨時政府之責相屬。自推功讓能之觀念以言，文所不敢任也；自服務盡責之觀念以言，則文所不敢辭也。是用黽勉從國民之後，能盡掃專制之流毒，確定共和，以達革命之旨，完國民之志願。」正如 國父對胡漢民先生所說：「我若不至滬寧，則此一切對內對外大計，決非他人所能任。」（見《胡漢民自傳》）可見國父當時一肩挑起國家重任，就臨時大總統之職，不是爲了做大官；而是爲了爲國民服務，爲國家盡責，眞是令人崇敬。

宣言的主要內容在強調「國家之本，在於人民」，並列述臨時政府的政務方針與對外方針。其政務方針有五，一爲民主之統一，在「合漢、滿、蒙、回、藏諸地爲一國，卽合漢、滿、蒙、回、藏諸族爲一人。」二爲領土之統一，在聯合各省與蒙古、西藏，「樞機成於中央」。三爲軍政之統一，在使義軍「共同行動，整齊劃一。」四爲內政之統一，在期此後行政「於中央政府與各省之關係調劑得宜」。五爲財政之統一，在使國家經費取給於民，必期合於理財學理，而尤在改良社會經濟組織，使人民知有生之樂。」至對外方針，則宣示：「臨時政府成立以後，當盡文明國家應盡之義務，以期享文明國家應享之權利。」「以期與我友邦益增睦誼，持平和主義，將使中國見重於國際社會，且將使世界漸趨於大同。」這些內政和外交的方針，都至切合當時需要，目標尤爲遠大，所以 國父莊嚴的宣告：「臨時之政府，革命時代之政府也。……吾人惟保此革命之精神，一往而莫之能阻，必使中華民國之基礎確定於大地，然後臨時政府之職務始盡，而吾人始可告無罪於國民也。」

茲值民國七十五年元旦，我們恭讀　國父此一七十四年前文告，盱衡國家當前情勢和處境，雖與七十四年前有所不同；但　國父在宣言所昭示的基本原則和革命精神，仍值得我們深思秉持，作爲當前奮鬬的目標。

先就對內而言：我們中華民國領土面積約一千一百二十萬方公里，民族合漢、滿、蒙、回、藏等而成整個的中華民族。現在我們大陸上的錦繡河山，爲共匪暴政所蹂躪，漢、滿、蒙、回、藏等同胞，都陷於水深火熱之中。先總統　蔣公領導全國軍民，建設臺、澎、金、馬復興基地，充實民力，加強戰力，臨終仍剴切勗勉「堅守民主陣容，光復大陸國土」。我們今日在復興基地，不但很早已做到「軍政之統一」、「內政之統一」及「財政之統一」；而且無論在政治、軍事、經濟、社會、教育文化等各種建設，均有輝煌的成就，已奠定反共復國的堅強基礎。我們惟有遵循先總統　蔣公的遺訓，和蔣總統經國先生以三民主義統一中國的號召，精誠團結，繼續努力奮鬬，光復大陸，始能達成　國父當年所昭示的中華民國「領土之統一」和「民族之統一」，並將一部完整的中華民國憲法和復興基地各種施政成就與經驗，帶回大陸，重建新中國。那時自不難在大陸上也做到「軍政之統一」、「內政之統一」及「財政之統一」，使大陸同胞和我們一樣得到憲法所賦予的權益，及享有民生樂利的生活。

再就對外而言，不可諱言的，我們當前國際處境，仍甚艱難。中美實質關係，雖穩定發展，我們與無邦交國家及地區的經濟貿易關係，也在日趨加強之中；可是共匪正積極破壞我們與有邦交國家的友誼，企圖孤立我們，並在各國際組織和國際會議謀我日亟，因此我們的國際關係，仍甚艱困。此外，共匪對我們統戰攻勢，日趨熾烈。所以我們在外交方面必須採取更主動積極的措施，增進有邦交國家的友誼，再加強中美和無邦交國家及地區的實質關係。此外，更應加強海外工作，使國際人士與僑胞認清並針對共匪統戰陰謀，予以有效的防制與打擊。「國父所說的「盡文明國家應盡之義務，以期享文明國家應享之權利。」仍將為我對外之最高原則，使中華民國「見重於國際社會，且將使世界漸趨於大同」，更是我們對外的最高目標。我們應秉持 國父所指示的革命精神，努力不懈，以求貫徹。

此外，我恭讀了這篇氣勢磅礴，句句誠摯的歷史文件，還有兩點感想：第一、前述 國父在宣言中所提示的「服務盡責」的觀念，與在就任臨時大總統誓詞中所說「以忠於國，為民服務」的意義正復相同。在就任大總統以後，更卽要求全國公務員樹立服務觀念，嚴令革除前清官廳的稱呼，強調「官廳為治事之機關，職員乃人民之公僕」。民國元年四月一日 國父在參議院發表解職詞中又說：「本總統解職之後，卽為中華民國之一國民，政府不過一極小之機關，其力量不過國民極小之一部分，其大部分之力量，則全在吾中華民國之國民。本總統今日解職，並非功成身退，實欲以中華民國國民之地位，與四萬萬國民協力造成中華民國之鞏固基礎，以冀世界之和平。」由這些文獻，我們可以知道 國父之所以擔任國家元首和辭去國家元首，都是為了要盡為民服務的責任。說明他不是人民的主人，而是人民的公僕，他的責任是在竭智盡忠，鞠躬盡瘁，去爲廣大民衆服務。 國父這種以服務爲目的人生觀和獻身國家和人羣的熱情，我們應該要深入的去體認，並效法實踐力行。

第二、開國初期革命政府所面臨的國內和國際情勢，是一個動盪多變的局面。 國父是在變亂環境中以定應變，以定制亂。他在民國元年元旦就任臨時大總統，到同年四月一日解職，短短的三個月中，雖然面臨內外變亂不定的局面，但在他堅定的領導下，不僅能因應變亂，並且以全力從事革新和建設，使民國的各項典章制度，無論是官制、軍制、財政、司法、教育和地方行政，都已建立制度，粗具規模。在此期間， 國父尤致力於革除舊習，保護人民，增強國力，如下令保障人權，禁止階級歧視，嚴申法紀，禁止刑訊，勸禁纏足，又通令重視農事，辦理賑災等，這些措施，在當時都是針對時弊，大力興革，充分表現了革新求治的精神。這充分顯示
國父堅定不移的革命精神和定力。

今天我們國家雖處於一個艱困的局面之中，只要大家都能發揚革命的定力，努力奮鬥，一定可以衝破難關。我們共本革命定力，以定應變，以定制亂，並發揚「服務盡責」的觀念，「以誠摯純潔之精神，戰勝所遇之艱難」，必能完成我們復國建國的神聖使命。

民國七十五年元旦於臺北

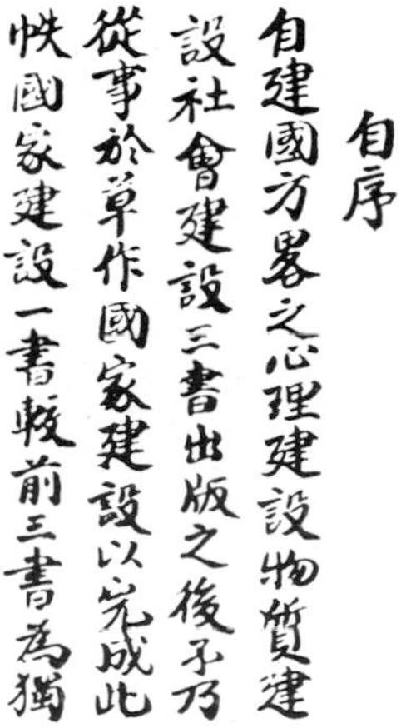
自序
自建國方畧之心理建設物質建
設社會建設三書出版之後予乃
從事於草作國家建設以完成此
帙國家建設一書較前三書為獨

國父手書三民主義
自序之一部

國父在著作

吳敬恆對三民主義自序題跋

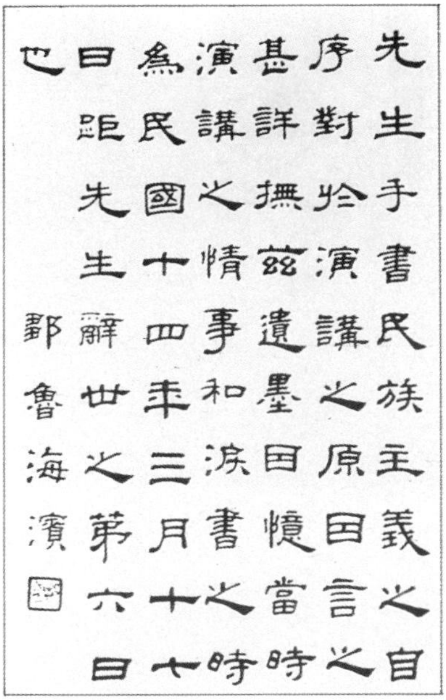

先生手書民族主義之自
序對於演講之原因言之
甚詳撫茲遺墨回憶當時
演講之情事和淚書之時
為民國十四年三月十七
日距先生辭世之第六日
也
鄒魯海濱

鄒魯對三民主義自序的題跋

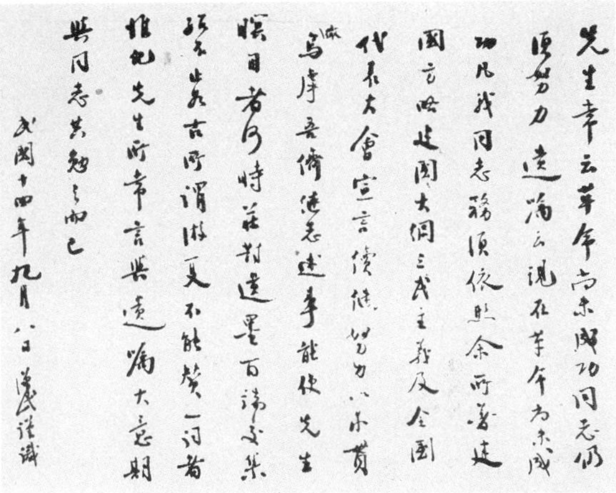

先生本云革命尚未成功同志仍
須努力遺囑云現在革命尚未成
功凡我同志務須依照余所著建
國方略建國大綱三民主義及全國
代表大會宣言繼續努力以求貫
徹為序吾儕繼志述事能使先生
瞑目者何時莫若遺墨百讀不厭
孫公生前所謂游夏不能贊一詞者
惟就先生所常言與遺囑大意期
與同志共勉之而已
民國十四年九月八日 漢民謹識

胡漢民對三民主義自序題跋

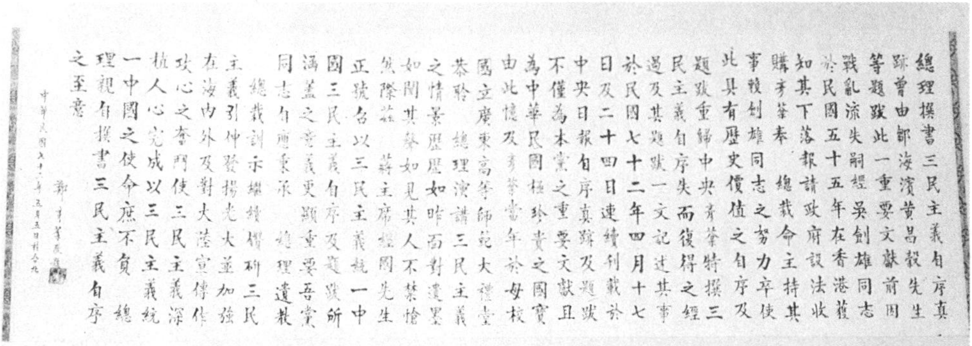

總理撰書三民主義自序真跡曾由鄒海濱黃昌穀先生等題跋此一重要文獻前因戰亂流失嗣經吳劍雄同志於民國五十五年在香港獲知其下落報請政府設法收購彥棻奉 總裁命主持其事賴劍雄同志之努力卒使此具有歷史價值之自序及題跋重歸中央彥棻特撰三民主義自序失而復得之經過及其題跋一文記述其事於民國七十二年四月十七日及二十四日連續刊載於中央日報自序真跡及題跋不僅為本黨之重要文獻且為中華民國極珍貴之國寶由此憶及彥棻當年於母校國立廣東高等師範大禮堂恭聆 總理演講三民主義之情景歷歷如昨面對遺墨如聞其聲如見其人不禁愴然際茲 蔣主席經國先生正號召以三民主義統一中國三民主義自序及題跋所涵蓋之意義更顯重要吾黨同志自應秉承 總理遺教 總裁訓示繼續鑽研三民主義引伸發揚光大並加強在海內外及對大陸宣傳作攻心之奮鬥使三民主義深植人心完成以三民主義統一中國之使命庶不負 總理親自撰書三民主義自序之至意
中華民國七十二年五月五日
鄭彥棻

作者奉命負責收回散失的三民主義自序眞跡親書其經過以留紀念

重讀 國父〈三民主義自序〉有感

天縱聖哲高山仰止

許多革命前輩，對 國父孫中山先生的生平和思想的闡述中我覺得有三篇是最值得我們去恭讀的。第一篇是吳稚暉（敬恆）先生所講的〈總理行誼〉。這是民國二十八年在重慶復興關中央訓練團講的。吳先生對 國父崇高偉大的人格有深切的認識，他稱道 國父：「品格自然偉大、度量自然寬宏、精神自然專一、研究自然精博。」這四句話中，最重要的是「自然」兩個字。所以，他認爲：「總理是天生的一個偉人——一個天生創造主義的黨魁。」第二篇是戴季陶（傳賢）先生所著的《孫文主義之哲學基礎》。這本書刊行於民國十四年，闡揚 國父思想至爲精闢。他認爲「先生（指 國父，下同）基本思想完全淵源於中國正統思想的中庸之道，是孔子以後中國道統文化繼往開來的大聖。」「先生一生努力，全在以革命手段，救國救民，打破一切個人主義的迷夢，實現三民主義。」他認爲「先生是眞實的革命家，注重實行，不鶩空想，所以是眞正的博愛主義，大同主義，而同時是一個眞正的愛國者。」這些話不但對 國父的思想淵源有深切的體認，指出 國父是「眞實的革命家」、「眞正的愛國者」，也非常重要和恰當。

第三篇是先總統 蔣公在民國五十四年十一月十二日所發表的〈國父百年誕辰紀念文〉。其中有兩點非常重要的昭示：一是「國父以三民主義肇啓我中華民國，爲亞洲各民族開創民主自由之先河，實不止求我一民族一國的利益，而乃以繼絕世、舉廢國、扶顚持危之精神，以發揚我國民革命『天下爲公』之大道也。」二是「國父不獨爲締造我中華民國之聖哲，實爲復興亞洲民族之導師，而又爲救人救世指引人類同歸於三民主義『大同世界』之先驅。」這充分說明了國父的偉大與一生奮鬪的目標。

當我有幸獲睹 國父親自撰書自序原稿以後，曾再三重讀，深深體會到稚暉先生和季陶先生及先總統 蔣公對 國父所述的崇仰， 確是至理名言，令人傾服。 國父撰書〈三民主義自序〉，言簡意賅，雖僅四百四十字，但由此可以瞭解 國父的建國方略，除了心理建設、物質建設和社會建設以外，還有國家建設；而國家建設則涵蓋八種之多，爲革命建國釐訂了具體而有遠見的指標和方案。中國國民黨於民國十三年改組，要將革命事業從頭做起，完成革命建國的目的。而建國必須先訂定方略。建國方略中，除心理建設、物質建設及社會建設，均已有專書外，同時也是國家建設尚未完稿。三民主義爲國家建設八種中的前三種，也是國家建設最主要部分，同時也是全部建國方略的中心思想。所以〈三民主義自序〉雖爲三民主義的序文，而尋繹序文全篇的主旨，實爲國家建設及整個建國方略的序文，其重要性及其含義至爲廣博深遠。

陳逆叛變罪大惡極

說到國家建設的尙未完稿，我們不能不痛恨陳炯明叛變的罪大惡極。所以 國父在自序數百字的短文中，言及國家建設的各種草稿及參考書籍因陳炯明叛變，砲擊觀音山，悉被燬去，竟佔四十八字之多，可見其憤慨之極。因爲陳逆不祇阻礙北伐，且破壞其著述。六月十六日的事變，中外震驚。揆其原因，乃由於陳炯明野心勃勃，自私心重，與 國父爲國爲民的意見，每每相左。陳氏積極參與所謂聯省自治運動，冀自保其位。而 國父則認爲自民國肇建以來，軍閥亂政，共和有名無實，此時惟有以武力掃平障礙，方能達到建國的理想，偏安一隅，是無法長治久安的。可見陳炯明的眼光短淺，自圖私利，而 國父則高瞻遠矚，大公無私，期望統一全國，奠國家於長治久安。

國父堅決主張在廣州成立革命政府，而陳炯明則極力反對。政府成立後， 國父積極進行討桂與北伐的軍事行動，而陳炯明則認爲與其聯省自治的私圖不合，多方阻撓。迨陳炯明響應浙江督軍盧永祥通電，選派代表赴上海集議制憲，其叛逆跡象，愈益顯著，於是廣州非常國會的議員及美洲華僑聯合會，均先後指陳炯明通敵附逆。可見事變尙未發生，陳氏已爲國人所共棄。

在事變之前，卽十一年四月間，先總統 蔣公時任職粵軍第二軍參謀長，亦曾主張卽時進攻石龍、惠州，先消滅陳炯明，再回師掃除葉舉等部，然後北伐。是年五月二十五日，蔣公又致電胡漢民、汪精衞、廖仲愷、許崇智，建議先鞏固後方，肅淸陳炯明部隊，再圖北伐。迨六月一日，蔣公再致書許崇智，告以陳軍在粵備戰甚急，應卽回師先定粵局。可惜，蔣公建議未獲採納，終至陳氏公然叛變。從這一段史實中，固可看出陳炯明的自私自利，叛黨叛國，不但影響以後革命的局勢，且使 國父的國家建設草稿資料，燬之一炬，致令救國救世的建國方略未及全部完成，實爲我國革命史上一無可彌補的損害，其罪大惡極，昭然若揭。

四大建設高瞻遠矚

〈三民主義自序〉中，最重要的是說明了建國方略的內涵，也可以說是宣示了 國父的著述體系和他的革命思想體系。其中包含最廣遠，內容最精深的自然是國家建設。 國父爲了完成革命，建設三民主義的新中國，因此就其幾十年來的革命經驗，本其超人的智慧和豐富的學識，要著述一整套的建設國家的方略，以爲國民所取法，而臻國家於富強康樂之境地。這建國方略，包括了四大建設，那就是：「心理建設」、「物質建設」、「社會建設」和「國家建設」，這是大家所熟知的。

「心理建設」就是《孫文學說》，也就是 國父所發明的「知難行易」的道理。 國父舉出各種具體的實例，來證明「知難行易」的道理，說明「能知必能行」「不知亦能行」，勉勵大家獻身革命。「物質建設」就是《實業計畫》，包括了全國交通系統的建立，港埠的開闢，電力的發達，礦業、農業和工業的發展，以及如何積極造林，興辦水利，殖民邊區，解決人口問題，藉以鞏固國防種種具體計畫，是爲了使國家富強。「社會建設」就是《民權初步》，是爲了建設民主法治的社會。

這三種建設，國父都著有專書，留傳後世，我們同志祇要用心研讀，不難窺其堂奧。

四大建設中最重要和最基本的，是《國家建設》。因爲這是整個建設國家的理想目標和具體方案。可惜，國父未能親自完成這一最主要的著述。幸而 國父在〈三民主義自序〉中，已告訴我們《國家建設》一書的主要內容：「內涵有民族主義、民權主義、民生主義、五權憲法、地方政府、中央政府、外交政策、國防計畫八册。」這八册建國寶典，雖未能問世；但 國父在其他遺敎中都已分別留下一些輪廓或綱目，可供我們共同去探求。在此我分別摘要列出，以供參考：

㈠關於民族主義、民權主義和民生主義： 國父的原稿和資料，雖均燬於砲火，但是以後卽有三民主義的演講本問世。縱然 國父對演講本還感覺不很滿意，可是這一部深入淺出的《三民主義演講本》，經黃昌穀先生筆記，鄒海濱先生細心校讀，國父親自核定印行，已足以滿足國人對三民主義精義之認識。所遺憾的是 國父最後講民生主義，祇講了四講，沒有講完，就到北京去要爲和平而奮鬪。他原來準備到北京後，要繼續講完民生主義，所以北上的時候，還帶了許多書籍，經過日本時，還買了不少有關的參考書。誰知道這一願望未及完成，就因病不起了。所以我們讀《三民主義》到〈民生主義第四講〉的篇末，仍可看到印有「未完」二字。

㈡關於五權憲法：大家都知道五權憲法，是 國父所創的憲法思想。國父自己也明白的說過：「五權憲法的根據，老實說起來，就是我研究各國憲法，獨自思想出來的。」大家也都知道，國父認爲各國的三權憲法不很完備，同時覺得我們歷代有關考試、監察制度有其優點，因此創立了五權憲法思想，以爲我們立國建國的政治制度。可惜 國父沒有來得及具體的寫出來。所以現在有關五權憲法的遺敎中，除了民國前六年 國父在東京祝《民報》週年紀念會演講〈三民主義與中國民族之前途〉時，曾作了一次簡要的闡釋外，其後，民國五年七月在上海金星保險公司南洋兄弟菸草公司歡迎兩院議員大會演講〈採用五權憲法之必要〉，及同年八月在杭州陸軍同袍社演講〈採用五權分立制度以救三權鼎立之弊〉，也曾闡述其精義，而最重要的，還是民國十年七月對中國國民黨特設辦事處所作的〈五權憲法〉的演講，但 國父聲明這是從側面來說明的。到了民國十三年演講民權主義時，在第六講中，也曾對五權憲法的精義，有很重要的補充和闡釋。但很可惜的是 國父沒有再留下更具體更完整的著述。

㈢關於地方政府和中央政府： 國父對於中央政府制度和地方政府制度，全未寫成專書；但在《建國大綱》和《地方自治開始實行法》的遺敎中，已有很重要的原則、方法和步驟的提示。特別是《地方自治開始實行法》，對地方自治的性質和理想，指示至爲具體。 國父理想的地方自治團體，不僅是一個政治組織，同時也是一個經濟組織，非但在保民理民，並且要教養兼施，來同時實現民權主義和民生主義的目的。

國父理想中的地方自治制度，是以縣為單位來全面推動，以謀全國人民幸福的一個理想制度。因此在我們現行的憲法中，對於地方自治的規定，確是以國父的理想為基礎的。我們祇要按照憲法規定，來切實的繼續貫徹推行，那麼國父地方自治的理想，也就不難實現。

㈣關於外交政策：國父對於外交政策，雖未能如願寫成；但實際上他已擬好目錄。國父在民國十年覆廖仲愷和胡漢民兩先生的一封信中，便曾列舉他預備撰寫的外交政策目錄，共有二十四項，內含緒論、外交政策概論、各國外交政策之研究、中國外交失敗史、中國外交失敗之原因、外交政策與三民主義之關係、外交政策與五權憲法之關係、外交政策與國防計畫之關係、將來之對外政策及結論等。國父在原信中提到：「此書之思想及線路，一言以蔽之，求恢復我國家以前一切喪失土地主權和恢復人民自由平等而已！」這一目錄，現在看來，由於這幾十年中國內外情勢的變遷，若干項目的研討，已成過去；但是大部分項目，並不因時間而喪失研討的價值，特別是求國家民族自由平等的基本精神，更是歷久彌新。而且從整個目錄上，我們不難看出，國父當時苦心策劃三民主義的外交政策，是如何的精密周詳。

㈤關於國防計畫：《國防計畫》一書，國父雖未寫成，但是也和外交政策一樣，已預先擬訂目錄，也是在民國十年給廖仲愷先生的信中所提出的。全書目錄共有六十二項，包含國防概論、國防之方針與國防政策、國防之原則、國防建設大綱、國防與三民主義和五權憲法外交政策、國防與實業計畫之關係、發展國防工業計畫、發展國防農業計畫、發展國防礦業計畫、發展國防商業計畫、發展國防交通計畫、發展國防教育計畫、移民東三省、新疆、西藏、內外蒙古各邊疆省計畫、各地軍港要塞炮臺航空港之新建計畫、發展海軍建設計畫、發展航空建設計畫、發展陸軍建設計畫及結論等。這六十二項的國防計畫目錄，可說條條都是爲著促進國家於富強，眞是高瞻遠矚，鉅細靡遺。

實践力行 攻心為先

從上述國家建設的內容簡介，我們可見《建國方略》的體大思精，不但描述了建國的理想藍圖，也提示了建國的具體步驟和方案。尤其值得我們注意的，是它體系的完整。三民主義是建國的理想目標，我們要建設的是一個三民主義的新中國。五權憲法則是建國的根本大法和基本制度，也就是三民主義國家的根本大法和制度綱領。中央政府與地方政府是基於五權憲法所建立的國家組織中，中央與地方政府組織的具體方案。外交政策與國防計畫則是中央政府對外推展外交和鞏固國防的具體方案和計畫，目的在確保國家安全和國際地位平等，進而謀世界和平和大同社會的實現。這也是實現三民主義和實行五權憲法的基本工作，因爲沒有了外交和國防，便無以維護國家領土主權的完整與獨立。所以，國父所擬的外交政策與國防計畫綱目，都列舉外交、國防與三民主義、五權憲法等的關係。可見 國父的國家建設雖分八冊，而其思想是整個的，而且有完整的體系，彼此關係密切而不可分。

〈三民主義自序〉除說明了 國父革命建國思想體系外，也顯示了 國父是眞實的革命家，他不但創立了三民主義的政治理想，更規劃了建立三民主義國家的具體方案。他不僅描繪了三民主義國家的藍圖，更訂定了這一國家的根本大法，規定了國家的基本組織，又爲這國家的中央與地方政府組織擬定了具體方案，更爲其國防與外交規劃了具體周詳的方策和計畫。這充分顯示了 國父不尙空談，而注重實踐。他創造了三民主義的政治思想和五權憲法的憲法思想，固然是一個偉大的思想家和政治家，他更是一個實踐力行的革命家，爲實踐他的理想而奮鬥不懈。而且，他認爲主義是一種思想、信仰和力量，所以，要推進革命，實行主義，首重宣傳，必須使人人能瞭解主義，由思想產生信仰，自然可以產生力量。他在自序中說明宣講三民主義的緣起，便說：「玆値國民黨改組，同志決心從事攻心之奮鬪，亟需三民主義之奧義、五權憲法之要旨，爲宣傳之資。故於每星期演講一次……。」最後，也希望能將《三民主義演講本》匡補闕遺，更正條理，「使成爲一完善之書，以作宣傳之課本。」由此可見 國父領導革命建國，首重實踐，他的《建國方略》，都是建國的具體方案和步驟。而他認爲革命奮鬪，攻心爲先，首先要使人民瞭解建國的理想，有共同一致的信仰，才能產生偉大的力量。所以，當前的「三民主義統一中國」運動，必須先要使三民主義深入人心，使全國人民對三民主義建立共識和共信，自然能產生無比的力量，完成統一大業。

觸類引伸匡補闕遺

〈三民主義自序〉結尾說：「倘望讀者同志，本此基礎，觸類引伸，匡補闕遺，更正條理，使成為一完善之書，以作宣傳之課本，則其造福於吾民族、吾國家，誠未限量也。」這段話也非常重要。這固然表示了 國父謙虛誠懇的態度和精益求精的精神，也說明了兩點：一是 國父認為「此次演講，既無暇晷以預備，又無書籍為參考，只於登壇之後，隨意發言，較之前稿，遺忘實多，雖於付梓之先，復加刪補，然於本題之精義與敍論之條理及印證之事實，都覺遠不如前。」所以希望大家觸類引伸，匡補闕遺。二是 國父認為革命思想是不斷發展的，他所提出的只是三民主義思想的基礎，要大家本此基礎，不斷提出補充，加以發揚光大，才能適應事實需要，臻於完善。

事實上，我們的革命前輩也確實遵照 國父指示，對 國父遺教，有很多闡述和發揚的地方。例如先總統 蔣公闡揚三民主義的遺著，較重要的，便有《國父遺教概要》、《三民主義之體系及其實行程序》、《三民主義的本質》、《中國之命運》、《中國經濟學說》、《土地國有的要義》等，都對 國父遺教的奧義，有精深的闡發。而最重要的，則是《民生主義育樂兩篇補述》一書，因為當年 國父演講三民主義，民生主義祇講了四講，對民生需要，祇講了衣與食兩節，尚未完篇。住與行兩大問題和解決的辦法，從《實業計畫》裏尚可窺其端倪；可是民生問題，除衣食住行之外，還有育樂兩大需要。《民生主義育樂兩篇補述》，便彌補　國父民生主義未完部分的缺憾。全書分爲四章十一節，對生育、養育、教育和康樂的環境、心理的康樂、身體的康樂等問題，都闡明其問題之所在，並提示具體解決方案，期能事理共昭，體用兼賅。經此補述，民生主義內容便益臻完整。此外，蔣公對　國父有關外交政策和國防計畫的遺敎，亦曾特加闡揚，並指出《中國存亡問題》一書，是　國父外交政策精神所在，而《實業計畫》一書，實爲國防計畫的具體方案。他更指出國防計畫與外交政策有密切的關係，認爲現代國家的外交政策離不了國防計畫，國防計畫也離不了外交政策，二者必須互相密切配合。

總之，對　國父的建國方略和國家建設，先總統　蔣公都有深刻的研究和體會，也有很多精深的闡釋、補充和發揮。　蔣公對　國父遺敎這種盡心研究盡力闡揚，奉行務求徹底的精神，是值得我們效法的。

此外，黨國先進中，闡揚　國父遺敎而有眞知卓見，甚有貢獻的人很多，舉其要者，如戴季陶先生的《孫文主義之哲學基礎》，對民生哲學的闡發；胡漢民先生的《三民主義的連環性》，闡釋民族主義、民權主義、民生主義互相間的連環關係。王亮疇先生對五權憲法思想的闡發，均其顯例。而鄒海濱先生於　國父宣講三民主義時，奉命讀校，更在當時便盡了匡補闕遺的責任。據鄒先生記述當時的情形說：「每次謄清的演講稿，先由筆記人送呈　總理。總理看了以後，就叫人送給我讀校，雖然 總理屢次吩咐我，除文字校正以外，如有意見，不妨盡量參加；但是對於 總理的理論，事實上我的確不能贊一詞。不過遇見筆記錯誤和遺漏的地方，以及偶有所見，我便用一個簽註條，貼在上面，以供 總理參考。」又說：「我讀校講稿的時候，先將 總理交來黃先生（按指黃昌穀）所錄每次演講的筆記，大體閱讀，核與 總理所講的原意，是否相符。若是有不符的地方，則用另紙錄下，或改正或補充，或刪節，往復誦讀，必至大致不差，方再逐字逐句讀校，而為文句上的潤飾。直到文理已無瑕疵，我更將全篇細讀，作最後的改訂，至自認完全愜意始止。然後將修改增刪的部分謄清，簽註貼上，送呈 總理親核。 總理對於我們的簽註意見，若予採納，則親筆在稿上修正。修正後，再命我讀校。我讀校如前，再呈 總理。總理修正後，又命我讀校。我復讀校如前，必至 總理認為妥適而後止。 總理在修正筆記及核定簽註意見的時候，對於演講的原意原文，亦往往有增刪。所以發後的定稿，不但在字句方面，就是在意義上亦有出入的地方。」

從三民主義讀校的經過，我們可以看到 國父對宣講三民主義是如何的重視，定稿又如何的慎重，同時，也可以知道當時 國父便殷望同志「匡補闕遺」，而海濱先生也的確謹慎將事，盡了他應盡的責任。

闡揚遺教後死有責

我重讀了　國父撰書〈三民主義自序〉的原稿，深感全文不僅放射出睿智的光芒，而且使我們更景仰　國父建黨建國偉大的抱負，爲國爲民的眞知卓見，熱誠遠識和崇高的人格。至用字遣詞的精鍊，和書法古茂盎然，猶其餘事。　國父很謙虛的勉勵同志「觸類引伸，匡補闕遺」，本黨親炙　國父諸先進，對於三民主義的闡揚發揮，也給我們懸起了明燈，引導著我們繼續鑽研。我們自應負起後起者的責任，對　國父遺教，力求發揚光大。　國父對五權憲法，非常重視，其未盡發揮者，更應努力研究。

最後，我願提出幾項意見，作爲重讀自序的一點心得。

（一）關於《三民主義》的版本，應該加以正確的勘定：民國三十三年，我在三民主義青年團中央團部宣傳處服務，認爲宣傳卽教育，而宣傳工作的重心，卽在闡揚　國父遺敎，使全國青年對三民主義均有正確的認識。當時爲激發青年研讀《三民主義》；進而恪遵主義，力行主義，便於三十三年第一屆青年節，發起徵印《三民主義》一百萬册運動。當時以版本關係重要，一方面廣求各種《三民主義》版本，一方面博徵本黨素有研究心得的同志發表意見，計先後搜得《三民主義》版本凡二十三種，經詳加校勘，發現這二十多種版本互有出入，幾乎可以說沒有兩個完全相同的。不過除了很明顯的手民誤植之外，大概這二十多種版本，可以分爲兩大類：第一類是以民智書局十六年版爲代表。第二類是以胡漢民先生主編總理全集（民智書局十九年版）爲代表。這兩類版本出入之處，計民族主義一〇一處，民權主義一九〇處，民生主義一一八處；第二類版本較第一類版本少三二八字，改易四九三字，共達一千七百餘字；而同類的各版本，相去不遠，可見同出一源。這兩類版本，究以何者爲正確，便很值得研究。嗣經多方考證，並公開徵求原始版本，加以校正，始行付印。現在經過時間已久，中央黨史會已注意及此，相信目前情況已不像過去之紛歧，但仍應請中央委員會核定一正確版本，作爲標準本，公佈刊行，以資遵守。同時書中標點符號，亦應交主管單位，一併校正，以免錯誤。

(二) 三民主義的內容至爲廣泛，其中不易瞭解或特別引起一般人疑義的，往往有各種不同的解釋，例如「民生」二字，國父在〈民生主義第一講〉，曾對「民生」下一個定義，很多人一向認爲這定義是：「民生就是人民的生活，社會的生存，國民的生計，羣衆的生命。」因而對人民的生活、社會的生存、國民的生計、羣衆的生命四者的意義是否相同？彼此關係如何？「人民」、「社會」、「國民」、「羣衆」有何不同？「生活」、「生存」、「生計」、「生命」又有何區別？便有五種不同的解說。有些人認爲人民的生活、社會的生存、國民的生計、羣衆的生命四者的意義雖不全同，涵義卻相類似，認爲可以說：民生就是人民的生活，也就是社會的生存，亦即是國民的生計，或羣衆的生命。有些人又認爲人民的生活、社會的生存、國民的生計、羣衆的生命四者涵義不一。民生應該是四者的綜合。但四者的分別何在？說者又不盡相同：有偏重於「人民」、「社會」、「國民」、「羣衆」的不同者；有偏重於「生活」、「生存」、「生計」、「生命」的不同者。

這兩種說法都把人民的生活、社會的生存、國民的生計、羣衆的生命四者相提並論，認爲四者沒有輕重主從的分別。但如果我們把這四句話的意思詳爲研究，便會發覺四者意義的輕重廣狹，並不盡同。先總統　蔣公便一針見血的指出：「民生雖分四個方面，而生活實爲其他三者之總表現。蓋生存重保障，生計重發展，生命重繁衍；而凡爲達成保障、發展與繁衍之種種行爲，便是生活。換言之，生活卽是人生一切活動的總稱。」　蔣公這一指示，實至精到，也和民生定義的原文「民生就是人民的生活，社會的生存，國民的生計，羣衆的生命便是」相合。關於此點，我曾爲文闡述。國父遺敎中，類此有不同解釋者很多。我們應該分別延請專家學者作深入的研究和辯論，理愈辯愈明，我們相信經過不斷的研究和辯論，必能獲致共同的認識，也必更能闡發　國父遺敎的精義。

(三)先總統　蔣公手著的《民生主義育樂兩篇補述》，是補　國父民生主義未完部分的闕遺，使完整統一的三民主義體系克底於成。中央黨史會編印的《國父全集》，已將之列入《三民主義》十六講及　國父關於三民主義之著述與演講之後，我們建議今後印行《三民主義》單行本，都應該將《民生主義育樂兩篇補述》附列在民生主義四講之後，以期完備。

(四)關於《三民主義》的外文譯名，目前有各種不同的譯法：有直譯者，有意譯者，也應該審愼研究，訂定標準譯法和譯名，無論翻譯英、法、德、日、西班牙以及其他各國文字，均用標準譯法，以免紛歧，使外人滋生誤會。

民國七十三年八月於臺北

上／國父銅像恭立於國立中山大學校園內
下／國父親書廣東大學成立訓詞

國立廣東大學成立訓詞
博學審問慎思明辨篤行
中華民國十三年十一月

國父講演三民主義之廣東高師（即國立中山大學前身）

國父創辦廣東大學經緯

民國十三年，國父在廣東，爲了培養革命幹部，建立革命力量，在十天之內，同時創辦了兩間學校：一是武學堂，就是黃埔軍校，也就是陸軍軍官學校的前身。二是文學堂，就是廣東大學，也就是國立中山大學的前身。關於黃埔軍校創立的經過和校史，已爲衆所共知。關於廣東大學創立的經過，知道的人並不多。我原是高師學生，在與法大農專合併創辦廣東大學時，我是高師應屆畢業生，畢業後奉派留校服務，翌年廣東大學改名爲中山大學，復蒙選派赴法留學，其後並曾回中山大學任法學院院長，但對 國父創辦廣東大學的經過也所知有限，不瞭解全般情況。最近在本黨中央黨史委員會看到一份廣東大學校刊，是一份四開兩張鉛印的半週刊，由民國十三年九月八日廣東大學第一學期開學日出版的第一期起，至民國十三年十二月卅一日出版的第三十期止，都保存得很完整。因此，對廣東大學由 國父於民國十三年二月四日下令籌備開始，到十三年十一月十一日正式成立爲止，所有各項章則、人事、會議、課程甚至重要文牘等全部資料，都有詳細的記載，這眞是一份珍貴的史料。爰就個人所知，並根據這一份原始資料，將　國父創辦廣東大學由開始籌備到正式成立的經過，摘要敍述如左：

一

民國十二年一月，滇桂軍光復廣州後，電請　國父回粵復任大元帥，　國父乃於一月廿六日一面發表和平統一宣言，通電全國，呼籲裁兵；一面與蘇俄代表越飛發表聯合聲明，認共產主義與蘇維埃制度均不能行於中國，然後於二月離滬返粵，續行全國陸海軍大元帥職權，並於三月成立大本營，積極策劃以廣東爲革命策源地，以完成革命統一全國。

當時，廣東雖是革命策源地，但軍隊非常複雜，陳烱明、洪兆麟、鄧本殷等仍割據一方，全省並未統一，三民主義的思想更未深入人心，革命情勢仍非常惡劣。所以，　國父抵粵後，除了清勦叛軍，統一全省外，更積極的部署革命的根本大計，一面改組中國國民黨，鞏固革命領導中心，一面籌辦革命學府，培養革命幹部。

經過數月的積極籌劃準備，至民國十二年底，廣東軍事情勢已趨安定，　國父便於十二年十一月，發表〈中國國民黨改組宣言〉，並派胡漢民先生等組織臨時中央執行委員會，籌備召開全國代表大會。復於民國十三年一月廿日，召開第一次全國代表大會，通過黨章、政綱和宣言，選出第一屆中央執監委員，完成黨的改組。同時，也就在全國代表大會開會期間（一月廿四日），派總統 蔣公為陸軍軍官學校籌備委員會委員長，籌辦黃埔軍校。

國立廣東大學的創辦，也是在同一時期。廣東的專科以上學校，原有三所：一是廣東高等師範學校，二是廣東法政專門學校，三是廣東省立農業專門學校。這三校原來都是省立的，高師在民國十二年十一月改爲國立高等師範學校，法專則在民十二年八月改爲廣東法科大學。 國父既決心把革命事業從新做起，除了進行黨的改組外，一面創辦黃埔軍校，要以該校學生爲革命軍的骨幹，建立革命軍。同時，並創辦廣東大學，要以該校學生爲革命黨的骨幹，來宣揚主義，完成革命。所以，他先於民國十二年十一月廿七日下令將廣東高等師範學校改爲國立高等師範學校，並派鄒魯先生兼校長，民國十三年一月廿日召開中國國民黨第一次全國代表大會，便在高師大禮堂舉行，並由一月廿七日起，在高師大禮堂對三民主義作有系統的演述。一月卅日全國代表大會閉幕後， 國父乃於二月四日下令將國立高等師範學校、廣東法科大學、廣東農業專門學校合併改爲國立廣東大學 ，並派鄒魯先生爲籌備主任。這兩道命令的日期，雖然《國立廣東大學半週刊》記載爲二月六日，但依據二月十日出版的《大本營公報》第四號 ，應爲二月四日 。同年九日，國父又令籌備主任鄒魯即日接管三校，從速籌備成立，嗣後所有三校的用人行政，悉由該籌備處主管辦理，俾資事權劃一。

民國十三年二月廿一日，鄒魯先生遵 國父之命正式就職，成立國立廣東大學籌備處，着手進行接管高師、法大、農專三校的工作。同時，分別敦聘胡漢民先生等三十五人爲國立廣東大學籌備員，組織籌備會議，共同進行籌備事宜。

當時所聘請的籌備員三十五人爲：

胡漢民　汪精衛　廖仲愷　伍朝樞　馬君武　孫　科　許崇清　蔣夢麟　李大釗　石　瑛

胡　適　王星拱　王世杰　周　覽　皮宗石　郭秉文　吳敬恒　李石曾　易寅村　楊庶堪

陳樹人　熊希齡　范源濂　顧孟餘　任鴻雋　楊　銓　胡敦復　黃昌穀　關恩助　程天固

徐甘棠　梁　龍　何春帆　陳耀祖　鄧植儀

上列的籌備員，包羅了當時學術界知名之士，革命先進，社會賢達，和有關人士，極一時之選。由此可見　國父當年對國立廣東大學成立的重視和期望的殷切了。而廣東大學之創辦和黃埔軍校可以說是在同一時期的；後者於一月廿四日下令籌辦，二月八日成立籌備處，五月三日任命校長，五月九日開學。前者則於二月四日下令籌辦，二月廿一日成立籌備處，六月九日任命校長，九月八日開學，也可見兩校關係的密切和　國父創辦此兩校的用意。記得　國父北上前，在十三年十一月三日，親臨黃埔軍校，對學生作告別的訓話，廣東大學學生也奉命參加。　國父開口就說：「諸君今天在此地聽講的，有文學生，有武學生……」這指的就是廣東大學和黃埔軍校的學生，於此，也可以想見　國父對這兩個文武革命最高學府的創立，是具有特殊的意義和相互關聯的。

二

民國十三年三月三日，國立廣東大學籌備處召開第一次籌備會議，通過國立廣東大學籌備處組織大綱十條，主要內容爲：

㈠ 以籌備主任及籌備員構成籌備會議，決定關於國立廣東大學之建設規模。

㈡ 籌備主任爲籌備會議主席，統理籌備處一切事務，並執行籌備會議所決定之方案。

㈢ 籌備會議之下，設立各種特科委員會。各特科委員會設主任一人，由籌備主任就籌備員中聘任，爲各該特科委員會會議之主席，主理研究所屬各項規劃。

㈣ 各特科委員會決定之方案，由各該特科委員會之主席提出籌備會議採決施行。

㈤ 籌備會議每週開常會一次，遇必要時，召集臨時會。

國立廣東大學籌備處成立以後，積極進行籌備工作。自五月起，由於籌備事項繁多，原定每星期舉行一次的籌備會議，改爲每星期舉行會議二次。當時有些籌備員不在廣東，未能出席籌備會議，所以在民國十三年四月七日舉行第六次籌備會議時，決議將各次會議通過的決議各事項，作爲第一讀會的決議案，送請各籌備員簽註修改意見，隨時復加討論。並定於民國十三年暑假期中，約集散處各地籌備員前來廣州，舉行第一次籌備大會，將歷次籌備會議所通過的決議各事項，再行提交復議，以臻縝密完善，可見廣大籌備工作的進行，是非常認眞的。

綜計自民國十三年三月三日以迄七月十一日，共舉行籌備會議廿九次，通過決議案凡八十多件。茲將其重要決議事項，歸納列舉如次：

㈠ 國立廣東大學規程案。（規程九章七十一條）
㈡ 國立廣東大學特別會計規程案。
㈢ 國立廣東大學預科及文、理、法、農、工五科之計劃課程設備案。
㈣ 原有高師、法大、農專三校學生歸併廣東大學辦法案。
㈤ 關於經費之籌措案。
㈥ 圖書館之擴充案。
㈦ 教職員之待遇案。
㈧ 暑期中招收預科生及下學年成立大學案。

民國十三年七月十五日，國立廣東大學第一籌備大會在廣州召開，歷時十二天，二十七日始圓滿閉幕。籌備大會對於第一讀會所通過的八十多件決議案，都詳加討論，分別審查，作成決議。大會對於國立廣東大學規程一案所審查修正的時間最多，先推出籌備員數人專任審查，然後提出大會修正通過。

此外，籌備大會對大學各分科各系的課程計劃，也曾經詳加審議修正。大會復鑒於高等師範學校併入改辦文、理兩科之後，高級師範人才未免有缺乏之虞，因而特別決議設置師範特科，以資補救。其中對於回國僑生及外國留學生之入學資格，特有規定，尤具深遠之意義，足以說明當時革命政府重視回國升學僑生與外國來華留學生之政策。

三

國立廣東大學籌備會議對於所設科系課程內容和設備，依照規定是由各種特科委員會分別負責研擬計劃的。這是大學主要設施，關係重大。當時各特科委員會的人選和籌劃情形，簡要如次：

㈠ 預料委員會　由委員徐甘棠、吳康、陳宗南、梁龍、鄧植儀、陳耀祖等人組成。決定預科與本科聯合打成一片，以節約用人經費及提高辦事效率，預科主任及教授，均由大學本科教授充任。預科分文、法、理、工、農五科組辦理，並決定預科生特別注重第一外國語。至於預科招生的來源問題，經五月十九日第十一次籌備會議決定委託各省代辦招生，預計招收五百二十名。計省內外投考者千餘人，取錄者約共三百人。

㈡ 文科委員會　由委員許崇清、吳康、陳長樂、黃希聲、倫達如、楊壽昌、伍子車、胡美娟、黃兆棟、張申甫等組成。決定設中國文學、外國文學、史學、哲學四系，並擬訂各系課程內容。文科採用單位制，每單位係約略以每學年每週授課二小時計算。學生在學中選定一學系為專修學系，對於該學系所屬之必修科目，須一律修完。對於選修科目，亦須修習法定最少數額之單位，此外亦可選修其他學系或他學院之科目，以湊足法定單位。文科設備，以增購圖書爲要，擬先添購圖書五萬元。文科學生，係由原有高師文史部及英文部學生轉入肄業。

㈢法科委員會　由委員梁龍、陳嘉靄、王世杰、周覽、盧興原、皮宗石、楊端六、狄侃、馬洪煥、黃典元、雷劍鰲、陳建猷、何品佳、陳應寶、周先覺、謝達夫、羅宗孟、莫培元、潘震亞、黃季陸、劉蘆隱、朱公準等組成。決定分法律、政治、經濟三系，採用學年制，三系課程，均分爲必修科目及選修科目。必修及選修科目之修習，均須依照課程上規定之學年次序爲之。除課程所定鐘點外，對於各項科目，得設定演習鐘點。又議定自下學期起，招收選科生，以爲各處法政專門學校畢業生，有志再求深造者研究之所。法科設備，亦以圖書一項爲重要，除原有法科大學圖書外，擬先添購圖書八萬元。法科學生，係由原有法科大學學生轉入肄業。

㈣理科委員會　由委員陳耀祖、李敦化、陳宗南、柳金田、盧熙仲、黃著勳、張天才、歐華清、張乃燕、蕭根性等組成。決定分設化學、物理、數學、生物、地質五系。採用學年制，數、理、化三系第一學年及第二學年上期之課程，亦大致相同。一以便學生之轉學，一以便教材學科支配，這都是造就理科專才的主要科目。理科設備以儀器標本機械圖書爲重要，除原有設備外，擬先籌十萬元，爲添置各項設備。至於理科學生，係由原有高師數理化部及博物部學生轉入肄業。

(五)農科委員會 由委員鄧植儀、利寅、歐華淸、黃植、張天才、陳頌襄、張福達、黃錫誥、方繼祥、鄺嵩齡、譚葆廉、黃晃等組成。決定分設農學和林學兩大部，並擬定其課程內容。同時，計劃於五年內，次第設置農藝、農化、園藝、蠶桑、畜牧、病蟲害、農林經濟、森林生產、森林經營等九系。採用學年制，大概分農學林學兩大部。所有林業經濟、森林生產、森林經營則屬林學部，其餘屬農學部。其課程內科目，屬於必修者約三分之二，屬於選修者三分之一。學生習本科時，先選定習農學抑林學，至第二學年時，再選定專修學系，專供研究。農科的設立，除造就專門農林人材外，並需負起研究振與農林事業，改善農民生活的責任，所以另又設置研究部及推廣部，來主持辦理這項工作。設立各種試驗場，以資研究。並擴充原有苗圃，巡廻講習所等，以供提倡改良農林事業。除原有農專設備外，並擬定五年發展計劃，聘任教授助教等人數暨購置儀器機械標本圖書建築物購地，並開辦各實驗場等概算，一切設備費一百萬元，均經籌備大會通過。農科學生，係由農專學生轉入肄業。

(六)工科委員會 由委員陳耀祖、黃家俊、葉家垣、方季良、周斯銘、朱汝梅等組成。計劃先辦土木、機械、電氣三系，並擬定其課程內容。但因未有本科學生來源，且設備尚須時日，故決定先辦預科，開辦三系應有之設備標準概算，約需三十萬元。

一所大學的成立，雖應努力的事項很多，但經費一途，實爲關鍵的所在。當時籌備處擬列國立廣東大學的開辦費預算爲六十萬元，每年經常費約八十萬元。經費的來源，除了原有高師、法大、農專三校經費來源的九龍拱北兩關厘金經費和省河筵席捐兩項收入外，幸賴國父特別提撥下列提款，以利進行：⑴恢復契稅減收原額之二元。⑵廣東全省各屬筵席捐三分之二。⑶田土業佃保證費。⑷香山、順德兩縣民產保證費。⑸廣州士敏士廠餘利及北江多處石礦收入。⑹花縣、英德兩縣出口灰石特別照費。此外又發起勸募，並請准分令各縣籌解款項，以助開辦經費，爲了解決經費問題，在籌備會議之下，另設置財政委員會，以當時的財政部長葉恭綽、建設部長林森、廣東省長廖仲愷、政務廳長陳樹人、財政廳長鄭洪年、鹽運司長鄧澤如、廣州市長孫科、財政局長陳其瑗、公安局長吳鐵城等人爲委員組成，負責會同籌備主任鄒魯籌措開辦費及經常費的款項。

四

在國父的督促之下，國立廣東大學的籌備工作，進行得很順利，也很迅速。雖然在七月十五日才召開籌備大會，通過各項章則，但六月間籌備工作已大致就緒，國父於六月九日便正式任命籌備主任鄒魯爲國立廣東大學校長，同月廿一日鄒校長正式就職，同時也就進行招生，於九月間開學上課。

國立廣東大學成立之初，本科學生是分由原有高師、法大、農專三校的學生合併轉入，不另招新生。民國十三年五月九日的第十二次籌備會議，決定大學預科在暑假期中招收學生五百二十名，着由預科委員會擬訂招生章程，委托各省招生辦法及預科招生考試委員會組織大綱，提經籌備會議通過後實施。

㈠校務會議委員

校　　長：鄒　魯

秘 書 長：陳耀祖

文科學長：楊壽昌

法科學長：梁　龍

理科學長：徐甘棠

農科學長：鄧植儀

預科主任：林炳光

教授代表：盧與源　費鴻年　黃枯桐

㈡全校學生人數統計（各科學院人數包括本科、預科及專門部學生在內。）

文科學院　　三二三人

法科學院　　五五八人

理科學院　一七三人
農科學院　二〇七人
附設師範　二一八人
中學　二五四人
小學　六九二人
幼稚園　六九人

五

國立廣東大學雖於民國十三年九月十五日正式上課，但未有舉行開學典禮。嗣經九月三十日舉行的第三次校務會議，決議由大學各科各選出一人，連同秘書處派出各員及學生會代表等合組籌備典禮會，另行擇日舉行開學典禮，嗣復經校務會議決定，將開學典禮名義改爲成立典禮，於十一月十一日舉行，這便是該校確定每年十一月十一日爲校慶的來源。

民國十三年十一月十一日，國立廣東大學舉行成立典禮大會，由鄒魯校長主席，廣東省垣黨、政、軍、工、商各界重要人士都蒞臨參加，在大會演說的，有胡漢民、廖仲愷、汪精衞、許崇清等人，典禮莊嚴隆重。國父因爲準備北上（他在十一月十三日離粵北上），未有親臨致訓，特題頒訓詞：「博學、審問、愼思、明辨、篤行」。嗣後成爲該校的校訓。

除了舉行成立典禮大會外，同時還舉行了圖書儀器和學業成績的展覽、音樂話劇的遊藝會和全校運動大會。廣東大學校刊也由是日起發行成立特刊，由十一日至十四日連續出版四日共八大張，刊載各方祝賀文電紀念文字和學校各項資料，後來還彙編爲紀念册，可惜現在恐怕已找不到了。當時還請香港民新公司到校攝了紀錄電影，可見其盛況，這影片現在自更找不到了。

民國十四年鄒校長以法國里昂中法大學廣東大學海外部設立之初，原定爲廣東大學海外部之一，前因廣東大學一時尚未成立，海外部學生無從附麗，以致經費異常欠缺，在廣東大學成立後，據里昂中法大學學生報請依原案作爲廣東大學海外部之一，將經費列入廣東大學預算，嗣後由校接濟，乃據情呈奉大元帥二月六月令准予將里昂中法大學海外部，定爲廣東大學海外部之一，及確定管理權責。

查里昂中法大學，係吳稚暉先生所議創，經　國父贊同支持，于民國十年六月，由北大校長蔡元培（代表華方）與里昂大學校長儒班（代表法方）簽約成立，由吳稚暉先生爲首任校長，分別于北平上海招生，首批一〇五人入校，其後則視每年畢業回國若干，卽補充若干，大部來源以北平中法大學，浙江大學，中央大學及廣東大學等申送爲主。

從廣東大學由籌備到成立的創辦經過，我們可以看到　國父對廣東大學的重視。由籌備開始直至開課，他都非常關切，親爲策劃，時加督導，並選定廣東高等師範大禮堂，爲宣講三民主義之場所。而上面所說　國父在民國十三年冬北上前十天，曾在黃埔軍校操場，召集黃埔軍校和廣東大學兩校學生作告別訓話，開頭即說「文學生、武學生！諸君今天在這地聽講的，有文學生又有武學生」，在快要結束那篇〈革命成功個人不能有自由，團體要有自由〉的講詞時，又特別指着廣東大學的學生說：「廣東大學的文學生，今日也不遠數十里來黃埔聽革命的演說，研究革命的方法，對於革命的前途，也當然是很希望成功的。」又說：「諸位文學生同武學生，都是智識階級，應該明白這個道理。」（全文見新編《國父全集》第二册七二七頁）更可見 國父對廣東大學期望的殷切。也可深切瞭解政府所以依照中國國民黨民國十四年三月三十日第一屆中央執行委員會第七十一次會議之決議，特將國立廣東大學改名為國立中山大學，用示紀念 國父之原因，以及國立中山大學所負革命任務的重大了。

民國六十三年十一月十一日於臺北

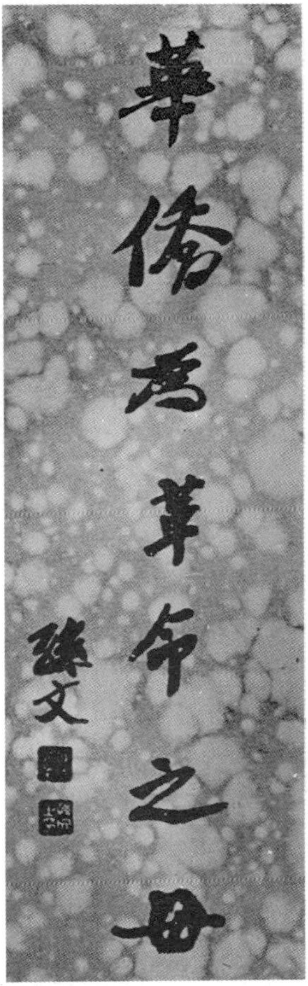

國父持帽立姿像，西裝上衣有六顆鈕扣，
為作者在日本收集珍藏

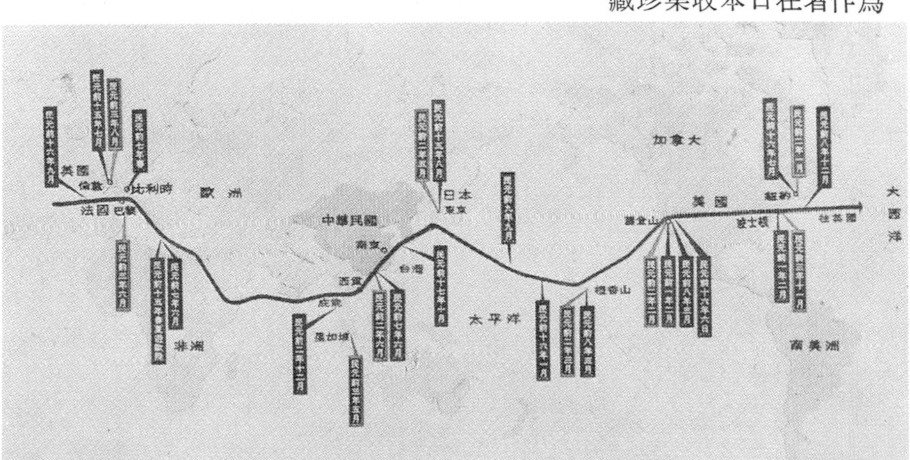

國父奔走革命海外行程圖

國父在海外鼓吹革命思想創辦報刊及題字

檀山新報隆記

THE HAWAIIAN CHINESE NEWS

ESTABLISHED MARCH 16, 1883

丁未年九月初三日禮拜二　壹仟玖百零七年拾月八號

新聞紙第壹千六百三十九號

民報

第壹號

Chong Shing Yit Pao,

CHINESE DAILY NEWS PAPER, NO. 13, CROSS STREET, SINGAPORE.

中興日報

The "Chong Shing" Press,

GENERAL PRINTING, LITHOGRAPHING & ADVERTISING 13, CROSS STREET, SINGAPORE.

中曆丁未年七月拾二日禮拜二　西一千九百零七年八月二拾號

國父墨寶

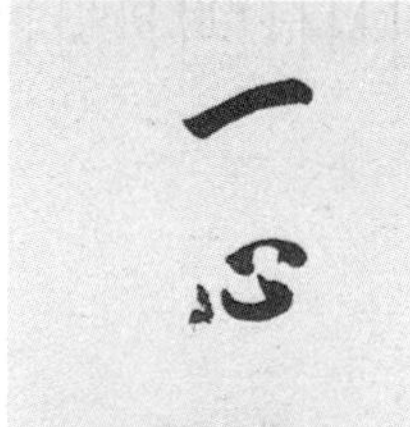

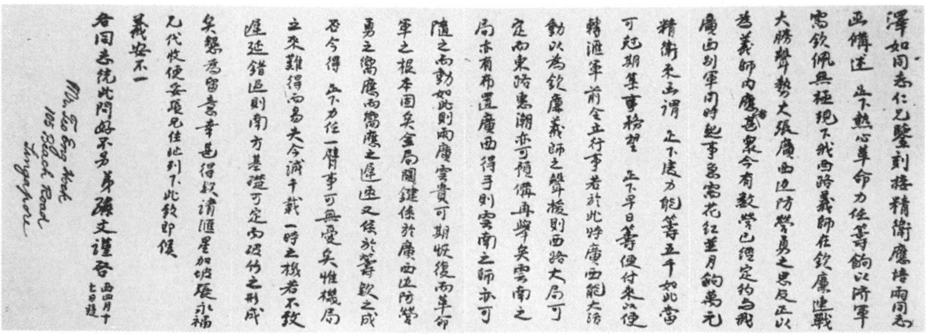

澤如同志仁兄鑒前接精衛應培兩同志
函備述 足下熱心革命力任籌餉以濟軍
需欽佩無極現下我西路義師在欽廉連戰
大勝聲勢大張廣西邊防營勇之思反正以
為義師內應者甚衆今有數營已經定約與我
廣西則軍同時起事急需花紅並月餉萬元
精衛來函謂 足下盡力能籌五千如此當
可赴期集事務望 足下早日籌便付來以便
轉滙軍前令立行事若於此時廣西能大舉
動以為欽廉義師之聲援則西路大局可
定而東路惠潮亦可預備再舉矣雲南之
局亦有布置廣西得手則雲南之師亦可
隨之而動如此則兩廣雲貴可期恢復而革命
軍之根本固矣全局關鍵係於廣西邊防營
勇之響應而響應之遲速又係於籌款之成
否今得 足下力任一臂事可無憂矣惟機局
之來難得而易失今誠千載一時之機若不致
遲延錯過則南方基礎可定而破竹之形成
矣翹望留意幸甚得款請滙星加坡張永福
兄代收便妥滙兄住址列下此致即候
義安不一
各同志統此問好不另 弟孫文謹啓 西四月十七日燈

Mr. Teo Eng Hock
105 Beach Road
Singapore

國父的僑務思想

一、國父對華僑的重視

國父於民國十四年（一九二五）三月十二日病逝北平，享年六十歲。在世的六十年中，他先後在檀香山、香港接受教育，嗣後又奔走於日本、美國、歐洲及南洋各地，從事革命工作，總計起來共有三十年之久，恰是半生在海外。所以，國父與海外華僑的接觸最多最廣，可以說他本身是華僑，對於華僑所受的痛苦，最爲瞭解，同情與重視解救。海外華僑對國父的愛戴，也是出自肺腑，熱誠的響應他的號召，出錢出力，贊助革命救國工作的進行。

民國成立之後，國父對華僑協力國民革命的貢獻，特別加以稱讚，例如他爲美國舊金山《中國少年晨報》所頒「華僑爲革命之母」的題字❶。已成爲膾炙人口之語。民國十年（一九二

❶ 陳裕淸，〈美國華僑與國民革命〉，《中華民國建國史討論集》第一册，民國七十年十月。

一）十二月為澳洲美利濱（今譯墨爾缽）分部黨所落成並開懇親大會頒發訓詞中所說：「我海外同志，昔與文艱苦相共，或輸財以充軍實，或奮袂而殺國賊，其對革命之奮鬥，歷十餘年如一日。故革命史上，無不有華僑二字以長留於國人之腦海。」❷這些話，也每為世人所引用。

民國元年（一九一二）二月二十九日，國父於臨時大總統任內下令廣東省都督嚴行禁止「豬仔」出口，並飭外交部妥籌杜絕販賣「豬仔」及保護僑民辦法❸。民國十年（一九二一）五月，國父致越南趙桃之告派員宣慰僑胞函中曾說：「文畢生心力，盡瘁國事，間關跋涉，幾遍五洲，而交趾故墟，足跡栖遲，為時非暫，凡我僑胞直接間接所受政治上之痛苦，罔不洞知。每思專制推翻、民治發達之後，稍盡保護之責，藉紓痛苦之情，耿耿此心，無時或釋。……迺者，國魂初甦，政府重建，文於此時忝膺衆選，自問未逮初志，難卸仔肩。就職以來，凡所措施，咸以發展民治為前提，保護僑胞為職志。」❹民國十二年（一九二三），國父在廣州成立陸海軍大元帥大本營，討伐禍國殃民的北洋軍閥，特於大本營之內設置僑務局，以陳樹人為局長❺。從這幾件

❷《國父全書》，一〇五二頁，國防研究院，民國五十二年二月。

❸《國父全書》（同❷，以下均同），四七三頁。所謂「豬仔」係指被販賣視若豬豚的契約華工，外人稱之為「苦力貿易」。

❹《國父全書》，八〇〇頁。

❺《僑務二十五年》，一頁，第一章，〈僑務機構之沿革〉，海外出版社，民國四十六年四月。

事實，可以顯示出　國父對於僑務的特加重視了。

二、國父的僑務思想淵源

我們研讀　國父遺教，可以看出他認爲華僑問題乃是中華民族向海外謀生活的問題。民國元年（一九一二）五月，　國父讓總統之位與袁世凱後，在香港接見《南清早報》訪員威路臣談話中，答覆詢問對於世界各國限制華人入境之事的感想如何時說：「各國設法保護自己工人，甚合道理。惟此等保護，不久可以不須，中國地方甚廣，而不知開墾，此是自誤。將來一經開拓，則吾國工人，無庸出外。其實余意，中國若興農、鑛、製造，則十年之間，可以養其民也。」❻

由上面的談話，藉知　國父認爲華僑之出國，大都是由於國內工商業不發達，難以糊口，不得已才到國外謀生的。華僑是以外國人的身分旅居他人的國家，所以受到各國政府的入境限制，換句話說，華僑之移殖海外，乃是民族問題。學者吳主惠博士對於華僑一詞的定義，也認爲華僑是在海外謀生活的中國人，乃中華民族向海外發展的一個行動，華僑本質重在精神紐帶，就是民族精神的結合力❼。

---

❻《國父全書》，四九九頁。

❼吳主惠，〈華僑之本質〉，《華僑問題論文集》第十一輯，中國僑政學會，民國五十三年十月。

因爲華僑是中國人民向海外求生活謀發展的行動，爲革命救國起見，必須喚醒華僑的民族思想。國父在檀香山〈興中會宣言〉中說：

「夫以四百兆蒼生之衆，數萬里土地之饒，固可發奮爲雄，無敵於天下。乃以庸奴誤國，荼毒蒼生，一蹶不振，如斯之極。方今強鄰環列，虎視鷹瞬，久垂涎於中華五金之富，物產之饒，蠶食鯨呑，瓜分豆剖，實堪慮於目前。有心人不禁大聲疾呼，亟拯斯民於水火，切扶大厦之將傾。用特集會衆以興中，協賢豪而共濟，抒此時艱，奠我中夏。仰諸同志，盍自勉旃！」

「蓋我中華受外國欺淩，已非一日，皆由內外隔絕，上下之情罔通，國體抑損而不知，子民受制而無告。苦厄日深，爲害何極！玆特聯絡中外華人，創興是會，以申民志，而扶國宗。」❽

國父在所撰〈中國革命史〉一文中，也有下面一段話：「乙酉（一八八五年）以後，余所持革命主義，能相喩者不過親友數人而已。士大夫方醉心功名利祿，唯所稱下流社會，反有三合會之組織，寓反淸復明之思想於其中。雖時代湮遠，幾於數典忘祖，然苟與之言，猶較縉紳爲易入，故余先從聯絡會黨入手。甲午（一八九四年）以後，赴檀島美洲，糾合華僑，創立興中會，此爲以革命主義立黨之始。」❾

❽《國父全書》，三五一頁。

❾《國父全書》，一〇四四頁。

在《孫文學說》一書第八章〈有志竟成〉篇中，國父復又指出：「美洲華僑之風氣蔽塞，較檀島尤甚。故余由太平洋東岸之三藩市登陸，橫過美洲大陸，至大西洋西岸之紐約市，沿途所過多處，或留數日，或十數日。所至皆說以祖國危亡，清政腐敗，非從民族根本改革，無以救亡，而改革之任，人人有責。然而勸者諄諄，聽者終歸藐藐，其歡迎革命之義者，每埠不過數人或十餘人而已。然美洲各地華僑多立有洪門會館，洪門者，創設於明朝遺老，起於康熙時代。蓋康熙以前，明朝之忠臣烈士，多欲力圖恢復，誓不臣清，捨生赴義，屢起屢蹶，與虜拼命，然卒不救明朝之亡。……二三遺老見大勢已去，無可挽回，乃欲以民族主義之根苗，流傳後代，故以反清復明之宗旨，結爲團體，以待後有起者，可藉爲資助也，此殆洪門創設之本意也。……當余之在美洲鼓吹革命也，洪門之人，初亦不明吾旨，余乃反而叩之反清復明何爲者？彼衆多不能答也，後由在美之革命同志鼓吹數年，而洪門之衆，乃始知彼等原爲民族老革命黨也。」[10]

民族思想是對其民族國家自覺有忠誠義務的一種意識狀態，確認一個民族組織成立的國家，不受異族的統治。是以，國父在海外奔走革命，首先從喚醒華僑的民族思想着手，鼓舞華僑的愛國情操，加強團結合作，協力拯救祖國於危亡，進而使祖國富強，來達到提高華僑在海外的地位和保護華僑應有的權益之目的。換言之，這就是國父僑務思想之淵源。

---

[10] 《國父全書》，三三頁。

民族思想的表現，主要在於文化的特徵，而重視倫理的觀念，乃是中華民族文化的一個特點。中國人民重視愼終追遠，以孝悌慈愛爲倡，以仁義忠信爲歸，不忘木本水源，強調感恩圖報。海外各地華僑社會，普遍有宗親會和同鄉會的組織，雖在極艱困的環境中，仍能創設華文學校及華文報刊，這些都是民族文化精神紐帶，無形中使華僑大衆不須尋根而自知其根的所在。筆者在民國四十一年三月至四十七年七月，擔任僑務委員會委員長的職務期間，曾提出「無僑敎卽無僑務」的理論，卽是仰體 國父重視僑務的思想淵源來加以闡揚實踐的行動。

三、國父的僑務基本方針

關於 國父的僑務思想，散見於文告、講演、函札、談話之中。我們可以歸納爲下列幾項，來分別闡述：

㈠策勉僑胞贊助革命救國大業

民國前五年（一九〇七）九月二日， 國父爲防城之役致函馬來亞華僑鄧澤如等人函說：「現革命好義有勇，人心堅定，固可以進取無前，惟必需接濟軍需，使其軍械足用，軍餉不缺，然後聲威大振，勢力增加，此爲目前最要之事。披堅執銳血戰千里者，內地同志之責也；合力籌款以濟革命者，海外同志之任也。今內地同志旣爲國民出死力以求自由，切望同志諸兄慷慨仗義，籌款接濟，以充拓革命軍之實力，使得一戰破敵，斯者同志諸兄之責任，而國民之所屬望者

也。」⓫

同年十月十五日，國父覆新加坡華僑陳楚楠、張永福等人函又說：「此處與西貢商人甚爲踴躍提倡捐助義軍之需，大約可得十餘萬。星洲弟已有信與林文慶先生，托彼力任其事，出來提倡商人捐助軍費，見面時祈勸之出力。今日之事，無論會內會外，皆當盡力，以完成國民之義務也。……望兄等以身提倡，鼓勵國民，使人人盡其義務，幸甚。」⓬

民國前二年（一九一〇）元月七日，國父爲廣州新軍之役致美國紐約同志函說：「初四日，新軍反正，刻尙苦戰，勝負未決，急欲謀起外府之兵以爲援應，需款甚急。望各同志速向大衆華僑籌捐，以救此急，接濟及時，則成功可望。」同年十一月由南洋致美洲致公堂同志請籌款以應起義函又說：「內地同志捨命，海外同志出財，庶免內地同志有輕擲性命如精衞君者，則誠莫大之幸矣。弟望美洲各埠之同志，各盡義務，惟力是視，能籌足千萬元固佳，否則多少亦望從速電滙，以應急需，是爲至禱。」⓭

民國前一年（一九一一）六月，國父在美國洪門籌餉局緣起及章程中說：「故輸財助餉以補內地同胞之所不逮，實爲我海外華僑之責任，義不能辭也。內地同志捨命，海外同胞出財，各

⓫《國父全書》，四〇一頁。
⓬《國父全書》，四〇三頁。
⓭《國父全書》，四二二、四二三頁。

盡所長，互相爲用，則革命之成，可指日而定也。」「革命之宗旨爲廢滅韃虜清朝，創立中華民國，實行民生主義，使同胞共享自由、平等、博愛之幸福。」「凡我華人，皆應供財出力，以助中華革命大業之速成。」⑭

民國成立之後，軍閥禍國，國父爲維護民國基礎，於討袁之役後，又有護法運動之舉。民國六年（一九一七）九月三十日覆菲律賓華僑葉獨醒函云：「當茲軍糧浩繁之際，尊處提倡捐款，不遺餘力，殊堪嘉尚！仍希認眞鼓舞僑胞，輸將助餉，以資接濟。至尊處滙滬一千七百六十三兩，據廖君仲愷云，業經收到，並由上海機關發給收據寄去。」⑮

同年（一九一七）四月三十日，國父爲《同盟演義》一書所撰的序文中說：「同盟會之成，多賴海外華僑之力，軍餉胥出焉。及滿清既覆，人人皆自以爲有不世之功，而華僑不自伐。華僑不自言功者，蓋知救國直爲天職，不事矜舉。」⑯由於海外華僑輸財出力，贊助革命，終於推翻滿清，創建民國，厥功至偉，而華僑不自言功，國父乃稱譽「華僑爲革命之母」加以表彰。

㈡勸導僑胞加強團結、聯絡及互助

---

⑭《國父全書》，五〇六頁。

⑮《國父全書》，六一九頁。

⑯《國父全書》，七四六至七四七頁。

國父在民國前四年（一九〇八）二月初二日致南洋荷屬流石埠同志函中說：「凡團體之成，貴諸人同抱熱誠，而各以公心任事，和衷共濟，則一日千里。」⑰同年四月，爲規定南洋各處團體通信辦法致鄧澤如函中也說：「今在星加坡設立南洋支部，欲使南洋各處團體，互相聯絡，以成統一。夫欲聯絡情誼，必以消息相通爲主。消息通，則情誼洽。情誼洽，則協力相扶，同心共濟，而黨力滋偉，成事可望。」⑱

民前二年（一九一〇）正月二十日，國父由歐洲到美國後，爲擬由馬來亞華僑統攬所產之錫自運銷於美國以籌措革命經費事函鄧澤如等人，函中提到：「美洲華僑前時多附和保皇，今大爲醒悟，漸有傾向革命之勢，不日當可聯成各埠爲一大團體，以贊助吾黨之事業也。弟今在美，擬一面謀所志之大目的，一面則聯絡華僑。現已在紐約、芝加哥、舊金山大埠三處設立同盟會，人心甚爲踴躍，他日進步，必有可觀，足爲告慰者也。」⑲

民國六年（一九一七），國父爲澳洲國民黨懇親大會所頒發的紀念辭中說：「論黨員結合之固，信服主義之篤，赴事之勇，與中會之少數人已爲卓絕；然而成功猶有待於同盟會，甚矣！羣策羣力之足恃也。而其結合，雖多多益善，其各黨員相互感情之密接通洽，有如兄弟父子，實

⑰《國父全書》，四〇五頁。
⑱《國父全書》，四〇八頁。
⑲《國父全書》，四二三頁。

爲同盟會之精神。國民黨之初見渙散，中華革命黨之所以能復振，亦以黨員相互感情之親疏異也。由是觀之，欲以一黨謀中國之幸福，先須各黨員淬勵其互助之精神，而導之向於同一之目標，可無疑也。」[20]

語云：衆志成城，團結就是力量。國父奔走海外各地，都致力於加強華僑團結工作。例如民國前七年（一九〇五）十月，他自日本到越南西貢時，當地洪門堂號分立，常相爭鬪，乃出面倡導，消除內爭[21]。至於他在南洋各埠結交愛國僑胞，創立各種書報社和社團，以聯絡同志，團結力量，則是衆所周知的事實，無待贅述了。

㈢獎掖僑社創辦文化敎育事業

國父對於海外文敎宣傳工作，極爲重視，認爲革命的成功，使賴於激勵人心，鼓舞民氣。他在《中國革命史》一文中說：「及同盟會成立，命胡漢民、汪精衞、陳天華等撰述《民報》，章太炎旣出獄，復延入焉。《民報》成立，一方爲同盟會之喉舌，以宣傳主義，一方則力闢當時保皇黨勸告開明專制、要求立憲之謬說，使革命主義如日中天。由是各處支部以同一目的，發行雜誌、日報、書籍，且以小册秘密輸送於內地，以傳播思想。」[22]

---

[20]《國父全書》，七四七頁。
[21]《國父年譜》增訂本上册，二〇三頁。
[22]《國父全書》，一〇四四頁。

民國前六年（一九〇六）十月十六日，　國父致星加坡張永福函中說：「南洋各埠，現在風氣初開。必要先覺之同志多用工夫，竭力鼓吹，不避勞苦，從此日進，不久風氣可以大開，則助者當有多人，而革命之事，容易進行矣。」㉓

民國前四年（一九〇八）七月二十四日，　國父致星加坡黃甲元函說：「今日吾黨在南洋之急務，弟欲與足下詳商者，即設法維持《中興報》是也。」翌年（一九〇九）四月六日，　國父又致函馬來亞鄧澤如說：「《中興報》於大局甚爲有關，不能不竭力維持。弟今再代請本坡林義順君出來司理一切，而吳悟叟副之，日內已開辦註册事務。」㉔

民國九年（一九二〇）一月二十九日，　國父〈致海外各地同志書〉說：「本黨同志設立之言論機關，如《建設月刊》、《星期評論》、《民國日報》，以及海外各支分部所辦之日報等，大聲疾呼，功效顯著。惟以中國文字，外人無從了解，其影響者止於吾國人，我黨之精神義蘊，無從宣示於外國。凡有關於外交之事，動以言論不能發抒之故，因而痛受損失者甚多。……是故吾黨苟能設立一英文雜誌，其利益誠不可量。」㉕

民國十一年（一九二二）十月十七日，　國父致緬甸《覺民日報》董事等人函說：「討逆之

㉓《國父全書》，三九九頁。

㉔《國父全書》，四〇九、四一四頁。

㉕《國父全書》，七七八頁。

檄告朝傳，助義之餉糈夕集，斯固由海外同志愛國心之摯厚，亦未始不因言論機關鼓吹力之得宜也。……貴屬同志及僑胞此次能集巨額餉項，俠風義氣，足爲海內外矜式者，非藉貴報鼓舞之效，曷由致之！拿（破崙）氏謂『報紙功力勝於三千毛瑟（槍）』，斯言殆可爲貴報道矣，感甚、佩甚！」㉖

其次，國父除重視報紙雜誌書刊的宣傳工作外，並鼓勵僑胞設立學校，以教育子弟。例如日本橫濱的「中西學校」，係國父於清光緒二十三年（一八九七）七月所創立。後因陳少白有臺灣之行，而學校教員缺人，因函請梁啓超延荐徐勤、林圭、陳蔭農、湯覺頓等到橫濱任教。不料徐勤等掌握校政後，遽萌異志，易校名爲「大同學校」。清光緒三十一年（一九〇五）年間，國父策導華僑集資另創「華僑學校」，以爲對抗。㉗

㈣注意爭取留學各國靑年人才

民國前一年（一九一一）一月二十一日，國父在美國舊金山致函張繼說：「歐洲學界，兄宜出頭收羅之入盟，不必計其精粗美惡，久之必能同化爲精美也。此爲革命黨增長勢力之第一法

㉖《國父全書》，八一〇頁。

㉗臧廣恩、蔣永敬編著，《日本華僑教育》，四四至四八頁；何瑞藤，《日本華僑社會之研究》，一一三至一一四頁，三民書局，民國六十九年十二月。

門，若不倡行之，則人人放棄責任，中國前途更無可為矣。」㉘

在《孫文學說》第八章〈有志竟成〉篇裏， 國父曾說：「河內博覽會告終之後，余再作環球漫遊，取道日本、檀島而赴美、歐。過日本時，有廖仲愷夫婦、馬君武、胡毅生、黎仲實等多人來會，表示贊成革命。余乃託以在東物色有志學生，結為團體，以任國事，後同盟會之成立，多有力焉。……乙巳春間，余重至歐洲，則其地之留學生，已多數贊成革命。……余於是乃揭櫫吾生平所懷抱之三民主義五權憲法以號召之，而組織革命團體焉。……開第四會於東京，加盟者數百人，中國十七省之人皆與焉，惟甘肅尚無留學生到日本，故闕之也，此為革命同盟會成立之始。」繼而又說：「及乙巳之秋，集合全國之英俊而成立同盟會於東京之日，吾始信革命大業可及身而成矣。」㉙

民國二年（一九一三）二月二十三日， 國父在東京對留日學生演講詞中說：「諸君在東留學，應該立定一絕大志願，研究學問，不比從前學生有革命的事業紛擾其心志，不能專心致志於學業。諸君今日求學之機會，實優萬倍，務望矢志求學，如從前學生願犧牲性命以做革命事業的一種堅忍心，百折不撓，將來必能求得優美專門學問，以福祖國。……現在欲維持中華民國，必

㉘《國父全書》，四三四頁。

㉙《國父全書》，三五頁。

人人負建設之責任。建設事業必須學問，實所賴於學生諸君！」㉚

同年三月一日在國民黨東京支部、共和黨東京支部、廣東同鄉會的聯合歡迎會演講詞中，國父闡述國民黨原屬革命黨，民國成立後始改組，共和黨亦在民國成立後組成政黨，今日欲鞏固中華民國，政黨最爲重要。繼而說：「中國初成立，政黨發生尚在幼稚時代，政黨之道德應如何培養？留東兩黨諸君應負絕大之責任。……東京地方兩黨諸君，多半是留學生，無內地諸君政治上活動之勞苦，正好注意黨德，闡明政治方針，俾東京地方爲中華民國模範之政黨。」㉛

民國十三年（一九二四）十一月二十三日，國父經日本，途次長崎，對中國留日同學會演講詞中又說：「諸君在日本留學，和日本學生朝夕相接近，便要對日本人解釋，要日本人不要計及眼前對於中國的小權利，要知道日本自身三十五年前所受的痛苦，和我們中國現在是相同，要和中國表同情。如果日本人對於中國現在的情況眞是表同情，當要幫助中國來廢除不平等條約，和收回海關、租界、與領事裁判權。……所以，中國同日本要眞親善，便先要有親善的表示。要能夠有這種表示，便是你們留日學生此刻應該做的事。」㉜由這一段話，可知國父同時也期望留學各國的青年學生要負起國民外交工作的責任。

㉚《國父全書》，五五八至五五九頁。
㉛《國父全書》，五六一至五六二頁。
㉜《國父全書》，一〇一六至一〇一七頁。

(五)致力維護華僑權益及謀求僑胞福利

滿清政府時期，對於海外華僑，視同化外之民，不予聞問，上文提到民國成立，國父就任臨時大總統後，即令飭外交部妥籌杜絕奸人販賣「豬仔」及保護僑民辦法，民國十二年在廣州成立大元帥府時，又設置僑務局，具見他對海外華僑權益的維護與謀求華僑福利很爲重視。

民國五年（一九一六）討袁之役結束，國父且通告國內外同志函中說：「其一擴充黨務。……其二要求償還華僑債券。計自癸丑以後，吾黨以袁氏弁髦法律，破壞民國，無日不以討之爲職志，端賴各同志毀家相助，俾底於成。而歷年以來，募集資金，爲數至鉅，今共和再造，應要請政府償還，以期符合原議，昨已托由廖仲愷君向黎總統及財政部請照數發還。惟中央財政支絀萬分，前以五百萬之日本借款，幾釀政變，恐無餘力再償吾黨歷年之鉅款，現仍交涉中。如此項債款不能急遽收回，則擬要求以特別優越之權利相代，俾吾黨僑友不至虧折，此可爲諸同志告也。」㉝

民國十二年（一九二三）一月五日，國父爲墨西哥僑胞余和鴻被人陷害將被驅逐事致函外長王正廷，內云：「吾國僑民受外人侮虐至矣，若更由公使使人無理放逐，惡例一開，必使僑民無託足之地。兄諳悉外情，諒懷隱痛，應如何對外以崇國體，對內以慰僑情，企望以補救之

㉝《國父全書》，六〇八至六〇九頁。

也。」㉞

同年（一九二三）五月二十九日，國父爲加拿大移民新例事覆麥造周、趙泮生兩人函云：「王登雲歸國，藉奉手書及移民新例一紙，閱之慨嘆！前此奉電後，卽已電加政府要人抗爭此案。……現在惟一之希望，則上院否決而已，亦已竭力設法做去，結果如何，尚未可知。至冀兄等努力爭之，文當盡其棉薄，以爲後盾。」㉟

㈥歡迎僑胞返國服務及投資實業

民國成立之後，國父對海外華僑才智之士，歡迎回國服務，尤鼓勵華僑回國投資，振興實業。對於協助革命有力的華僑人士，其願回國爲桑梓建設效力者，莫不盡力照顧，以酬其勞。例如馬來亞鄧澤如的回國任職、越南李卓峯返粵任南海縣九江市籌備處主任、星加坡陳楚楠的出任大元帥府參議及福建省府委員、林文慶的出任總統府秘書、黃乃裳的出任福建省府交通司長、以及美國的黃芸蘇之出任廣州市財政局長，都是人所皆知的例子㊱。

(甲）歡迎華僑才智之士回國服務方面：國父於民國元年（一九一二）「致函美國的容閎

㉞《國父全書》，八二五至八二六頁。
㉟《國父全書》，八三七至八三八頁。
㊱《華僑名人傳》，五一、一三九、一九、三〇〇頁，華僑協會總會編纂，黎明文化事業公司出版，民國七十三年九月。

說：「民國建國，在在需才。素仰盛名，播震寰宇，加以才智學識，達練過人，用敢備極歡迎。懇請先生歸國，而在此中華民國創立一完全之政府，以鞏固我幼稚之共和。倘俯允所請，則他日吾人得安享自由平等之幸福，悉自先生所賜矣。」㊲

民國五年（一九一六）九月三十日，國父在上海歡迎從軍華僑大會演講詞中說：「此次華僑隊自海外萬里歸來，參加革命事業，不特為中華革命軍之光榮，於國民思想，亦有關係。向來反對革命者，皆謂革命黨為無業遊民，迫於饑寒，不得已而謀革命。此種普遍心理，歷久未盡銷除，不知革命黨人本意，乃為國家前途而為之，為圖四萬萬人子孫百世之幸福而為之。此志此目的，外人往往未了解，所以反對繁興。今得海外華僑歸來參與革命事業，遂可一雪斯言，顯出革命黨非迫於饑寒不得已而後為之。所以然者，諸君之在美洲、坎拿大，多係創有鉅業者，即其餘每月所入，換算中國錢，皆在百元以上，內地人一年之收入未及此也。諸君捨此月收一二百元之事業，歸來參加革命事業，同甘共苦，備歷艱辛，誰迫使如是耶？其非以饑寒明也。……偶值帝制消滅，袁世凱自死。……故此次諸君歸國從軍，發揮華僑愛護共和之精神，雖未經大戰役，而恢復此民國五年之紀年，已為無形中之大成功！」㊳

㊲《國父全書》，五一七頁。

㊳國父全書，頁七一二—七一三。

民國七年（一九一八）三月十五日，國父致函鄧澤如說：「現粤勢已稱穩固，擬即着手展拓利源，設立礦務局，以統籌全局礦務。……以故請閣下早日束裝歸國，董理其事。想閣下才大識高，深於礦務，且屢年在海外發展鉅業，成績至優，倘蒙慨允主持，則實業前途，不勝厚望。」㊴

民國八年（一九一九）四月十五日，國父覆法國許道生函又說：「今諸君遠涉重洋，所遊者又爲共和先進民權發達之法國，耳濡目染，自必得非常之進步。況大戰結束以後，各國民氣勃興，諸君感受世界最新之潮流，又得練習最新之科學工業常識，他日此數十萬僑胞聯袂歸來，爲宗邦效力，則祖國前途、實業之發展、民權之進步，又豈有限量，惟在諸君努力而已。」㊵

（乙）在鼓勵回國投資興辦實業方面：國父於民國五年（一九一六）通告海內外同志書中，曾說：「其三興辦各種實業。弟自宣佈罷兵之後，即擬着手實業，以期振興國產，杜絕漏卮。初念先辦銀行，以爲各種實業倡始。……弟深望此事能成，一可利華僑之滙兌，二可便華僑之儲蓄，三則各種實業胥由之解決。惟集資匪易，擬就各埠同志能集合之資力共有若干，以定通盤籌措。請兄等先就貴埠究能集股多少，早日示復。」「其五擬在上海建立華僑會館，爲僑胞及

㊴《國父全書》，六二四頁。
㊵《國父全書》，六四五頁。

內地交際之機關。凡工商事業，藉此地以為調查聯絡之所，使華僑盡知內地各種天然利源、生財機會，庶不致為外人捷足。其會館之規模，務期宏大，組織務期完備，俾海外華僑回國有所問津，務希達到合海外華僑之財之智，以興發祖國利源之目的。」㊶

民國九年（一九二〇），國父覆越南黃景南、李少穆函說：「執事以僑商急國難，仗劍從軍，義勇可感。……歐美大賢豪多投資於實業，執事既為商界翹楚，似不如仍致力於實業，為國家謀建設，所事雖殊，收效則一。固不必攘臂放踵於糾糾者之破壞事業，始云為國也。」㊷

民國十年（一九二一）一月二十四日，國父覆加拿大陳樹人函說：「文擬設立工、商、農、礦各局，以發展實業，正賴海外同志商界健者，返國相助。惟值粵局初定，軍餉急需，應付已艱，而禁賭裁捐，收入驟短，彌補之法，亦非旦夕所能辦妥。因之，建設事業每為經費所限，急速中不能實行，此種苦衷，尚希轉達諸同志為荷。」㊸

(七)確認海外華僑有參預國政的權利

辛亥革命成功之後，各省代表集會制定中華民國臨時政府大綱，於南京成立臨時政府，公推國父為臨時大總統。同時依該大綱的規定，設立參議院代行國會職權，制定臨時約法，採行兩院

㊶《國父全書》，六〇九頁。
㊷《國父全書》，七八九頁。
㊸《國父全書》，七九九頁。

制，規定參議員二百七十四名，分別由各省議會、蒙古、西藏、青海、華僑等選舉會選出之，其中華僑產生的參議員爲六名。華僑選舉會係由華僑僑居地所設立並經政府認可的各商會選出選舉人一名組織之，在中華民國政府所在地舉行選舉，以工商總長爲選舉監督。海外華僑之得以選出參議員，蓋以旅外僑民特多，對中華民國的創立甚有功勞，是以許其選舉參議員，以增強其留心祖國政治的熱忱。而由華僑的僑居地商會各選出一人以組織選舉會，亦仍有地域代表的意味㊹。我們可以說，給予海外華僑參政權利，是中華民國成立後的創舉。惟以後來袁世凱帝制自爲，軍閥割據，政局動亂，不能實施而已。

民國十三年（一九二四）十一月二十五日，國父乘船經日本北上途次神戶，對東京、大阪、神戶國民黨人歡迎會演講詞中說：「現在北京有了大變化，我可以自由到北京去，我一去北京之後，便要開國民會議。……至於國民會議的組織法，因爲全國人數的調查不確，不容易由人民直接派代表，所以我在宣言裏頭，便主張用全國已經有了組織的團體派代表，共同到北京來組織國民會議。至於宣言中所列入的團體以外，遺漏了的還很多。譬如報界便沒有列入，所以我在上海，便主張加入報界團體。你們在海外的華僑團體，也沒有列入，爲解決華僑在海外所受的種種壓迫起見，華僑團體也應該要加入。」㊺

㊹ 羅志淵，《近代中國法制演變研究》，二七八至二八九頁，正中書局，民國六十五年。

㊺ 《國父全書》，一〇二二頁。

由上面一段話，也顯示　國父確認海外華僑應有參政權利的主張。

(八)盡心盡力爲海外僑胞服務

國父曾於民國六年（一九一七）二月，發起募助南洋同盟會志士李介麟先烈歸葬費用。民國七年（一九一八）四月十六日，又爲馬來亞檳城吳世榮患病事致函鄧澤如，並附寄五百元滙票，託他代爲轉交。㊻

民國九年（一九二〇）七月六日，　國父爲星加坡周獻瑞公子周炳炎君赴美留學，分別致函旅美的邵元冲、馬素、及三藩市總支部選擇適當肄業學校及介紹工作，以助成學業。其致三藩市總支部函中說：「玆有同志周君獻瑞之子炳炎，已在星洲英文學校畢業，現來美求學，希即招待。將來無論爲何學校，並希轉告該校所在地之分部，隨時照料。伊所帶學費不多，若有缺乏，即可由所在地之分部代覓一作工之處，俾得獲資助學，玉成其志。」㊼

前任僑務委員會委員長戴愧生所撰〈悼念華僑之母的吳鐵老〉一文裏，也提到一件感人事實：「袁世凱死後，黎元洪繼任，　總理即宣言停止一切軍事革命，一班同志奉命復員。那時，呂渭生同志要回菲，但無護照（蓋呂渭生同志來菲係遊歷護照，離菲後護照失效），即由愧生與

㊻《國父全書》，六二四、七四六頁。

㊼《國父全書》，七四六頁。

黃展雲同志向一個福建同鄉所創辦的養鷄公司商爲股東，做商人護照入境，但美國總領事簽證卻異常困難，總理親自寫英文信與美國總領事，由廖仲愷陪往，總領事立刻照簽。可是呂同志到岷里刺時，移民局不准登岸，其理由養鷄公司係畜牧，不是商業，愧生即再電請總理援助，總理親自打電話與美國總領事，而總領事來電請此間移民局無論如何准予登陸。怎樣細末的事，總理能照料這樣周到，因此就可以看到總理愛護華僑同志之處。」㊽

國父對華僑的服務精神，是令人感念的。筆者仰體他的遺德，在任職僑務委員會委員長期間，也曾提出「非以役僑，乃役於僑」㊾的工作精神，來與工作同人共勉。

四、結語

綜上所述，國父僑務思想的基本方針在激勵僑胞的民族精神和愛國情操，一面共同致力革

㊽ 《吳鐵城先生紀念集》，第一册，一五八至一五九頁，民國七十六年。

㊾ 前任僑務委員會委員長毛松年曾將海外中國人分爲華僑、華人、華裔三種，以旅居海外而未加入僑居地國籍者爲華僑，以在海外已取得僑居地國籍者爲華人；以華僑及華人在外國所生的兒女子孫爲華裔。繼而就倫理文化的觀點，認爲「華僑」好比家庭中出門在外營生的男子，「華人」好比出嫁的女兒，「華裔」好比出嫁女兒所生的子女，可稱爲外孫，他們如回祖國探親、觀光或唸書，就等於回到外祖父家一樣。（見所撰〈現階段僑務政策概述〉一文，載《僑政論文選輯》七二至七八頁。）此一論調，站在法律觀點言，雖不無瑕疵，但站在民族文化觀點上，頗合情理，具有參考價值。

命救國大業，建設三民主義的新中國，一面維護僑胞權益，發展華僑事業，共謀在海外的生存發展。這一基本方針是非常正確的，多年來我們的僑務也都是遵循這一方針推進而加以發揚光大。

自然，時代在變、環境在變，尤其第二次大戰後的海外情勢已有很大的變化，華僑的生活環境和社會結構也隨之演變。過去華僑只是出外謀生，年老卽返鄉安享餘年，僑務重在保障其在海外謀生，並便利其回國安居，戰後僑胞基於僑居地環境變遷和生存需要，多已就地生根，取得當地國籍，參與當地社會，並作多方面發展，因而，僑務要輔導和協助他們深入當地社會積極拓展生存空間和事業領域，更要加強其對祖國文化的認識和民族精神的發揚。因爲我們的民族文化和民族精神，正爲　國父民族主義所昭示，不僅在求民族的獨立平等，更要聯合世界上以平等待我的民族，促進世界大同。我們散居全球各地的僑胞，正是增進祖國和各國文化經濟交流的重要橋樑，也是促進世界文化整合和實現世界大同的一大力量。

至於激勵僑胞的民族精神和愛國情操，共同致力革命救國大業，建設三民主義的新中國，更是當前要務。自大陸淪陷，僑胞卽一本其革命傳統，堅持反共立場，支援復國大業，多年來貢獻至多，尤其對增進僑居地與祖國之交流與合作，至有助於我國際關係的開展與提昇，而各地僑胞相互間合作的增進與團結的擴展，更充分顯示了僑胞的力量，怎樣去加強和擴大僑胞的團結，發揮反共力量，我們更應秉承　國父的僑務思想，盡力以赴。

尤其最近中共在天安門的血腥暴行，已充分暴露其殘暴本質，也激起了舉世公憤，共起聲討。全球各地中國人，不管僑居久暫或來自何方，也已一致奮起，共予唾棄。我們更應把握時機，將海外全體中國人團結起來，結成堅強的反共愛國民主陣線，共同摧毀中共殘暴政權，建立自由、民主、均富的現代化新中國。

七十八年七月廿五日於臺北

民前二年， 國父由馬超俊隨侍，自臺北乘輪往日本攝於甲板上

民國十一年　國父密令馬超俊率機工領袖赴長江流域策動勞工響應北伐抵上海時攝

國父對勞工問題的遺教

一、國父生平重視勞工問題

國父在民國元年對中國社會黨演講〈社會主義之派別與方法〉，詳述社會之派別，生產分配的重要，土地、資本、勞力三者的關係。並強調生產發達，而工人之所得，不過一小部份，地主與資本家所得，反居多數；復以剩餘資本，競銷奪利，社會經濟受其莫大影響，可見 國父早已重視勞工問題，並說明勞工問題的癥結所在。

二、國父確認民生主義是解決勞工問題的方案

勞工是增進國家生產的要素，所以勞工問題是近代各國所一致重視的問題，各國制定的社會政策，解決勞工問題實佔極重要的地位。 國父在其言論及著作中，曾多次提及勞工問題，他在

民國十三年演講〈民生主義第一講〉時，講到勞工的部份，特別多，曾說：「從機器發明了之後，便有許多人一時失業，沒有工做，沒有飯吃。這種大變動，外國人叫做實業革命。因爲有了這種實業革命，工人便受很大痛苦；因爲要解決這種痛苦，所以近幾十年來，便發生社會問題，這個社會問題，就是今天所講的民生主義」，明確的指示實行民生主義，就是解決勞工痛苦的社會問題。

三、國父勞工政策的原則

國父初期對於勞工問題的解決，雖未有明確而具體的解決方案，但研究遺教，仍可找出國父對勞工問題的政策性的原則，係與他一貫倡導三民主義相互契合的，亦卽民族主義的民族利益超過階級利益的原則，民權主義的民主平等自由的原則及民生主義的勞資協調的原則，玆就各原則分述如后：

㈠民族利益超過階級利益：此一原則實卽民族利益至上原則。因爲歐美先進國家的勞工政策，是以滿足個人需要爲中心，故其措施均以個人利益爲本位，而國家利益次之。另一方面共產國家的勞工政策，是以滿足無產階級需要爲中心，故其措施均以階級利益爲本位。至法西斯極權主義國家的勞工政策，勞工政策旨在滿足國家利益，致使勞工必須犧牲個人利益，以便國家獲得最大利益。而 國父勞工政策，不以個人、階級或國家利益爲中心，而採民族利益爲中心，故其實踐步驟，以提升民族地位着手，從而提升勞工地位，故 國父勞工政策第一項原則，卽民族利益超過階級利益原則。

㈡民主平等自由原則： 國父曾一再提及提高勞工地位，使其參與政治，同時要讓勞工組織團體，並制訂勞工法，保障其存在並予扶持，此與民權主義主張之民主平等自由原則，並無二致。尤其參政權、結社權與乎勞工權利的保障，爲近代民主國家的基本特徵，也是民權主義亟待實現的理想。因此民權主義的民主平等自由原則，亦卽 國父勞工政策的第二項原則。

㈢勞資協調原則：第一次世界大戰末期，受到俄國革命影響，正是勞資對立最烈之際，國父曾於演講中指示，中國工人所受壓迫，來自外國資本家而非本國資本家。同時中國古有的行會制度，係將勞資混合體，老闆夥計的身份常因經濟變遷而互換，因此勞資之間難以劃分，也少有勞資問題發生。但爲防止勞資問題產生，必須依民生主義所講，讓社會上大多數的經濟利益相調和，期使社會進步，保障勞工的福利。因此 國父第三項勞工政策原則，卽是民生主義的勞資協調原則。

四、國父對勞工運動支持之實例

據中國勞工運動史編纂委員會編印《中國勞工運動史》第一册所載：民國九年四月香港華人機器會因當時機工一般底薪，每小時僅有一角左右，實不足以維持生活，向各廠場僱主要求加薪無效，乃發動大罷工。此時　國父在滬，對香港機器工人罷工極爲關心，聞廣東機器工人維持會招待返穗機工情形，深爲嘉勉，每日均有電報到穗探詢一切狀況，當籌款最感困難之時，機工會推馬超俊、黃煥庭兩氏赴滬晉謁　國父，請示機宜，兩氏星夜祕密經港轉滬，　國父對此事的演變與應付方略，多所訓示，並命就滬籌募捐款，以資應急。當由馬、黃兩氏，向在滬粵籍企業人士籲請援助，卽由上海粵僑工界聯合會、工業聯誼會、南洋職工同志會等團體，慨予大量樂捐，立滙粵省接濟，堅持到底，卒使罷工獲致勝利，此一史實，乃是　國父對我國勞工反抗香港資本家的壓迫剝削，予以有效支援實例之一。

五、國父對勞工立法的貢獻

根據上述　國父提示實業革命後引發的勞工問題，如不作合理的解決，將導致社會革命。因此他主張節制資本，以防資本家的專制，並計畫發達國家資本，將所得利益歸大多數人民共享。不過當時中國工商業均尚未發達，尚乏大規模的工廠僱用多數的勞工，自然也無嚴重的勞工問題急待解決，所以　國父從大處遠處着眼，先採預防政策，而未提具體的主張。直至民國十三年發表〈第一次全國代表大會宣言〉，始提出「中國工人生活無保障，國民黨之主張，則以爲工人之失業者，國家當爲之謀救濟之道，尤當爲之制定勞工法，以改革工人之生活。」當時制定的政綱也配合宣言規定：「制定勞工法，改良勞動者之生活狀況，保障勞工團體，並扶助其發展」，則具體而明確。

本黨〈第一次全國代表大會宣言〉又說：「國民革命之運動，必待全國農夫工人之參加，然後可以決勝，蓋無可疑者。國民黨於此，一方面當對農夫工人之運動，以全力助其開展，補助其經濟組織，使日趨於發達，以期增進國民革命之實力，一方面又當對農夫工人要求參加國民黨，相與為不斷之努力，以促國民革命運動之進行。」從這一段宣言，可知國民革命運動，有待於工人運動的參加；而工人運動，亦有賴於國民革命之扶助，二者乃相為表裏而不可分。國父復於同年十一月，頒佈「工會條例」，明定工會為法人，有團體協約權，此為歐美工人經多年流血奮鬪而始爭得的工會地位，國父不待工人要求爭取而予之，其策進勞工組織，提高工人地位，主張尤為明確。

六、歷年來對勞工問題努力的方向

本黨第一次全國代表大會之後，歷屆全國代表大會及中央全體會議，多有勞工政策的制定，政府的勞工立法、勞工行政，多循本黨勞工政策制定實施。迨民國三十六年公布中華民國憲法，對於勞工權益的保障與增進，更明定於國家的根本大法。近年來我國經濟蓬勃發展，被世界各國稱譽為「經濟發展的奇蹟」，這項成果得來不易，我國勞工辛勤工作，貢獻至鉅。政府向極重視勞工福利，力求改善勞工生活品質，提高生活水準。我們所實施的勞工福利，範圍甚廣，舉凡工時、休息、休假、工資、勞工安全衞生、勞工保險、以及勞工教育、勞工住宅、勞工休閒育樂活動等，應有盡有。七十六年九月一日行政院成立勞工委員會，加強中央及地方政府勞工行政機構的組織與權責，而本黨中央最近更制定「現階段勞工政策綱領」，作爲今後再加推進的準繩和號召。

七、結 語

我們今日的勞工政策明確而具體，勞工立法相當完備，勞工行政已日趨健全，各種相關措施，尤其是對勞工福利的增進，至爲廣泛，以致勞資合作，造成經濟發展充實國力的輝煌成就，追源溯始，實不能忘記 國父生前重視勞工、關心勞工，在思想上給我們明智的啓發，在主義政綱上給我們寶貴的指示，所以在紀念 國父的時候，我們對於他那遠大的眼光和識見，應該懷有虔誠的追思，至上的崇敬和切實不斷的力行。

民國七十八年五月於臺北

秋瑾烈士——女子爲革命犧牲的第一人

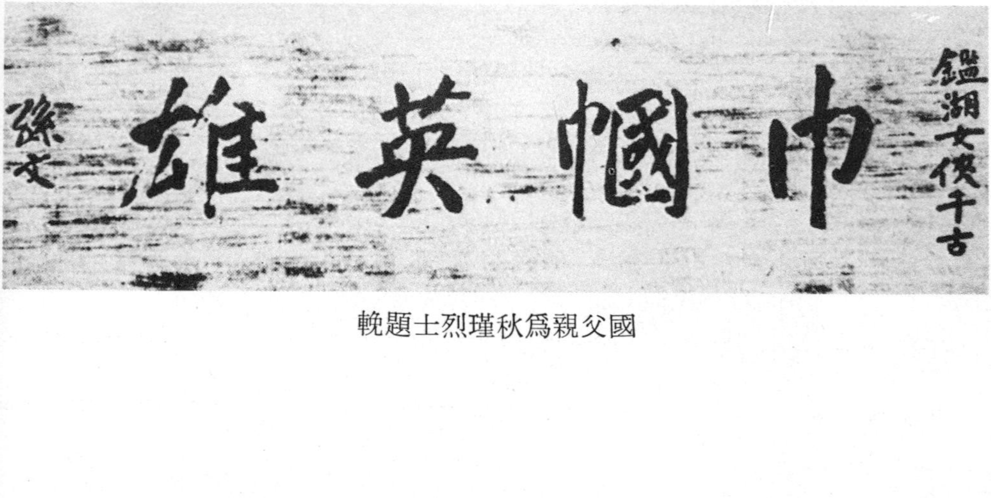

國父親爲秋瑾烈士題輓

國父對婦女問題的訓示

中華民國憲法列舉有關婦女權益的規定，使我國婦女參政權獲致憲法的保障，追本溯原，實乃由於國父提倡女子教育，重視和提高婦女政治地位。女子普受教育，便認知對於國家應負的責任。國父曾經昭示：「我們革命之後，便實行男女平權。……不要女子來爭，便給女子參政權。」國父的言論何等高明！

我國向來重男輕女，女子更難獲得教育機會的均等，不能和男子一樣，公然外出入塾就讀，或進書院拜師受教。因爲她們崇尚足不出戶，不輕易拋頭露面。假如說她們也曾受過教育，那是家庭式的教育，講求的是三從四德❶。她們教育思想的泉源，是《女誡》❷、《女兒經》❸及

❶ 三從，《儀禮．喪服傳》：「婦人有三從之義，無專用之道，故未嫁從父，既嫁從夫，夫死從子。」四德，《周禮》：「四德謂婦德、婦言、婦容、婦功。」

《女孝經》❹等。一般家庭並不鼓勵女子鑽研學問，講求經世之學，治國平天下之道，因此乃有「女子無才便是德」的謬論。雖然女子中也有博學多才的人物，如東漢的班昭，爲其兄班固踵續《漢書》，完成一代歷史鉅著；又如宋李清照，工詩文，尤擅詞，清新婉麗，卓然成家，爲後世所傳誦；但不啻鳳毛麟角，寥若晨星。就是古典文學《紅樓夢》作者曹雪芹所描寫的「十二金釵」，象徵那個時代的女子，縱有頗擅詩詞，也只是吟風弄月，遣興怡情而已。

由於中國古代女子難以獲得教育的機會，自然也不可能參與各種考試，與男子一較短長，受官任職。雖然宋朝大將韓世忠之妻梁紅玉，在其夫戰金兀朮於焦山寺，執桴擊鼓助戰，士卒奮勇，金兵卒不得渡，兀朮幾乎被擒；明代石柱宣撫史馬千乘之妻秦良玉，饒膽智，善騎射，兼通詞翰，千乘死，代領其衆，以討奢崇明有功，授都督僉事，爲總兵官，屢破流賊，賊不敢犯其境。前者只是助夫作戰，後者雖授官職，以酬其功；但不是現代所謂的「婦女參政」。至於唐武曌（則天），自立爲帝，建立國號，後被迫退位，曇花一現，清慈禧太后那拉氏，垂簾聽政，凡四十七年，都是夤緣時會，把持朝政，更不是現代民主政治所揭櫫的「婦女參政」。

---

❷《女誡》，《後漢書・烈女傳》：「扶風曹世叔妻者，班彪之女也，名昭，博學高才，作《女誡》七篇，有助內訓。」

❸《女兒經》：不知撰人姓氏，舊時用以課女子，爲三言五言之韻文，皆修養婦德之語。

❹《女孝經》：唐侯莫陳邈妻鄭氏撰，其書仿《孝經》分十八章，章首皆假班大家（班昭）以立言。

如果說我國在君主專制時代，男子固然不能普遍得到教育機會及政治地位的平等；而女子由於傳統思想「女子無才便是德」的論調，根深柢固，受到一些封建教條的束縛，則更難獲得社會地位的平等了。

國父孫中山先生是世界偉大的政治思想家，自倡導革命以來，深知婦女是革命運動的一環，即主張婦女革除纏足惡習，重視女子教育及男女平權，是以，革命陣營中有不少婦女參加，如秋瑾烈士的成仁故事，更是永耀史册的。

民國前七年，國父在所撰〈中國同盟會軍政府宣言〉裏面，便提出「風俗之害，如奴婢之蓄養、纏足之殘忍……亦一律禁止」的主張❺。他就任中華民國臨時大總統後，遂下令內務部通飭各省勸禁「纏足」❻，是爲我國婦女解放的第一道法令。

民國元年九月二日，國父在覆同盟會女同志函裏曾說：「男女平權一事，文極力鼓吹，而且率先實行，試觀文到京以來，總統府公宴、參議公宴，皆女客列上位可證也。……文之意，今日女界宜專由女子發起女子之團體，提倡教育。使女界知識普及，力量乃宏，然後始可與男子爭權，則必能得勝也，未知諸君以爲然否？」❼可見他認爲女子受教育，增進知識，乃是發達女權

❺錄自《國父全集》同盟會時代宣言。

❻錄自《國父全集》同盟會時代文電。

❼錄自《國父全集》國民黨時代函札。

的必要條件。民國元年五月六日在廣東女子師範第二校，演講〈女子教育的重要〉❽說：「今日廣東女子師範第二校開會，歡迎兄弟到校，兄弟對於此校，極爲贊成，惟有一言爲諸君告：現在中華民國成立伊始，萬種事業，皆由此時發起，由此時舉辦，凡爲中華民國之人民，均有平等自由之權。今民國既已完成，國民之希望正大，然最重要者爲人格。我中國人民，受專政壓迫者已數千年，近二百六十餘年，又受異種族專制，喪失人格久矣。今日欲回復其人格，第一件須從教育始。中國人數四萬萬，此四萬萬之人，皆應受教育。然欲四萬萬人皆得受教育，必倚重師範，此師範學校所宜急辦者也；而女子師範尤爲重要。今諸君發起此校，誠得要務，因中國女子雖有二萬萬，惟於教育一道，向來多不注意，故有學問者甚少，處於今日，自應提倡女子教育爲最要之事。……必有學識，方可擔任教育。蓋學生之學識，恆視教師以爲進退，故教師之責任甚大。兄弟惟望諸君謹愼小心，養成國民之模範，則教育乃可振興。教育既興，然後男女可以望平權；女界平權，然後養成眞共和國。但今日爲軍政時代，正宜上下一心，補救政府，鞏固教育。諸君能竭力維持，兄弟有厚望焉。」這篇講詞，首先指出：凡爲中華民國的人民，均有平等自由之權。繼闡明要恢復我中國人民之人格，須從教育開始；由於女子教育向不注意，所以提倡女子教育，尤爲重要。教育既興，然後男女可望平權；女界平權，然後才能養成眞共和國，實乃至理名

❽ 錄自《國父全集》同盟會時代演講。

言。

國父於民國十三年四月四日在廣東女子師範學校演講〈女子要明白三民主義〉❾，開宗明義說：「諸君在學校內求學，便應該學得對於國家的責任。現在我們的國家是甚麼景象呢？從光復以後，成立了中華民國，這個民國便是我們的國家。當中的國民有四萬萬，一半是男人，一半是女人，就是四萬萬人之中，有二萬萬是女人。從前滿人做中國皇帝的時候，不但女子不能問國事，就是男子對於國事，也不能過問。經過革命之後，才大家都有份，大家都可以問國事。推究大家可以問國事的來歷，還是由於我們主張三民主義，實行革命的原故。所以大家要問國事，便要明白三民主義和實行三民主義。明白三民主義和實行三民主義，便是諸君對於國家該負的責任。」

其次國父於分別闡明三民主義要義之後，告訴大家：「國家要怎樣才可以改造好呢？要有立國基礎，才可以造好。立國基礎，就是萬衆一心，歡迎民國。到了人人都歡迎民國，不反對民國，民國便可以永遠不致動搖。諸君畢業之後，便要去教人，中國有二萬萬女人，是不是歡迎民國，都要靠你們去宣傳。……今日到貴校講話，希望大家聽了我的話之後，都變成革命黨，宣傳三民主義，要中國富強，和英國、美國並駕齊驅。」

❾錄自《國父全集》中國國民黨時代演講。

最後說明爲什麼提倡民族、民權和民生主義，在爲什麼提倡民權主義一段說：「民權主義是用來對國內打不平等的。中國在十二年以前有皇帝，皇帝之下有公、侯、伯、子、男諸多階級，他們都是高高在上，人民總是處在很低下的地位，那是很不平等的事情。我們主張民權革命，便要剷除那些階級，要政治上人人都是平等，就是男女也是平等。所以我們革命之後，便實行男女平權。廣東的省議會，便有女議員，女人能夠和男人一樣的做議員，與聞國家大事，地位該是何等高尚呢？該是何等榮耀呢？諸君都知道外國女子爭參政權，不知道費了多少能力，犧牲了多少心血，還有許多國家爭不到手，中國革命之後，不要女子來爭，便給女子參政權，議會之中設立女議員。但是一般女子，都不熱心這種參政權，就是做議員的女子，沒有做很久，便心灰意冷，不繼續去奮鬪。廣東都是這樣，別省更可想知。所以二萬萬女子，至今還不明白民國，還不能理國事。大家從此以後，要把我們民權主義中所包括男女平等的道理，對二萬萬女子去宣傳，在女子一方面，建設民國的國基，要他們都知道從前的地位是很低，現在的地位是很高。這個女子地位擡高的原因，就是由於我們主張了民權主義。」

國父在上引的講詞裏，指出女子在校內求學，便要懂得對於國家的責任；明白三民主義和實行三民主義，便是女子對於國家應該負的責任。在說明爲什麼提倡和宣傳民權主義這一段話中，更明白闡釋主張民權革命，便要政治上人人都是平等，就是男女也是平等。所以革命之後，便實行男女平權，不要女子來爭，便給女子參政權。

國父用深入淺出、通俗易曉、親切語氣的措

詞，告訴大家實行男女平權，給予女子參政權，提高女子的政治地位，眞是主張鮮明，語語中肯，實爲我國以後制定中華民國憲法，確保男女平權，保障婦女參政權，提高婦女政治地位的主要依據。

七十八年三月八日於臺北

鄭彥棻先生其他重要著作目錄

鄉村服務實驗區報告書	國立中山大學出版社	廣東	民國二十五年
怎樣才能使機關學校化	獨立出版社	南京	民國三十五年
省政五論	獨立出版社	南京	民國三十五年
從制憲到行憲	黑白出版社	南京	民國三十七年
當前僑務之認識及其努力方向	海外文庫出版社	臺北	民國四十一年
僑胞的動向與路向	海外文庫出版社	臺北	民國四十一年
僑務問題的新認識	海外文庫出版社	臺北	民國四十二年
司法行政論集	司法官訓練所出版	臺北	民國五十三年
鄭彥棻先生言論選集	大信圖書公司	臺北	民國六十一年
景光集	三民書局	臺北	民國六十四年
往事憶述	傳記文學社	臺北	民國六十七年

師友風義	東大圖書公司	臺 北	民國六十七年
國父遺教闡微	正中書局	臺 北	民國六十八年
憲法論叢	東大圖書公司	臺 北	民國六十九年
思齊集	東大圖書公司	臺 北	民國七十二年
國父的偉大及其思想探微	正中書局	臺 北	民國七十四年
見賢集	東大圖書公司	臺 北	民國七十五年
國父孫中山先生	正中書局	臺 北	民國七十六年
鄭成功傳略	華僑協會總會	臺 北	民國七十八年

滄海叢刊已刊行書目(八)

書名	作者	類別
文學欣賞的靈魂	劉述先	西洋文學
西洋兒童文學史	葉詠琍	西洋文學
現代藝術哲學	孫旗譯	藝術
音樂人生	黃友棣	音樂
音樂與我	趙琴	音樂
音樂伴我遊	趙琴	音樂
爐邊閒話	李抱忱	音樂
琴臺碎語	黃友棣	音樂
音樂隨筆	趙琴	音樂
樂林蓽露	黃友棣	音樂
樂谷鳴泉	黃友棣	音樂
樂韻飄香	黃友棣	音樂
樂圃長春	黃友棣	音樂
色彩基礎	何耀宗	美術
水彩技巧與創作	劉其偉	美術
繪畫隨筆	陳景容	美術
素描的技法	陳景容	美術
人體工學與安全	劉其偉	美術
立體造形基本設計	張長傑	美術
工藝材料	李鈞棫	美術
石膏工藝	李鈞棫	美術
裝飾工藝	張長傑	美術
都市計劃概論	王紀鯤	建築
建築設計方法	陳政雄	建築
建築基本畫	陳榮美 楊麗黛	建築
建築鋼屋架結構設計	王萬雄	建築
中國的建築藝術	張紹載	建築
室內環境設計	李琬琬	建築
現代工藝概論	張長傑	雕刻
藤竹工	張長傑	雕刻
戲劇藝術之發展及其原理	趙如琳譯	戲劇
戲劇編寫法	方寸	戲劇
時代的經驗	汪琪 彭家發	新聞
大衆傳播的挑戰	石永貴	新聞
書法與心理	高尚仁	心理

滄海叢刊已刊行書目(七)

書名	作者	類別
印度文學歷代名著選(上)(下)	糜文開編譯	文學
寒山子研究	陳慧劍	文學
魯迅這個人	劉心皇	文學
孟學的現代意義	王支洪	文學
比較詩學	葉維廉	比較文學
結構主義與中國文學	周英雄	比較文學
主題學研究論文集	陳鵬翔主編	比較文學
中國小說比較研究	侯健	比較文學
現象學與文學批評	鄭樹森編	比較文學
記號詩學	古添洪	比較文學
中美文學因緣	鄭樹森編	比較文學
文學因緣	鄭樹森	比較文學
比較文學理論與實踐	張漢良	比較文學
韓非子析論	謝雲飛	中國文學
陶淵明評論	李辰冬	中國文學
中國文學論叢	錢穆	中國文學
文學新論	李辰冬	中國文學
離騷九歌九章淺釋	繆天華	中國文學
苕華詞與人間詞話述評	王宗樂	中國文學
杜甫作品繫年	李辰冬	中國文學
元曲六大家	應裕康 王忠林	中國文學
詩經研讀指導	裴普賢	中國文學
迦陵談詩二集	葉嘉瑩	中國文學
莊子及其文學	黃錦鋐	中國文學
歐陽修詩本義研究	裴普賢	中國文學
清真詞研究	王支洪	中國文學
宋儒風範	董金裕	中國文學
紅樓夢的文學價值	羅盤	中國文學
四說論叢	羅盤	中國文學
中國文學鑑賞舉隅	黃慶萱 許家鸞	中國文學
牛李黨爭與唐代文學	傅錫壬	中國文學
增訂江皋集	吳俊升	中國文學
浮士德研究	李辰冬譯	西洋文學
蘇忍尼辛選集	劉安雲譯	西洋文學

滄海叢刊已刊行書目㈥

書名	作者	類別
卡薩爾斯之琴	葉石濤	文學
青囊夜燈	許振江	文學
我永遠年輕	唐文標	文學
分析文學	陳啓佑	文學
思想起	陌上塵	文學
心酸記	李喬	文學
離訣	林蒼鬱	文學
孤獨園	林蒼鬱	文學
托塔少年	林文欽編	文學
北美情逅	卜貴美	文學
女兵自傳	謝冰瑩	文學
抗戰日記	謝冰瑩	文學
我在日本	謝冰瑩	文學
給青年朋友的信(上)(下)	謝冰瑩	文學
冰瑩書柬	謝冰瑩	文學
孤寂中的迴響	洛夫	文學
火天使	趙衛民	文學
無塵的鏡子	張默	文學
大漢心聲	張起鈞	文學
回首叫雲飛起	羊令野	文學
康莊有待	向陽	文學
情愛與文學	周伯乃	文學
湍流偶拾	繆天華	文學
文學之旅	蕭傳文	文學
鼓瑟集	幼柏	文學
種子落地	葉海煙	文學
文學邊緣	周玉山	文學
大陸文藝新探	周玉山	文學
累廬聲氣集	姜超嶽	文學
實用文纂	姜超嶽	文學
林下生涯	姜超嶽	文學
材與不材之間	王邦雄	文學
人生小語(一)(二)	何秀煌	文學
兒童文學	葉詠琍	文學

滄海叢刊已刊行書目㈤

書名	作者	類別
中西文學關係研究	王潤華	文學
文開隨筆	糜文開	文學
知識之劍	陳鼎環	文學
野草詞	韋瀚章	文學
李韶歌詞集	李韶	文學
石頭的研究	戴天	文學
留不住的航渡	葉維廉	文學
三十年詩	葉維廉	文學
現代散文欣賞	鄭明娳	文學
現代文學評論	亞菁	文學
三十年代作家論	姜穆	文學
當代臺灣作家論	何欣	文學
藍天白雲集	梁容若	文學
見賢集	鄭彥棻	文學
思齊集	鄭彥棻	文學
寫作是藝術	張秀亞	文學
孟武自選文集	薩孟武	文學
小說創作論	羅盤	文學
細讀現代小說	張素貞	文學
往日旋律	幼柏	文學
城市筆記	巴斯	文學
歐羅巴的蘆笛	葉維廉	文學
一個中國的海	葉維廉	文學
山外有山	李英豪	文學
現實的探索	陳銘磻編	文學
金排附	鍾延豪	文學
放鷹	吳錦發	文學
黃巢殺人八百萬	宋澤萊	文學
燈下燈	蕭蕭	文學
陽關千唱	陳煌	文學
種籽	向陽	文學
泥土的香味	彭瑞金	文學
無緣廟	陳艷秋	文學
鄉事	林清玄	文學
余忠雄的春天	鍾鐵民	文學
吳煦斌小說集	吳煦斌	文學

滄海叢刊已刊行書目(四)

書名	作者	類別
歷史圈外	朱桂	歷史
中國人的故事	夏雨人	歷史
老臺灣	陳冠學	歷史
古史地理論叢	錢穆	歷史
秦漢史	錢穆	歷史
秦漢史論稿	邢義田	歷史
我這半生	毛振翔	歷史
三生有幸	吳相湘	傳記
弘一大師傳	陳慧劍	傳記
蘇曼殊大師新傳	劉心皇	傳記
當代佛門人物	陳慧劍	傳記
孤兒心影錄	張國柱	傳記
精忠岳飛傳	李安	傳記
八十憶雙親 師友雜憶 合刊	錢穆	傳記
困勉強狷八十年	陶百川	傳記
中國歷史精神	錢穆	史學
國史新論	錢穆	史學
與西方史家論中國史學	杜維運	史學
清代史學與史家	杜維運	史學
中國文字學	潘重規	語言
中國聲韻學	潘重規 陳紹棠	語言
文學與音律	謝雲飛	語言
還鄉夢的幻滅	賴景瑚	文學
葫蘆・再見	鄭明娳	文學
大地之歌	大地詩社	文學
青春	葉蟬貞	文學
比較文學的墾拓在臺灣	古添洪 陳慧樺 主編	文學
從比較神話到文學	古添洪 陳慧樺	文學
解構批評論集	廖炳惠	文學
牧場的情思	張媛媛	文學
萍踪憶語	賴景瑚	文學
讀書與生活	琦君	文學

滄海叢刊已刊行書目㈢

書名	作者	類別
不疑不懼	王洪鈞	教育
文化與教育	錢穆	教育
教育叢談	上官業佑	教育
印度文化十八篇	糜文開	社會
中華文化十二講	錢穆	社會
清代科舉	劉兆璸	社會
世界局勢與中國文化	錢穆	社會
國家論	薩孟武譯	社會
紅樓夢與中國舊家庭	薩孟武	社會
社會學與中國研究	蔡文輝	社會
我國社會的變遷與發展	朱岑樓主編	社會
開放的多元社會	楊國樞	社會
社會、文化和知識份子	葉啓政	社會
臺灣與美國社會問題	蔡文輝 蕭新煌 主編	社會
日本社會的結構	福武直 著 王世雄 譯	社會
三十年來我國人文及社會科學之回顧與展望		社會
財經文存	王作榮	經濟
財經時論	楊道淮	經濟
中國歷代政治得失	錢穆	政治
周禮的政治思想	周世輔 周文湘	政治
儒家政論衍義	薩孟武	政治
先秦政治思想史	梁啓超原著 賈馥茗標點	政治
當代中國與民主	周陽山	政治
中國現代軍事史	劉馥 著 梅寅生 譯	軍事
憲法論集	林紀東	法律
憲法論叢	鄭彥棻	法律
師友風義	鄭彥棻	歷史
黃帝	錢穆	歷史
歷史與人物	吳相湘	歷史
歷史與文化論叢	錢穆	歷史

滄海叢刊已刊行書目(二)

書名	作者	類別
語言哲學	劉福增	哲學
邏輯與設基法	劉福增	哲學
知識・邏輯・科學哲學	林正弘	哲學
中國管理哲學	曾仕强	哲學
老子的哲學	王邦雄	中國哲學
孔學漫談	余家菊	中國哲學
中庸誠的哲學	吳怡	中國哲學
哲學演講錄	吳怡	中國哲學
墨家的哲學方法	鐘友聯	中國哲學
韓非子的哲學	王邦雄	中國哲學
墨家哲學	蔡仁厚	中國哲學
知識、理性與生命	孫寶琛	中國哲學
逍遥的莊子	吳怡	中國哲學
中國哲學的生命和方法	吳怡	中國哲學
儒家與現代中國	韋政通	中國哲學
希臘哲學趣談	鄔昆如	西洋哲學
中世哲學趣談	鄔昆如	西洋哲學
近代哲學趣談	鄔昆如	西洋哲學
現代哲學趣談	鄔昆如	西洋哲學
現代哲學述評(一)	傅佩榮譯	西洋哲學
懷海德哲學	楊士毅	西洋哲學
思想的貧困	韋政通	思想
不以規矩不能成方圓	劉君燦	思想
佛學研究	周中一	佛學
佛學論著	周中一	佛學
現代佛學原理	鄭金德	佛學
禪話	周中一	佛學
天人之際	李杏邨	佛學
公案禪語	吳怡	佛學
佛教思想新論	楊惠南	佛學
禪學講話	芝峯法師譯	佛學
圓滿生命的實現(布施波羅蜜)	陳柏達	佛學
絶對與圓融	霍韜晦	佛學
佛學研究指南	關世謙譯	佛學
當代學人談佛教	楊惠南編	佛學

滄海叢刊已刊行書目(一)

書名	作者	類別
國父道德言論類輯	陳立夫	國父遺教
中國學術思想史論叢(一)(二)(三)(四)(五)(六)(七)(八)	錢穆	國學
現代中國學術論衡	錢穆	國學
兩漢經學今古文平議	錢穆	國學
朱子學提綱	錢穆	國學
先秦諸子繫年	錢穆	國學
先秦諸子論叢	唐端正	國學
先秦諸子論叢(續篇)	唐端正	國學
儒學傳統與文化創新	黃俊傑	國學
宋代理學三書隨劄	錢穆	國學
莊子纂箋	錢穆	國學
湖上閒思錄	錢穆	哲學
人生十論	錢穆	哲學
晚學盲言	錢穆	哲學
中國百位哲學家	黎建球	哲學
西洋百位哲學家	鄔昆如	哲學
現代存在思想家	項退結	哲學
比較哲學與文化(一)(二)	吳森	哲學
文化哲學講錄(一)(二)(三)(四)	鄔昆如	哲學
哲學淺論	張康譯	哲學
哲學十大問題	鄔昆如	哲學
哲學智慧的尋求	何秀煌	哲學
哲學的智慧與歷史的聰明	何秀煌	哲學
內心悅樂之源泉	吳經熊	哲學
從西方哲學到禪佛教 —「哲學與宗教」一集—	傅偉勳	哲學
批判的繼承與創造的發展 —「哲學與宗教」二集—	傅偉勳	哲學
愛的哲學	蘇昌美	哲學
是與非	張身華譯	哲學